KB139937

북한이주민과 자기, 돌봄과 회복

남북한 문화비교 총서 ⑧

북한이주민과 자기, 돌봄과 회복

전주람 │ 신윤정 │ 배지홍 │ 배일현

한국학술정보

○ 들어가는 글

　　남북한 문화비교 연구총서는 학계에만 국한되어 출간되는 연구물을 대중화할 필요가 있겠다는 기대로부터 기획되었습니다. 2020년 여름, 전주람은 학회지에 북한이주민의 생생한 증언을 담는 작업을 하고 있었습니다. 그때 한국학술정보출판사에서 연구자들이 그간 학술지면에 발표한 논문을 단행본으로 엮는 작업을 한다는 광고를 보게 되었습니다. 그래서 한국학술정보 이강임 팀장님과 만나, 딱딱한 북한 관련 총서에서 벗어나 북한이주민의 생생한 증언을 담아내는 방식의 남북한 문화비교 연구총서를 엮자는 데 의견을 모았습니다. 그간 북한이주민들의 심리사회적 자원을 시작으로 가족관계와 문화, 감정, 정체성, 직장 생활 등에 이르기까지 다양한 연구를 현장 인터뷰 방식으로 진행해 왔었는데, 그 내용을 남북한 문화비교 총서로 엮는다면 보다 많은 독자가 쉽게 내용을 접할 수 있지 않을까 판단했습니다.

　　남북한 문화비교 총서는 '일상생활(daily life)'을 주된 연구 영역으로 삼고 있습니다. 북한이주민의 일상생활이 어떠한지 자세히 살폈습니다. 이를 통해 북한이주민에 관하여 고정되어 온 부정적 편견과 고정관념을 걷어내고, 그들을 새로운 관점으로 바라보는 태도를 갖게 하고자 했습니다. 이 총서는 북한이주민이 누구인지에 관한 인식 제고의 전환점과 담론을 제공해 줄 것이라 기대합니다. 대한민국 국민이 북한이주민에게 쉽게 다가가고 그들을 이해할 수 있는 좋은 자료가 될 것입니다. 궁극적으로는 향후 남북한의 사회문화적 통합에 중요한 기초자료로 활용될 수 있을 것입니다.

프랑스 철학자 앙리 르페브르(Henri Lefebvre)는 일상생활을 인간의 전체성 관점에서 설명합니다. 자세히 보면 인간은 욕구의 차원, 노동의 차원, 놀이와 즐거움의 차원으로 존재가 파악되며 이 세 가지 요소가 유기적인 관계로 통합될 때에만 비로소 인간의 참된 모습이 현실화된다고 하였습니다. 즉 인간이 생존하기 위해서는 모든 물질적, 신체적 욕구가 충족되어야 하고, 동시에 그의 욕구를 충족시키기 위하여 일하지 않으면 안 된다고 언급한 것입니다. 일상을 다루는 것은 결국 일상성을 생산하는 사회, 우리가 살고 있는 그 사회의 성격을 규정짓는 것이므로, 진지한 연구대상이 되어야 마땅합니다. 일상이 매일 되풀이되고, 보잘것없어 보이고, 지루한 업무의 연속처럼 느껴지고, 익숙한 사람과 사물의 잦은 마주침으로 가득 차 보일지 몰라도, 중요한 사실은 일상이 바탕에 있어야만 사건이 일어나기 때문입니다 이처럼 일상생활 연구는 사회 전체에 대한 평가와 개념화를 함축하므로, 일상성을 하나의 개념으로만이 아닌 '사회'를 알기 위한 바로미터가 되기에 중요합니다. 따라서 남북한 문화비교 총서에서 북한이주민의 일상생활 모습을 전방위적으로 깊이 탐색하는 것은 사회문화적 통합 영역뿐만 아니라 실천적으로도 긴요한 일이라 할 수 있겠습니다.

총서 시리즈의 여덟 번째인 '자기, 돌봄과 회복' 편은 가족학과 상담학의 학문적 틀을 가지고 북한이주민들의 삶의 안녕감을 살펴본 것입니다. 이 책은 가족학의 관점에서 북한이주민 연구와 저서 작업을 활발히 해온 대표저자 전주람의 주도로 WECARELAB을 운영하며 소수자와 소외계층 대상 상담 관련 연구를 하는 서울대학교 교육학과 상담심리전문가 신윤정 교수와 그의 제자들인 배지홍, 배일현 선생이 함께 참여하여 북한이주민의 자기, 돌봄과 회복 과정이 어떠한지에 관해 다각도로 살펴본 내용으로 구성되었습니다. '일상생활'이라는 익숙하고도 낯선 단어를 북한이주민들과 엮어볼 때 어떠한 방식으로 풀어낼지에 관한 고민과 숙의의 과정에서, 그들의 일상 그대로를 생생한 언어로 구술하는 일이 보다 쉽게 독자들이 이 책의 내용을 이해할 수 있게 되리라 판단했습니다. 그 숙고의 여정 안에서, 네 명의 연구자들은 '자기, 돌봄과 회복'이라는 키워드를 중심으로 지식과 현장 활동 내용을 포함하여 집필하였습니다. 이 주제들은 이 책에서 세 편의 구조로 전개될 것입니다.

제1부에서는 자기(self)의 개념을 필두로 자기돌봄의 개념과 기능에 관해 학자들의 의견을 짚어보았습니다. 제2부에서는 탈북여성들의 사례를 들어, 그들이 경험한 자기, 돌봄과 회복의 과정을 증언 방식으로 정리했습니다. 그들의 증언을 통해 사회적 낙인의 대상이었던 북한이주민이 자신을 돌보는 과정을 통해 보다 나은 일상을 찾아 나가기 위해 어떠한 노력을 하였는지 살펴볼 수 있었습니다. 마지막으로 제3부에서는 전문가들의 의견을 바탕으로 탈북민들이 보다 건강한 일상을 위한 제언 및 논의점으로 글을 마쳤습니다.

2024년 7월

전주람, 신윤정, 배지홍, 배일현

○ 목차

들어가는 글 | 5

1부 자기돌봄의 개념과 기능

제1장 '자기(self)'의 개념 / 15

제2장 자기돌봄의 개념 / 18

제3장 자기돌봄의 기능 / 22

제2부 북한이주민과 자기돌봄 내러티브

제1장 청년세대의 자기돌봄 / 29
1. 일과 자기돌봄의 균형을 이루며 현재에 자족하는 A씨 / 29
2. 자신의 내면에 집중할 수 있는 문화에 만족하는 B씨 / 52
3. 관계 자원을 유지함으로써 자신을 돌보고자 하는 C씨 / 76
4. 채워지지 않은 마음속 허전함을 사람들과의 관계 속 애정으로 채워 나가는 D씨 / 103
5. 나를 지키고 사랑하며 자신 내면의 목소리에 집중하는 E씨 / 121
6. 종합 / 156

제2장 중장년세대의 자기돌봄 / 162

   1. '자기'가 충만한 삶으로 나아가는 60대 A씨 / 163

   2. 이제는 후회 없이 자신의 일상을 만끽하고 싶은
     60대 B씨 / 176

   3. 자신의 삶을 살기 위한 첫걸음을 시작한 50대 C씨 / 186

   4. 삶을 향유하며 중년기를 시작하고 있는 40대 D씨 / 206

   5. 종합 / 213

**제3부 북한이주민들의 보다 건강한 일상을 위한
제언 및 논의점**

제1장 자기돌봄의 개념 이해의 어려움 / 221

제2장 북한이주민들의 자기돌봄의 특성 / 224

**제3장 자본주의 사회 내 자기돌봄: 시간, 경제적 여유와
사회적 네트워크 / 227**

부록 / 235

일러두기

· 이 책에 등장한 〈청년세대의 자기돌봄〉 증언은 인터뷰이의 동의를 거쳐 전주람
 이 인터뷰한 결과 중 일부입니다.
· 이 책에 등장한 〈중장년세대의 자기돌봄〉 증언은 전주람이 방화6종합사회복지
 관의 〈탈북여성자기돌봄 프로그램〉의 강사로 초청되어 탈북여성 대상으로 프로
 그램을 수행한 결과의 일부입니다. 연구의 현장을 제공해 주시고 수록에 동의해
 주신 기관과 참여자분들께 깊은 감사의 마음을 전합니다.
· 이 책에 실린 사진들은 모두 자기돌봄 프로그램에 참여한 탈북여성들이 자신들
 의 일상에서 직접 찍은 사진임을 밝힙니다.

제1부

자기돌봄의
개념과 기능

○

　사선을 넘어온 그들에게는 치열함이 체화되어 있다. 희망의 땅 한국에 발을 디디며 그동안의 공포스럽고 눈치 보며 살아왔던 억울함과 공포심이 한순간에 날아가 버릴 것 같았지만 한국 정착은 녹록지 않다. 북에 두고 온 가족에 관한 죄책감이 마음을 짓누르고, 대한민국에서 생계를 꾸려가는 길은 멀고도 멀다. 고생 끝에는 신체적 질병과 마음의 병이 기다리고 있기도 하다. 그럼에도 불구하고 북한이주민들은 정착의 과정을 거쳐 이주민에서 벗어나 진정한 대한민국 국민이 되고자 발버둥 치고 있다. 그들은 대부분 자신의 신체(body)와 마음(mind)을 다스려가야 한다고 믿는다. 그래야 한국 땅에서 살 수 있기 때문이 아닐까 싶다.

　여기저기서 도움의 손길이 다가오기도 하나 무엇보다 스스로 돌보아가는 것(self care)이 일차적이다. 이를 통해 그들은 강을 건너며 겪었던 고난과 시련으로 다쳤던 몸과 마음을 회복해 나간다. 한국에서 출생한 만큼 동일한 출발선에 서지 못할지라도 나름대로 언어의 장벽을 극복해 나가며, 낭패감에서 해방되고자 각자의 방식으로 자신을 돌보아 나간다.

제1장 '자기(self)'의 개념

김춘수의 〈꽃〉이라는 시는 널리 알려져 있다. 〈내가 그의 이름을 불러 주기 전에는/그는 다만 하나의 몸짓에 지나지 않았다/내가 그의 이름을 불러 주었을 때〉라는 문구를 한 번쯤 들어봤을 것이다. 이 시는 '나'의 나를 통해 인식됨과 동시에 타인을 통해 나를 지각하고 또한 새로운 내가 형성되어 가는 과정을 은유법으로 잘 보여주고 있다.

윌리엄 제임스(1890)는 자기는 '아는 주체로서의 자기(I)'와 '객체로서의 자기(me)' 둘로 나누었다. 그는 자기개념에 대하여 '한 개인이 자기 자신이라고 생각하는 모든 것'으로 보았고, 그 말은 자신, 성격, 능력에 대한 지각을 비롯하여 그의 가족이나 친구, 조상, 일, 명성에 이르기까지 모든 지각대상을 의미한다.

그리고 미드(Mead)는 초기의 상징적 상호주의 발전에 가장 중요한 영향을 끼친 학자 중 한 명으로 블루머(Blumer, H.)의 생각을 이어받아 3가지 기본 전제를 만들었다. (a) 인간은 객체(things)가 그에게 주는(have for) 의미를 바탕으로 행동한다. (b) 의미는 사람들 사이의 사회적 상호작용 속에서 생겨나고 획득된다. (c) 이러한 의미는 조우(encounter)하는 상대가 있는 경우에, 그 사람(주체)의 해석적 과정을 거쳐 전달되고 수정된다(Blumer, 1969). 이러한 가정에 근거하여 미드는 자아란 다른 사람의 견지에서 자신을 사려 깊게 돌아본 결과물이라고 하였다. 즉, 우리가 자기 자신을 형성하는 데에 자신도 중요한 역할을 하지만, 그 과정에서 다른 사람들의 입장을 생각하는 한, 다른 사람들도 우리의 자아 형성에 관여하는 것이라는 뜻이다. 상대방과 서로 상호작용하는 경우에, 사람들은 상대의 목표와 의도를 해석하면서, 그 자신의 목적이나 계획을 달성해 나간다. 그리고 내면의 대화를 통하여 '자신의 목표와 의도에 따라 나오게 될 상대의 반응'을 평가하고, 그런 다음 상대방에 대한 자신의 반응을 구성해 나간다.

그리고 에릭슨(Erilskon)은 '자기'를 주관적인 측면과 객관적인 측면으로 구분하였다. 다양한 역할 속의 '나'에 대한 통합적인 감각을 주관적인 측면의 정체감으로, 자기가 관계되어 있는 집단과 사회 간의 일치성에 대한 인지를 객관적 측면으로 보았다. 이러한 측면에서의 접근은 정체감이 과거, 현재 그리고 미래를 살아가며 일관된 '나'를 유지하는 것이라고 보았다. 즉, 이전의 나, 지금의 내가 연결되고 '앞으로의 나'를 예측할 수 있어 신뢰감을 느낄 수 있는 자아의 연속성을 말한다(한상철, 2000). 주관적인 면에서의 정체감은 시간의 흐름에도 불구하고 자기의 동질성과 연속성을 스스로 확신하는 것으로 개별적 정체감이다. 이러한 개별적 정체감은 개인적 정체감과 자아 정체감으로 다시 두 가지로 나누어 설명된다. 개인적 정체감이란 어떠한 변화에도 불구하고 근본적으로는 변함없는 자기 동질성과 자기 연속성에 대한 자각을 의미하며, 자아 정체감이란 개인적 정체감보다 더 포괄적인 개념으로 자기 자신이 동질적인 존재라고 하는 사실 자체에 대한 단순한 인식 이상의 것이다. 객관적인 면에서의 정체감은 심리적, 사회적 정체감으로서 자기가 관계하고 있는 집단과 사회에 대한 귀속감 혹은 일체감을 의미한다(오진령, 2009).

북한이주민들의 경우 새로운 문화권으로 이동하며 새로운 자신을 발견해 나간다. 그들은 익숙했던 고향에서의 마을 풍경과는 사뭇 달라진 남한의 분위기 속에서 마트와 대중교통, 시장과 학교를 오가며 적응해 간다. 특히 그들은 진로와 관련하여 자신이 원하는 바가 무엇인지 찾아 나가며 새로운 남한 땅에서 어떻게 살아갈지 찾아나간다. 남한에서 북한이주민들은 더 이상 북한 고향에서와 같이 생활총화를 하지 않아도 된다는 사실에 안도감을 내쉬며, 자본주의 사회라는 새로운 체제에 발 빠르게 적응하기 원한다. 아울러 밤거리의 화려한 도시와 즐길 거리가 많은 문화는 그들로 하여금 보다 만족스러운 일상을 살겠다는 의지도 강화되며, 보다 나은 미래 설계를 하게끔 원동력이 된다. 이처럼 북한이주민들은 자발적이든 그렇지 않든 사회문화적으로 북한과는 다른 환경에 노출되어 새로운 자신(self)을 만들어 간다.

제2장 자기돌봄의 개념

'자기돌봄(self-care)'이란 무엇인가? 자기돌봄은 '자기(self)'와 '돌봄(care)'의 합성어로서 말 그대로 '자기 자신을 돌보는 것'이다. 사전적 정의를 살펴보면 자기돌봄은 전문적인 건강관리 제공자가 수행하는 활동이나 업무를 자기가 직접 자신이나 자신의 가족과 친구의 건강관리를 위해 시행하는 것이라고 정의내리고 있다. 우선 이 장에서는 자기돌봄의 개념이 어떠한지 학자들이 제시한 개념을 살펴보고자 한다.

자기돌봄은 노화과정에서 개인의 독립적인 기능과 건강 향상을 위해서 자기에 의해 행해지는 자발적인 행동이며, 전문가나 기관의 치료가 아닌 본인 스스로 건강을 증진하고 질병을 예방하거나 회복하기 위해 일생생활에서 스스로 행하는 자연스러운 활동(Levin, & Idler, 1983)이다. 또한 자기돌봄은 질병 치료에 대한 개인의 꾸준한 반응, 건강 유지를 위해 하는 활동과 의도적인 자기선택의 행동, 어떠한 행동을 하지 않는 것까지 포함하기도 하며(Hickey, 1986), 혹은 어떠한 행동을 하지 않은 것부터 질병 증상과 치료에 대한 개인의 지속적인 반응, 건강을 유지하기 위한 활동, 의도적인 자기 결정의 행동까지 포함(Hickey, 1986)하여 설명하기도 한다.

'돌봄관계 속에서 성장하는 인간'에 초점을 맞춰 돌봄은 '돌보는 이(theone-caring)'와 '돌봄을 받는 이(thecared-for)'의 상호관계로 정의되며(Noddings, 1992), 건강을 향상하고 질병 예방의 행동, 치료적인 자기관리, 건강 증진, 질병 예방 및 치료 등 건강 문제들을 다루는 행동으로도 해석된 바 있다. 그리고 개인이 삶과 건강, 안녕을 유지하는 데 있어 자기 스스로 시행하는 활동의 실천(Taylor, & Renpenning, 1995)이기도 하다.

대부분의 학자들은 자기돌봄의 대표적인 결과로 '건강'을 중요한 요인으로 생각했다. 자기돌봄의 범주를 구체적으로 구분하는 시도들도 있었다. 신체적, 심리적, 사회적, 영적 및 여가적 측면에서 범주화하거나, 개인적 자기돌봄과 전문가적 자기돌봄으로 구분하기도 했다. 최연희(2018)에 의하면 자기돌봄은 내 몸의 이상을 적극적으로 관리하는 건강에 대한 책임감, 꾸준히 운동하여 신체를 관리하는 신체활동, 좋은 음식을 섭취하는 영양관리, 자신을 긍정적으로 바라보는 영적 성장, 타인과의 관계를 원활히 유지하는 대인관계, 스트레스 상황에서 잘 대처하는 스트레스 관리 등 6가지 요소로 구성되어 있다고 정의하면서 더 이상 자기돌봄이 신체나 건강에 국한되어 있지 않고 내적인 상태까지 나아가야 함을 강조하였다.

또한 김수정과 정정순(2020)은 지금의 '나'는 누구이고 '내가 나와 맺고 있는 관계'는 무엇이며 내가 나와 맺고 있는 관계의 총체로서의 나 자신의 모습이 어떠한지를 검토하는 과정에서 이루어지는 자기 각성이라고 하였다. 그리고 김가원과 허준수(2021)는 자기돌봄은 소인요인 특성, 욕구요인 특성, 기능요인 특성과 같이 개인을 둘러싼 다차원적인 수준에서 다양한 요소들과 관련되어 있다고 했으며, 김수정(2021)은 대상과의 관계를 통해 자신을 돌아보고 자신이 맺고 있는 관계와 자기 자신에 대해 시선을 전환하게 되는 것이 자기돌봄이라고 했다.

이처럼 자기돌봄은 학자마다 다르게 정의되고 있으나, 공통적으로 건강, 욕구, 돌봄을 포함하고 있다. 종합해 보면 개인의 심리적 안녕, 신체적 건강 성장을 추구하는 습관, 안전 예방을 위한 다양한 활동에 자발적으로 참여하는 활동을 자기돌봄이라고 할 수 있다.

〈표 1〉 자기돌봄의 개념

학자	자기돌봄의 개념
Wang & Lee (1939)	노화과정에서 개인의 독립적인 기능과 건강 향상을 위해서 자기에 의해 행해지는 자발적인 행동
Levin & Idler (1983)	전문가나 기관의 치료가 아닌 본인 스스로 건강을 증진하고 질병을 예방하거나 회복하기 위해 일상생활에서 스스로 행하는 자연스러운 활동
Connell (1993)	돌봄은 '돌보는 이(Theone-caring)'와 '돌봄을 받는 이(Thecared-for)'의 상호관계
Lazarus (2000)	스스로 자신을 양육하는 과정
최연희 (2018)	개인의 심리적 안녕을 유지하기 위한 필수적 요소이며 소진이나 피로감을 겪는 상담자가 정신건강을 위해 반드시 실천해야 할 행동전략
김수정, 정정순 (2020)	지금의 나는 누구이고 내가 나와 맺고 있는 관계는 무엇이며 내가 나와 맺고 있는 관계의 총체로서의 나 자신의 모습이 어떠한지를 검토하는 과정에서 이루어지는 자기각성
김수정 (2021)	대상과의 관계를 통해 자신을 돌아보고 자신이 맺고 있는 관계와 자기 자신에 대해 시선을 전환하게 되는 것

즉, 자기돌봄이란 심리적으로나 신체적으로 건강 상태가 더 나아지는 것, 질병, 상처, 충격을 예방하고 유지, 회복하는 데 도움이 되는 모든 것이라고 할 수 있겠다.

제3장 자기돌봄의 기능

자기돌봄의 행위가 인간의 심리 및 사회적 관계에 어떠한 영향을 미치는지 선행연구를 통해 살펴보겠다. 자기돌봄의 행위는 인간의 심리 및 사회적 관계에 여러 영향을 미친다.

자기돌봄의 기능은 다음과 같다. 선행연구에 의하면 자기돌봄은 자신과 가족들이 심리적 안녕을 위해 자신의 가능성 계발에 주도권을 갖고 효율적으로 기능하도록 허용한다. 자기돌봄은 자신의 신체를 관리하고 치료, 유지하기 위해 신체적 증상 모니터링(Orem, 1985)을 하며, 건강을 향상하고 질병 예방의 행동, 치료적인 자기 관리, 건강 증진, 질병 예방 및 치료 등 건강 문제를 다루도록 돕는다.

그리고 김수정과 정정순(2020)은 자기돌봄의 기능으로 자기 자신을 알아가는 과정의 일부라고 하였으며, 김수정(2021)에 의하면 자기돌봄은 '자기 이해'와 '자기 성찰'로 이어지도록 하는 자기돌봄의 실천이라고 하였다. 최연희, 변상해(2021)는 자기돌봄을 소진에 대처하는 가장 효과적인 방법이라고 하며 신체적 자기돌봄, 심리적 자기돌봄, 정서적 자기돌봄, 관계적 자기돌봄, 영적 자기돌봄, 직무적 자기돌봄으로 구분하기도 하였다.

이처럼 적절한 자기돌봄, 자기관리는 자신의 성장과 원활한 직무수행을 위해 필수적이다(최해림, 2009). 자기돌봄의 실제를 가르쳤을 때 지각된 스트레스가 낮아진다고 알려져 있다. 몇몇 보고에 따르면, 자기돌봄이 간호제공자에게 적용되었을 때 자신과 타인의 보살핌의 균형을 이루며 이는 간호제공자의 직업적 유지에 도움이 되었다는 보고도 찾아볼 수 있다. 또한 상담분야에서는 상담자의 '자기돌봄'을 중요하게 다루고 있다. 상담자의 적절한 자기돌봄, 자기관리는 끊임없이 성찰하고 깨어 있는 상태가 되도록 노력함을 의미하는 것으로, 상담자 자신의 성장과 원활한 직무수행을 위해 필수적이라고 강조하고 있다(최해림, 2009). 즉 자기돌봄 체험을 통해 내면에 억압되어 있던 감정, 가정 및 직무 스트레스로 인한 부정적 정서를 자유롭게 표현하며 보다 나은 삶을 살아갈 수 있다고 믿는다.

정리하면 자기돌봄의 행위는 개인의 심리적 안녕, 신체적 건강 성장을 추구하는 습관, 안전 예방을 위한 다양한 활동의 욕구들을 충족시키는 역할을 한다. 따라서 개인의 자기돌봄 역량은 자신의 고유한 욕구들을 충족시키고자 하는 일련의 행위를 통해 강화되며, 이러한 욕구를 충족시키고자 하는 일련의 행동들을 수행하고 지속해나가는 과정을 통해서 자기돌봄은 삶의 안녕감을 증진시키는 기제로서 기능하게 된다.

‖ 참고문헌

김가원·허준수. 2021. 노인 1인가구의 자기돌봄 유형화 및 예측요인에 관한 연구. 노인복지연구, 76(2), 159-188.

김수정. 2021. 생애사 쓰기에 나타나는 '자기돌봄'과 '이야기정체성': 경상북도 노인전문간호센터 생애사 쓰기 사례를 중심으로. 人文論叢, 78(2), 435-458.

오진령. 2009. 대학생을 위한 독서치료 프로그램이 자아정체감 및 자아존중감에 미치는 효과. 평택대학교 상담대학원 석사학위논문.

최연희. 2018. 상담자의 자기돌봄과 소진/공감피로의 관계에서 마음챙김과 자기자비의 역할. 서울벤처대학원대학교 박사학위논문.

최연희·변상해. 2021. 자기돌봄, 마음챙김, 자기자비가 상담자의 소진에 미치는 영향. 인성교육연구, 6(1), 67-90.

최해림. 2009. 상담자의 자기 돌봄. 人間理解, 30(1), 1-19.

Blumer, H. 1969. Symbolic interactionism: Perspective and methods. Englewood Cliffs, NJ: Prentice Hall.

Hickey, T. 1986. Health behaviour and self-care in late life: an introduction., In Dean K., Hickey Editor & T. Holstein B. E. Editor (Eds.), Self-care and health in old age: Health Behaviour Implications for Policy and Practice, Croom Helm.

James William. 1890. Principles of Psychology. New York: Holt Rinehart and Winston.

Levin, L. S. and Idler, E. L. 1983. Self-care in health. Annual Review of Public Health, 4(1), 181-201.

Noddings, N. 1984. Caring. University of California Press.

Orem, D. E., Taylor, S. G. & Renpenning, K. M. 1995. Nursing: Concepts of practice. St Louis, MO: Mosby.

Taylor, S. G., Renpenning, K. E., Geden, E. A., Neuman, B. M., & Hart, M. 2001. A theory of dependent-care: A corollary theory to Orem's theory of self-care. Nursing Science Quarterly, 14, 39.

제2부

북한이주민과 자기돌봄 내러티브

○

2부에서는 북한이주민의 증언을 중심으로 이들이 어떠한 방식으로 자기돌봄을 경험하며 자신을 치유해 나가는지 살펴보고자 한다. 북한이주민은 세대별로 상이한 국가 정책과 시대상을 경험하였으며, 이러한 사회적 배경은 자기개념과 자기돌봄에도 크나큰 영향을 미쳤다. 이러한 차이를 보다 면밀하게 살펴보기 위해 북한이주여성의 자기돌봄을 청년층과 중장년층으로 나누어 탐색하고자 한다.

제1장 청년세대의 자기돌봄

이 장에서는 총 5명의 청년세대 북한이주여성의 자기, 돌봄과 회복 경험을 소개하고자 한다. 이들은 모두 2014-2019년 사이에 탈북하였고, 평양 외 지역을 고향으로 두었다.

1. 일과 자기돌봄의 균형을 이루며 현재에 자족하는 A씨

본 장에서는 건강관리를 주된 자기돌봄으로 인식하여 실천하고 있는 A의 경험에 대해 다루고자 한다. A가 생각하는 자기돌봄이 무엇인지에 대해 다룬 후, 북한에서 경험한 자기돌봄의 형태와 특징에 대해 살펴볼 것이다. 다음으로 A가 남한에서 실천한 자기돌봄에는 무엇이 있는지와 더불어 이를 방해하는 요인과 촉진하는 요인을 함께 다룰 것이다.

A	정보
탈북연도	2018년
직업	간호조무사
고향	평양 외 지역

A: 저는 현재 남한에서 간호조무사로 일하고 있는 A입니다. 18년에 북한에서 나왔고 이후로 중국에 8개월 정도, 동남아에 5개월 정도 체류하다 19년도에 남한에 입국했습니다.

●: 소개해 주셔서 감사합니다. 한국에 거주하신 지 5년가량의 시간이 흘렀네요. 간호조무사로 일하신 지는 오래되었나요? 간호조무사가 되겠다고 결정

하신 계기도 궁금합니다.

A: 하나원에서 교육 받을 때부터 직업 체험을 다 해주거든요. 저는 그 계기로 결정했습니다. 간호대학에 가서 직업 체험을 하는데, 담당 선생님도 되게 나이가 많은 상황에 간호학과를 갔다고 하시더라고요. 그래서 여쭤보니까 "일이 때로 어렵지만 그래도 나이 들어 할 수 있어서 이 직업이 이렇게 괜찮다. 이직도 잘 되고…" 하셨던 게 인상 깊었어요. 그래서 그때부터 난 간호사 하면 어떨까 계속 생각하다가 검정고시하고 간호사 입시를 준비했었어요.

●: 하나원에서 제공하는 직업체험 교육이 결정적인 계기가 되었네요. 그런데 처음에는 간호조무사가 아니라 간호사가 되는 것을 원하셨어요?

A: 네, 맞아요. 또 생각지 않게 합격까지 됐는데 합격되고 또 간호학과 가보고 나니까, 생각했던 거랑 또 많이 다르더라고요. 나이 차가 많은 건 진짜 어쩔 수 없고, 나이가 많아도 그러니까 여기서 태어나서 여기 교육을 받은 분들이면 진짜 괜찮은데 저는 30살에 여기 와서 여기 이전 교육을 하나도 안 받고 그냥 검정고시로 운 좋게 간 거잖아요. 그러니까 좀 특별 전형으로 간 거라 생각했던 것보다 너무 어렵더라고요. 또 학교 위치가 그때 집이랑 너무 멀기도 하고 좀 이런저런 사정이 있었어요. 4년 걸려서 간호사 해가지고 나이 들어서 현장에 나가면 다른 간호사들이랑 15년 정도 차이가 났던 걸로 기억하는데, 밑에 들어가서 또 껄렁껄렁하면서 일할 거 그냥 거기서 수모 겪을 것 생각하니 걱정이 됐죠. 아예 그냥 직군을 바꿔야겠다 생각하고 또 빨리하려고 하니까 간호조무사는 1년 공부하면 되거든요. 학원 가서. 그래서 또 공부도 어렵지 않다 그래 가지고 저는 바로 간호조무사 학원으로 돌아선 거죠.

●: 짧은 시간이었지만 학교에서의 경험이 버겁게 느껴지셨네요. 현장에 나가서도 나이 차이 때문에 텃세 같은 부분에도 걱정이 많았고요. 게다가 빨리 직업을 구해서 돈을 버는 것도 A씨에게는 중요했네요.

A: 네 맞아요. 특히 또 기숙사에 들어가서 생활을 해야 하는데, 그때 제가 건강이 안 좋고 몸이 좀 삐쩍 말라 가지고, 뭘 잘 챙겨 먹고 해야 되는데 기숙사

가 그 조건이 너무 안 됐어요. 밥도 못 해 먹고 계속 인스턴트를 먹어야 되는데, 인스턴트 한 며칠 먹고 나니까 못 살겠는 거예요.

●: 주변 환경이나 여건적인 부분이 A씨가 직업을 결정하는 것에도 큰 영향을 미친 셈이네요. 특히 건강이 좋지 않았던 상황은 A씨가 탈북 이후에도 여러 나라를 이동하면서 체력이나 건강이 많이 약해졌던 것과 연결될 것 같아요.

A: 네, 맞습니다.

　

A는 간호조무사로 근무하고 있으며, 이러한 직업을 갖기로 결정한 것에는 하나원에서 제공한 직업체험 프로그램과 더불어 상황적인 요인이 영향을 미쳤다. 특히 자신의 건강 상태가 좋지 않아 기숙사 생활이 어려웠던 점과 다른 학생들과 나이 차이가 많이 나서 텃세에 대한 걱정과 더불어 빨리 직업을 얻고 싶은 마음이 두드러진다.

　

●: 그러면 오늘 주제에 관해 본격적으로 이야기 나눠 볼 텐데요. 우선 A씨는 자기돌봄이 무엇이라고 생각하시는지 궁금합니다.

A: 한마디로 표현하기에는 어렵고 포괄적인 개념이라고 생각해요. 그래서 어디까지 자기돌봄이고 그런 게 조금 헷갈리긴 합니다. 그래도 정의 내려 보자면, 큰 병이 발생하기 전까지 개인이 할 수 있는 만큼, 영양제라든가 운동, 식단 꾸준히 챙겨서 잘 하는 것까지 자기돌봄이라고 생각해요. 큰 병이 발생하고 나면 혼자서 치유하기는 어렵다 보니 의료진의 도움을 받아서 회복시키는 게 필요하고요.

●: A씨는 몸이 안 좋아져서 외부의 도움을 받아야만 회복이 가능한 영역이 있고, 이 외에 개인이 혼자서 예방하면서 몸 관리를 하는 것을 자기돌봄이라고 생각하시는군요.

A는 자기돌봄을 스스로 몸에 필요한 것을 챙겨 건강을 유지하는 것이라고 이해하고 있다. 이는 자기돌봄이란 개인이 스스로의 건강과 안녕을 유지하기 위해 구체적인 행위를 수행하는 것이라고 본 시각(서홍란, 2013)과 유사하다. 반면, 개인의 정서적 안녕을 모두 포괄하는 것으로 자기돌봄을 이해하기보다는 신체적 건강에 국한하여 이를 이해하고 있음을 발견할 수 있다.

A: 네. 제가 이해하고 있는 자기돌봄은 그렇습니다.

●: 북한에 계실 때 자기돌봄이라는 말을 들어본 적이 있으신가요?

A: 북한에서는 들어본 적 없고, 잘 쓰지 않는 말 같아요. 남한에 와서 자기돌봄이라는 말 들어봤어요. 예를 들어서 노화를 늦추려고 운동을 하는 것도 자기돌봄에 포함될 수 있는데, 북에서는 극히 소수의 돈이나 능력이 있는 사람들이 그런 것들을 챙길 수 있었어요. 대다수의 사람들이 그런 걸 잘 모르기도 하고 노화는 그냥 당연히 그냥 받아들이는 걸로 생각하고요.

●: 영양제 먹고 운동하며 건강관리 하는 것도 자기돌봄에 포함이 되지만 건강을 챙기는 것도 극히 소수의 사람들만 할 수 있었군요. 또 북한에서 자기돌봄과 관련해서 주변에서 목격한 사례가 있으신가요?

A: 한 주에 육류를 두 번 이상 먹는다든지 흰쌀밥보다는 잡곡 섞어서 먹는 것도 봤고요. 근데 그렇게 하는 사람들이 진짜 많지 않아요. 진짜 극소수이고 일반 사람들한테는 어렵죠.

●: 그렇군요. 경제적 요인이 자기돌봄에 직접적으로 많은 영향을 주고 있네요. 이것 외에도 또 자기돌봄을 가능하게 한 요인이 있을까요?

A: 건강을 생각해서 잡곡밥을 먹고 하는 건 흔치 않은 일이긴 하죠. 저희 집도 그냥 그렇구나, 하고 듣기만 했지 실제로 따라 하기가 쉽지 않아요. 그분들도 사실 예전에는 그런 걸 몰랐는데, 외국인들이랑 생활하면서 그들의 생활

방식과 문화를 알게 된 것이 영향을 미쳤다고 해요. 저희 도시에는 중국 분들이 많이 오시고 그중에서도 국적이 캐나다, 호주인 분도 계신데, 이렇게 건강에 관심이 많은 다른 나라 사람과 생활한 것도 영향을 준 셈이죠.

●: 북한에서는 건강을 챙기고 자기를 돌보는 것이 흔치 않은 일이지만, 건강에 관심이 많은 다른 나라와 교류하다 보니 건강에 대한 태도나 지식을 자연스럽게 습득하게 된 거네요. 그런데 외국인과 교류하는 것이 모든 북한 주민들한테 열려 있지는 않을 것 같습니다. 주로 어떤 방식으로 교류가 이루어지고 있나요?

A: 네. 말씀하신 것처럼 굉장히 드문 편이긴 한데, 예전에 어떤 외국인이 투자 목적으로 북한에 체류했던 적이 있습니다. 농장 부지에 투자해서 젖소를 사 와서 운영을 하셨어요. 그러면서 저희한테도 수혜가 돌아오기도 하고, 그분들도 이윤을 남기기보다는 북한을 도와주고자 하는 마음도 가지고 계셨던 것 같아요. 그분이 3년 동안 투자하시면서 주위 사람들도 소개시켜 주고 해서 외국인을 많이 만나게 됐습니다.

●: 투자 목적이었지만 그 과정에서 점차 교류가 확대됐다는 말씀이네요. 그렇다면 그런 기회가 없는 대다수의 북한 주민들은 어떻게 자기돌봄을 하고 있는지도 궁금해지네요. 아무래도 투자를 목적으로 이루어진 교류이다 보니, 자기돌봄에 있어서 계층의 차이가 있겠다는 생각도 들고요.

A는 잡곡밥을 먹거나 육류를 먹는 등 영양 잡힌 식단을 골고루 섭취하는 것을 북한에서의 자기돌봄 사례로 제시하고 있다. 이는 앞서 자기돌봄을 신체적 건강을 유지하는 것으로 이해한 시각과 일치한다. 자기돌봄에 영향을 미친 요인을 살펴보면, 자기돌봄을 가능하게 하는 요인에는 여유 있는 삶을 가능하게 하는 경제적 요인이 주로 나타났는데, 이는 자기돌봄 개념에 익숙한 외국인들과의 만남을 촉진하는 방식으로도 영향을 미쳤다. 즉 정보 교류가 활

발하지 않은 폐쇄적인 성격의 사회이며, 자기돌봄에 익숙하지 않다는 점을 고려하였을 때 경제력과 같은 사회구조적 요인이 자기돌봄의 수행에 많은 영향을 미친 것으로 이해할 수 있다.

A: 네. 그렇게 정리될 수 있겠네요.

●: 그렇다면 A씨나 주변인들은 어떤 식으로 자기돌봄을 실천하셨나요?

A: 저는 건강하게 살아야지 하는 마음에 운동도 하고 아침에는 달리기도 하고 줄넘기도 했었던 경험이 있습니다. 제시간에 삼시 세끼를 챙겨 먹으려고 노력하고, 식사량이 너무 과하지 않도록 조절도 했습니다. 그런데 그때는 그게 자기돌봄이라고는 생각하지 않았던 것 같아요. 질문을 듣고 내가 그걸 왜 했었나 생각해 보니까, 좀 더 건강해지고 싶은 동기가 있었던 것 같네요. 저희 어머니께서는 갱년기를 힘들지 않게 보내려고 약을 챙겨 드셨던 것도 기억이 납니다.

●: 주로 신체 건강을 챙기는 방식의 자기돌봄이 많았네요. A씨의 어머니께서도 건강을 신경 쓰셨던 것 같습니다. 복용하셨던 약은 어떤 종류의 약이었나요? 처방을 받아서 드셨던 건지도 궁금합니다.

A: 북한에서는 의사를 통해서 처방 받을 수도 있긴 하지만 대부분 그렇게 하지는 않았어요. 그때는 개성공단이 활성화되었을 때였는데 들어온 사람들이 남한에서 제작한 공산품, 식품, 의약품 등등 상품들을 같이 가져왔어요. 저 같은 경우에는 효능을 확실하게 믿을 수는 없으니까 구매하지 않았는데, 어른들 중에는 귀가 얇아서 영양 식품이나 어디에 좋다는 약을 사서 드시는 경우도 많았어요. 저희 부모님 할머니 할아버지만 하더라도 tv에서 좋다고 하면 그냥 무조건 구매하시는 경우도 있고요.

●: 그렇군요. 효능이 좋다고 홍보하는 의약품을 사서 복용하는 것도 자기돌봄에 포함될 수 있군요. 또 한편으로는 세대에 따라서 건강관리라는 자기돌봄의 양상이 달라질 수 있겠다는 생각이 드네요. 정보력이 좋고 한 번 더 고심해 보는 비교적 젊은 세대와 의심 없이 수용하는 세대가 나누어지네요.

그리고 세대뿐만이 아니라, A씨의 성격 특성도 반영된 것 같습니다. A씨가 그런 의약품들을 구매하지 않은 이유는 믿을 수 없기 때문인가요?

A: 그렇죠. 게다가 북한에서는 남한과 달리 검색해서 정보를 알아낼 수 없으니까 더 조심스럽게 접근하게 되고요.

A는 '자기돌봄'과 관련해서도 세대차이가 있음을 보고했다. 특히 구할 수 있는 양질의 정보가 한정된다는 점에서, 정보를 수용하는 태도는 식품 섭취 중에서도 특히 수입산 의약품 섭취 여부에 큰 영향을 미치고 있다. 이에 북한 사회에서는 계층 차이에 따른 자기돌봄 양상의 차이가 더욱 두드러질 것으로 예측할 수 있다.

●: 그렇다면 남한이랑 북한에서 자기돌봄의 양상도 많이 다르셨을 것 같습니다. 남한에 오셔서 겪은 변화도 있으신가요?

A: 저는 남한에 와서 비타민C나 오메가3를 꾸준히 먹고 있어요. 제가 처음 왔을 때부터 같이 생활하는 한국분들이 아침마다 계속 비타민c 오메가3 챙겨 주시는데, 처음에는 왜 먹어야 될까 싶었죠. 그러니까 "이거 너 나이 때부터 훨씬 전부터 먹어야 뼈에도 좋고 어디도 좋고…" 하면서 계속 챙겨 주셔 가지고 일단 먹었는데, 그게 일단 습관이 돼서 지금 그냥 혼자서라도 먹고 있습니다. 간호조무사 실습할 때도 MRI를 찍어 봤는데 의사 선생님이 비타민C를 잘 챙겨 먹으라고 하셨어요. 복용 방법이나 효과도 그때 좀 더 알게 됐고 그 계기로 챙겨 먹고 있어요.

●: 주변에서 많이 챙겨 주셨네요. 건강관리를 적극적으로 하는 분들이 주변에 많이 계시다 보니까 자연스럽게 체득하게 됐군요. 자기돌봄에는 주변인들이나 환경도 영향을 많이 미치는 것 같습니다. 그리고 의사와 상담하면서 비타민C를 추천 받고 실제 효능도 알게 된 후에 더 꾸준하게 복용하셨다고 하니, 지식도 자기돌봄에 많은 영향을 미치는 것 같고요. 또 남한에 온 이후

로 계속 실천하고 있는 자기돌봄이 있으신가요?

A: 오히려 건강을 더 챙기지 못하고 있긴 합니다. 예를 들어 운동도 지금은 거의 못 하고 있어요. 일하고 퇴근하고 너무 피곤하니까 그냥 빨리 가서 자야지 하는 그 생각밖에 없고, 막 계속 걸어 다니고 뛰어다니고 하다 보니까 집에 들어오면 지치는 거예요. 병원에서 그냥 다 녹아내린 것 같아서, 그냥 자고 싶은 생각이 들어요. 운동은 안 하는데 식습관에서 꼭 지키는 건 있는데 야식 같은 건 거의 절대 안 먹고 밀가루 음식도 잘 안 먹어요. 그런 걸로써 좀 스스로 위해 주는 것 같아요.

●: 운동을 통한 건강관리가 어렵다 보니 식습관이라도 건강하게 하고, 거기에서 스스로 자기돌봄을 하고 있다는 만족감을 얻으시는 거네요.

A: 그런 셈이죠.

●: 자기돌봄 행위를 하는 것 자체에서 만족감을 주고 긍정적인 정서를 느낄 수 있다는 것도 흥미로운 점이네요. 내가 스스로를 잘 돌보고 있다고 인식하는 것만으로 긍정적인 감정이 표출되고 다시 자기돌봄으로 이어지는 선순환이 있는 것 같습니다. 그런데 일이 많이 바쁘신가 봐요.

A: 하루에 8시간이긴 한데, 이게 시간이 3교대이다 보니까, 새벽이 될 수 있고 밤이 될 수 있고, 왔다 갔다 하니까 규칙적인 생활이 어려워요. 아직 적응하는 중입니다. 그런데 밤에 잠을 자지 못하고 아침에 퇴근하고 나면, 다시 낮에 수면을 보충해야 하니 쉽게 적응하지는 못하고 있습니다.

●: 근무 일정에 적응하느라 어려운 점이 많으시겠어요. 그렇다면 A씨의 건강관리는 실제로 만족스러운 결과를 낳고 있는지도 궁금해지네요. 야식을 먹지 않고 영양제를 꾸준히 섭취하는 것이 실제로 도움이 된다고 느끼시나요?

A: 영양제 같은 건 '어디론가 가겠지.' 하고 먹지 사실 잘 모르겠어요. 올해 건강검진을 해봤을 때는 근력이 좀 부족하다고 나오고, 그것만 운동으로 채우면 아무 건강에 이상 없다 보니까, 모든 게 다 정상으로 나오더라고요. 저는 사실 제가 조금 상대적으로 너무 말랐다고 저는 생각하거든요. 너무 말라서 혹시나 아픈 데 없는지 그게 좀 걱정이 됐었는데, 정상으로 나온 셈이죠.

●: 그렇군요. 근력은 조금 부족할 수 있지만 건강검진 결과는 괜찮다고 하고, 그리고 내가 몸이 아픈 데가 없으니까 특별히 뭐 "내가 뭘 해야지"보다는 그냥 "안 좋은 거를 안 하자. 줄이자"라는 말씀이시죠?

A: 맞아요.

A는 자신의 삶에서 실질적으로 이루어지고 있는 자기돌봄에 대해 언급하였다. A는 남한에 온 후로는 비타민C와 오메가3를 꾸준히 섭취함으로써 자기돌봄을 행하고 있다고 한다. 이를 가능하게 한 요인은 인적 자원이라고 볼 수 있는데, 계속해서 A의 건강을 염려하며 영양제 섭취를 권유한 동료들과 간호조무사 실습을 통해 조언을 얻을 수 있었던 의사 선생님 등이 이에 속한다. 즉 북한에서와 달리, 주변 사람들로부터 자기돌봄의 방법과 건강에 관한 전문적인 정보를 쉽게 얻을 수 있었던 것이 A로 하여금 자기돌봄을 하게 도운 것이다. 특히 A가 북한에서는 신뢰할 수 없었기 때문에 수입 의약품을 섭취하지 않았다고 진술한 것을 고려하였을 때, 비타민C의 실제 효능이나 신체 MRI 촬영과 같이 신뢰롭고 객관적인 정보를 얻을 수 있는 경로는 자기돌봄을 크게 촉진했을 것이다. 한편 자기돌봄을 어렵게 하는 요인으로는 높은 업무 강도와 시간의 부족을 언급하고 있는데, 3교대를 하는 근로 환경은 운동을 통한 자기돌봄을 저해하고 있다. 그럼에도 불구하고 A는 "자신을 돌봄으로써 얻는 만족감"을 언급하고 있는데, 이는 자기돌봄의 계기이자 근간의 욕구라고 이해할 수 있다. 즉 자신을 돌보는 행위를 수행했다는 것 자체에서 A는 만족감을 얻고 이는 다시 자기돌봄 행동을 촉진하며 선순환을 이끌어 냈다.

●: 실제로 건강이 좋다는 것을 확인하셨다고 하니 노력이 빛을 발하고 있다는 생각이 듭니다. 그렇다면 한 가지 궁금해지는 것이 신체적인 건강 외에 정신적인 건강에 대해서도 묻고 싶습니다. 자기돌봄을 '병을 예방하는 것'이라고 말씀해 주셨지만, 요즘에는 정신적으로 힘들다고 느끼는 경우도 많은 것 같습니다. A씨는 그런 어려움은 없으셨나요?

A: 사실 정신적으로 가서 상담 받았던 적은 한 번도 없거든요. 주변에 저처럼 탈북하신 분들 보면 여기 와서 힘들어하는 부분이 외로움인 것 같아요. 옆에서 그런 분들 많이 듣기도 하고 보기도 했습니다. 근데 사실 저는 외로운 게 뭔지 모를 정도로 많은 사람들이랑 북적북적하게 살고 있는 것 같아요.

●: A씨 주변에는 늘 사람들이 있었나 보네요.

A: 여기저기서 저처럼 북한에서 온 분들이랑 만나기도 하고, 저희는 서로 그냥 아빠, 엄마 이렇게 부르는데 여섯 일곱 식구가 같이 살다 보니까 북적북적하죠. 그래서 오히려 사실 외롭다기보다는 '조금 외로웠으면 좋겠다.' '혼자 있고 싶다.' 이렇게 느낄 때가 있죠.

●: A씨 같은 경우에는 다행히 이제 좋은 분들 만나고 또 주변에 같이 생활하던 같이 서로의 입장을 이해할 수 있는 분들이 같이 계셨던 거네요. 주변에 계신 다른 북한에서 오신 분들은 어떤가요? 외로워하거나, 우울해하는 분들이 계신가요?

A: 사실 그런데 저 같은 케이스가 거의 드물더라고요. 보니까 '우울증이 올 것 같다.' 이렇게 말하는 친구들도 봤고요. 반대의 경우도 있고요.

●: 반대의 경우라면 어떤 걸 말씀하시는 건가요?

A: 우울증보다는 에너지를 과하게 밖으로 표출하는 분들이 있는 것 같아요. 자기가 무조건 다 맞고, 주변 사람들 다 무시하고.

●: 그런 경우가 있군요. 정신적으로 힘든 사례군요. 그런 경우에도 자기돌봄을 통해서 예방할 수 있는 방법이 있을까요?

A: 사실 그럴 때, 당연히 의사 찾아가서 상담 받고 하는 게 좋죠. 그런데 제 생

각에는 주변에 누가 있느냐가 중요한 것 같아요.

●: 결국 주변에 누가 있느냐가 중요하네요.

A는 주변인들의 사례를 들어 정신 건강을 위한 자기돌봄의 필요성을 인식하고 있다. 그리고 이러한 자기돌봄에는 중요한 타인과 함께 있는 것이 중요하다고 보고하고 있다. 그러나 신체적인 자기돌봄을 실시한 다양한 경험을 보고하였던 것과 상이하게, 심리적인 자기돌봄에 대해서는 경험이 적고 주변에서 들은 사례만 보고하고 있다.

●: 신체적인 자기돌봄에 대해서 '조금 더 이거를 했으면 좋겠다.' 하는 거 있으세요?

A: 역시 운동이긴 한데, 운동에도 종류가 많잖아요? 사실 걷는 것도 운동에 속하는데, 요즘 사람들 중에서도 특히 여자들이 많이 하는 요가 클래스는 아예 정기권을 끊어 놓고 하는 것들이 있고요. 저는 수영 같은 걸 끊어 놓고 하고 싶은데, 첫 번째로 제일 걸리는 것이 금액이 비싸잖아요. 비싸고 저랑 시간이 안 맞더라고요.

●: 그렇죠. 정기적으로 운동을 하고 싶은데 금전적으로 부담이 있으시군요. 시간적으로도 맞추기가 어렵고요. 자기돌봄을 하기 위해서는 시간과 돈도 중요한 셈이네요. 아쉬움이 크시겠어요.

A: 이걸 하면 제가 좀 더 건강한 삶을 살지 않을까, 항상 그런 생각을 하고 있어요. 또 인터넷 들어가면 필라테스 같은 것도 요즘 엄청 자주 보이는데 저도 하고 싶다 생각하면서도, 정작 하라면 또 거기 들어가는 게 아깝고, 사치 같은 느낌이 들어요. 그러니까 제가 생각했을 때, '내가 온 지 얼마 되지도 않고, 이제 경제활동을 막 하기 시작했는데 이런 것까지 하면 사치'라는 생각이 들어요. 그러니까 운동 같은 건 내가 좀 더 노력하고 시간을 내면 어디에

서나 달리기도 할 수 있고, 걷기도 할 수 있는데, 이걸 굳이 큰돈 들여서 해야 할까. 이런 생각이 있어서 지금까지 못 한 거예요. 그러니까 제가 좀 더 '자기돌봄 혹은 자기 건강관리를 하고 싶다.' 하는 그 종목들의 하나가 수영이라든가 필라테스, 요가 이런 건데 필라테스는 사치인 것 같고, 수영은 시간이 안 나서 안 되고. 그러면 내가 시간을 쪼개 가지고 나가서 운동을 하는 수밖에 없는 거죠. 그건 피곤해서 또 안 되고. 사실 핑계이긴 하죠.

●: 자기돌봄을 할 때 돈을 들여서까지 하는 것은 사치라고 생각하시는 거네요? 하고 싶은 마음이 있지만, 일을 시작한 지 얼마 되지 않아서 돈이 부족해서 하지 못하셨다고 하니 저도 아쉬운 마음이 들어요. 그렇지만 주변에서 보면 여성분들 필라테스나 요가 많이 하시고, 수업 듣는 데 비싸면 1시간에 10만 원씩 내고 이렇게 가서 수업 듣기도 하던데요. A씨는 '운동도 사치다.' 이런 생각이 있으신 거네요?

A: 운동도 내가 혼자서 돈 안 들이고 할 수 있는 운동이 있고, 필라테스나 요가 같은 거는 기구도 없으니까 할 수 없이 도움을 받아서 해야 되는데, 제가 생각했을 때, 그러니까 다른 사람들을 얘기하는 게 아니고 저한테는 아직까지는 필라테스 가서 하는 게 조금 사치라고 생각이 들어요. 그러니까 사치라는 건 다른 사람들에게 모두 적용되는 기준은 아니고 저에게만 적용되는 것이긴 하죠. 아직은 자꾸 이게 걸리는 거예요. 내가 그런 데까지 돈을 넣고 하면 가족한테 미안하고, 자꾸 이런 생각을 이제는 좀 그만 내려놨으면 좋겠는데… 아직도 그렇거든요.

●: 아, 고향에 계신 가족들도 생각나는 거네요. A씨가 사치라고 생각하는 데에는 고향에 계신 다른 가족들이 한 부분을 차지하고 있네요. 가족들은 아직 힘든 생활을 하고 있을지 모르는데 나를 위한 돈을 쓴다는 것에 거부감이 느껴지는 걸까요?

A: 네. 그렇습니다.

A는 자기돌봄을 위해 필요하다고 생각하는 자원으로 돈과 시

간을 꼽고 있다. 특히 직업의 특성상 시간을 내기가 어렵기 때문에 '수영'을 통한 건강관리를 포기하였고, 금전적 부담 때문에 '필라테스'를 통한 건강관리를 포기하였다. 이는 북한에서와 마찬가지로 남한에서도 사회계층이라는 요인은 자기돌봄에 영향을 미치고 있음을 보여준다. 특히 A는 자신을 위해 소비하는 것을 사치라고 생각하고 있는데, 돈을 쓰지 않고도 건강관리를 할 수 있음에도 불구하고 돈을 쓰는 것은 내적인 불편감을 자아낸다. 이러한 불편감은 북한에 두고 온 가족을 떠올릴 때 더욱 강화되며 미안한 마음으로도 이어진다. 이처럼 가족에 대한 미안함으로 인해 자기돌봄을 마음 편히 실천하지 못하는 것은 북한이주민에게 더욱 도드라지는 영향 요인이라고 볼 수 있다. 추가적으로 필라테스, 수영, 달리기나 걷기 등이 건강에 미치는 영향이 각각 상이할 수 있음에도 불구하고 건강관리는 달리기나 걷기 등으로 충분하다고 생각하고 있는데, 이는 건강관리에 대한 각 운동의 효능을 구분하지 않고 있으며 질적인 측면에서 충분한 분화가 이루어지지 않았음을 보여준다.

●: 네. 어떤 기분인지 다는 알 수 없겠지만 이해가 되네요. 그러면 꼭 운동이 아니더라도 뭔가 나 자신한테 좀 보상 같은 거는 해주시는 편이세요? 예를 들면 가끔씩 맛있는 거 먹으러 간다든지 옷이나 화장품 같은 것을 구매한다든지 하는 것들이요.

A: 네. 많이는 아닌데 가끔은 그렇게 해요. 맛있는 거는 잘 먹지만 옷도 한번씩 사거든요. 그런데 보상하면 꼭 하고 싶은 게 여행 같은 걸 좋아하는데, 또 자원이 너무 많이 들어가다 보니까. 시간도 많이 들어가고, 비용도 좀 많이 들

어가고. 그런 걸 하고 싶어요. 근데 제가 지금 말씀드린 것처럼 일한 지가 얼마 안 됐거든요. 좀 더 계속 일하고 하다 보면 여행 같은 건 꼭 하고 싶어요.

●: 아직은 여유가 없다고 느끼시는 거네요.

A: 지금 여유가 너무 안 되죠. 국내도 사실 많이 가본 데가 없어요. 국내도 여기 저기 다니고 싶은데, 부산에 딱 한 번 갔다 왔고, 속초도 사람들이랑 같이 한 번 가봤어요.

●: 좋은 데 놀러 갔다 오는 것도 일종의 자기돌봄이라고 할 수 있을까요?

A: 그렇죠. 가면 기분도 좋고, '내가 하고 싶은 걸 해냈다.' 하는 것 자체가 본인 건강상에도 또 마음 건강에도 되게 좋지 않을까 저는 그렇게 생각하거든요. 꼭 약이나 운동, 식단 아니더라도, 했을 때 그 성취감 같은 거 있잖아요. 그러니까 이것도 되게 좋을 것 같다는 생각이 들어요. 치유도 되는 것 같고.

●: 그렇네요. 하고 싶은 것을 하는 것도 마음 건강에 도움이 되네요. 내가 하고 싶은 것을 해냈고 이것이 다시 나에게 긍정적인 영향을 미치고 있네요. 여행이나 수영 같은 것 외에도 평소에 하고 싶은 거 있으세요?

A: 평소에 밥 먹으면서 넷플릭스 보는 거요. 그러니까 누구의 방해도 받지 않고 혼자 보는 것을 너무 좋아해요. 다른 친구들은 그래도 영화는 친구들이랑 같이 보면 더 재밌다고 하는데, 저는 왠지 그런 거 혼자 즐기는 거 되게 좋아하거든요. 꼭 드라마도 혼자 봐요. 그럴 때가 기분이 좋더라고요.

●: 맞아요. 집에서 편하게 그냥 혼자만의 시간을 갖는 것도 기분 좋은 일이죠.

A: 네. 구애받지 않고 그냥.

●: 그러면 여행이나 수영 등등 A씨가 하고 싶은 여러 가지 일들에 가장 방해가 되는 게 무엇인가요?

A: 퇴근하면 '빨리 가서 자야지.' 오직 이 생각밖에 없거든요. 아직 지금 적응하는 중이라 아마 더 그럴 것 같다고 저는 생각이 들거든요. 이제 한 지금 막 3개월 차에 들어서고 있는데 사람들하고도 막 친하지도 않고, 현장도 아직 익숙하지 않고, 제가 그래서 좀 더 일터나 사람들하고 어떤 관계가 좀 원활

해지면 어떤 그럴 수 있는 여유가 좀 더 생기지 않을까 하는 생각이 들어요. 아직까지 막 출근 시간도 딱 1분이라도 늦으면 안 될 것 같고, 그런 게 있거든요. 강박감 같은 게 있어서 지금 마음의 여유가 없다라고 정리할 수 있을 것 같아요.

●: 여유가 생겨야 가능하다고 생각하시네요. 그럼 여유가 생기려면 얼마나 많은 시간이 필요할까요?

A: 그래서 좀 더 빨리 한 그래도 이제 앞으로 한 3개월 정도 있으면 그게 더 익숙해지면 그때서 나를 돌아볼 여유가 생기지 않을까 생각이 들어요.

A는 여행을 통한 자기돌봄이나 혼자만의 시간을 가짐으로써 여유를 만끽하기를 원하지만, 한편으로는 자신이 누리는 것에 대해 여전히 사치라는 생각을 가지고 있다. 또한 하고 싶은 것을 하는 행위 자체가 성취감을 주어 만족으로 이어져 자신을 치유하고 돌보는 것에 영향을 미친다는 것이 반복해서 보고되고 있다.

●: 우선은 지금 회사 생활에 익숙해지는 것이 가장 필요하다고 생각하시네요. 회사 생활에 익숙해지기 위해서 노력하시는 부분이 있나요?

A: 저는 출근 시간은 일단 무조건 꼭 지켜야 된다고 생각하거든요. 그러니까 그게 또 다음 교대 그 사람한테 되게 중요하고, 그 일을 잘하고 싶다기보다는 그냥 '다른 사람들이 하는 것만큼은 하고 싶다.' 이런 생각은 있어요. 그러니까 너무 잘하고 싶다 하면 제가 너무너무 지칠 것 같아서 그냥 실수하고 싶지는 않아요. 요즘에 제가 일하면서 하는 게 '잘하지 못해도, 최대한 실수는 하지 말아야지.' 이런 마인드로 일하고 있거든요. 내가 조금 더 열심히 하면 다른 사람들이 하는 걸 덜어줄 수는 있어요. 그런데 그 사람들의 몫은 그 사람들일 거고 그냥 '내 몫만, 이것만 실수 없이 잘 해내자.' 이런 마음으로 지금 하고 있거든요.

●: 업무에 능숙해지기 위해서 욕심내지 않고 내가 맡은 바를 우선 잘 해내기로 다짐하시고, 마인드컨트롤을 계속하고 계시네요. 업무에서 힘든 점도 있을 것 같아요.

A: 간호조무사들은 이제 간호사 선생님들 밑에서 하는 일이라, 그러니까 저희가 어떨 때는 저희가 먼저 하고 다음에 간호사 선생님들이 할 일이 있고, 또 간호사 선생님들이 한 다음에 저희가 할 일이 있거든요. 그거를 좀 차질 없이 해내는 게 중요해요. 그게 조금이라도 늦어지면 또 그분들 모든 업무가 다 늦어지니까 요즘도 일하면서 그 부분이 가장 걱정입니다. 얼른 능숙해져서 내가 할 일을 빨리 해내야 그분들이 또 다음 일을 진행할 수 있는데, 제가 마무리를 못 하면 다른 사람들이 그다음 스텝을 진행하지 못하니까, 계속 긴장 상태에서 일을 하는 것 같아요.

●: 남들과 호흡을 맞춰서 해야 하는 일이다 보니, A씨만의 페이스를 찾고 천천히 익숙해지기보다는 늘 긴장 속에서 일을 하고 계시네요. 그 부분은 확실히 어려운 점이겠어요. A씨가 업무를 마치고 나서 늘 쉬고 싶다는 것을 먼저 떠올리는 것도 이해가 되네요. 직업 만족도가 낮지는 않을까 걱정도 되고요.

A의 업무는 다른 간호사 및 간호조무사와 호흡을 맞추는 것이 중요하기 때문에 A는 여유를 갖고 천천히 배워 나가기보다는 빠르게 업무를 수행하고 실수 없이 해내기 위해 상당한 긴장 속에서 일하고 있음을 알 수 있다. 그 결과 A는 업무가 끝나면 녹초 상태가 된다고 보고하였는데, 이처럼 A가 종사하고 있는 직업의 특성은 A가 능동적이고 적극적인 자세로 자기돌봄을 수행하는 것에 부정적인 영향을 미치고 있다.

●: 그럼 혹시 A씨가 여유를 갖기 위해서 일을 하면서 다른 직업을 하는 것이

더 낫겠다고 생각한 적도 있을까요?

A: 직업에는 만족하고 있어요. 그런데 제가 간호조무사 직군에서는 나이가 어린 편이거든요. 그러다 보니까 또 어른분들이 "그 나이면 그냥 간호학과 공부를 하겠다." 또 계속 지금 옆에서 너무 그래서 요즘 또 마음이 되게 좀 답답한 상태입니다.

●: 간호사라는 직업을 주변에서 계속 추천하시는 거네요. 그런데 간호사라면 업무적인 강도는 비슷하게 힘들 것 같은데요? 두 직업 간의 주요한 차이는 어떤 점이 있을까요?

A: 우선 보수가 상당히 차이가 나죠. 그리고 나이가 들더라도 어디서나 환영받을 수 있는 직업이라고 들었고요. 지금은 고민하고 있는데, 그래도 예전에 그만둔 걸 후회하지는 않아요. 그때는 신체적으로나 정신적으로나 힘들었고 그냥 버텼으면 제가 무슨 병이라도 걸렸을지 모를 것 같았거든요. 그때 진짜 힘들 때는 내려놓는 것도 저는 방법이라고 생각했고요. 그거는 후회하지 않는데 '지금 다시 시작해야 되나?' 이런 생각 하고 있습니다.

●: 그렇군요. 보수 얘기가 나와서 궁금해지는데, 일을 하시면서 받는 보수가 생활하시기에 만족할 만한 수준인가요? 아니면 좀 부족하다는 생각이 드시나요?

A: 혼자 생활하기에는 만족하죠. 괜찮습니다. 제가 또 막 그렇게 소비하는 스타일이 아니라서, 저는 되게 만족하긴 해요. 그런데 향후 미래를 봤을 때 직종이 오래 일할 수는 없는 것 같아요. 저는 아직 경험을 못 해봤는데 이미 그 시기를 밟으신 분들이 그래도 "한 살이라도 어릴 때 간호학과를 갈 걸 그랬다." 이렇게 말씀하시는 분들이 많이 계세요.

●: 간호대를 포기한 것은 나를 위한 선택이었다고 정리가 되어 있으시네요. 그렇다면 보수에 대해서 생각하시는 바를 추가적으로 여쭤보고 싶어요. 자기돌봄을 위한 필라테스나 이런 것들이 금전적으로 부담이 된다고 앞서서 말씀해 주셨는데요, 내가 돈을 더 받으면 이것도 하고 저것도 할 수 있을 텐데 그런 생각은 안 드세요?

A: 그렇게 생각하지는 않아요. 지금 제가 받는 보수를 쪼개서 이것도 하고 저것도 할 수는 있거든요. 많으면 좀 더 여유롭게는 할 수 있겠죠. 그런데 그게 돈이 많다고 해서 꼭 다 모든 걸 할 수 있다고 또 생각하지는 않아요. 저는 돈은 적게 받더라도 좀 편안하게 눈치 보지 않고 일하면서 내 하고 싶은 걸 하고 이런 걸 더 추구하는 편이에요. 간호사의 업무는 제가 옆에서 보기만 해도, '나도 만약에 간호학과를 간다고 해도 내가 저걸 해낼 수 있을까?' 이런 생각이 들어요. 엄청난 스트레스를 받으면서 일하는 걸 보니까 편안해 보이지는 않아요.

●: 금전적으로 여유가 있더라도 그것이 몸과 마음의 여유로 이어지는 것은 아니군요. 보수가 더 많더라도 심적으로 힘들 수 있고, 특히 직접 간호사의 업무를 보았을 때도 부담스럽게 느끼고 계시고요. A씨가 직업에 대해 갖고 있는 가치관이나 이런 것들이 잘 느껴지는 것 같아요.

A는 앞서서 금전적으로 여유 있다고 느끼지 않아 자기돌봄을 위한 필라테스나 수영, 여행 등을 수행하지 못했다고 보고하였다. 그러나 직업을 선택하는 데 있어서 금전적인 요인은 크게 중요하지 않다고 인식하였는데, 이는 A가 소비를 즐기는 성향이 아니라는 점이 영향을 미쳤다. 또한 해당 직업의 업무를 수행함으로써 받게 되는 부담감으로 인한 부정적인 영향이 더 크리라고 예상하고 있다. 이를 종합하자면 청년 탈북민 여성이 자기돌봄을 수행하는 것에는 경제적인 자유가 중요하지만, 절대적인 돈의 액수보다는 자기돌봄에 대한 태도가 더욱 큰 영향을 미치고 있음을 알 수 있다. 자기돌봄을 사치스럽게 느끼는 것과 북한에 있는 가족에 대해 가지는 미안한 마음은 더 많은 보수를 받는다고 하여 쉽사리 해소되는 것은 아닐 것이다. 그럼에도 불구하고, A가 자신이 선택한 직

업과 그에 따른 보수에 만족하고, 설사 아쉬움이 남더라도 자신에게 무리가 되는 것을 포기한 것이 나를 위한 선택이라고 의미 부여하는 것은 A만의 자기돌봄 방식으로 이해해 볼 수 있다. 이처럼 자신의 역량의 부족함과 한계를 인식하는 것은 A가 자신의 상황을 긍정적으로 인식하고 편안함을 느끼는 것에 영향을 미쳤을 것이다.

●: A씨가 자신의 선택을 긍정적으로 인식하고, 지금 당장 할 수 있는 것과 없는 것 사이에 명확한 한계를 짓는 것이 무척 흥미롭습니다. 그런데 다른 탈북민 중에서는 말씀해 주신 것처럼 우울한 분도 계시고 공격적으로 남들을 컨트롤하려고 하는 분도 계시다고 하셨는데요. 그와 달리 A씨는 안정되었다고 느껴져요. 어떻게 그런 상태를 유지할 수 있는지 좀 궁금해요.

A: 안정되었다는 것이 어떤 측면을 말씀하시는 건가요?

●: 말씀하신 것 중에 직업 선택 과정에서 욕심을 내 가지고 끝까지 무리해서 간호학과 교육과정을 이수하는 방법도 있었을 텐데요. 그런데 내 마음이 불편하지 않음과 동시에 신체적, 심적 건강을 유지할 수 있는 적정한 수준을 정하고, 그에 따라서 잘 지내시는 것 같아요. 그렇게 잘 지내실 수 있는 이유에는 무엇이 있을까요?

A: 그것과 관련해서 사실 저는 조금 이런 것도 있어요. 그러니까 내가 일부러 의식적으로 '나는 조금 있어도 여유롭게 살 수 있어.'라는 이런 걸 좀 자신한테 주입을 해요. 예를 들어서 '그래, 이걸로 얼마든지 살 수 있지. 나 저축도 하는데…' 나 지금까지 저축을 했는데 경제생활을 하기 전에도 조금씩이라도 저축을 하며 살았거든요. 보수가 풍족하지는 않더라도 돈이 부족해서 다른 사람한테 빌리거나 한 적도 한 번도 없고, 살다 보니까 '예전에는 더 적은 돈으로도 살았는데… 지금은 조건이 너무 좋은데…?' 하는 생각이 드는 거죠. 그러니까 이런 걸 혼자서 계속 생각해요.

●: 더 힘들었던 예전의 상황을 떠올렸을 때 지금은 더 만족스럽다는 것을 계속해서 상기하고 계시네요. 그리고 내가 못 하고 있는 것보다는 해내고 있는 것에 집중을 하시고요. 불만족스러운 상황을 이겨내는 A씨만의 또 다른 방법도 있을까요?

A: 내가 갖고 있는 생각에 대해서 계속 신경을 쓰죠. 느슨하게 하려고. 주위 사람들이나 같이 일하는 동료들이 나를 조금 신경 쓰게 한다 싶으면 순간에는 열이 오르거나 이럴 때가 있어요. 그런데 '그럴 수 있지. 그럴 수 있지…' 또 이렇게 생각하려고 조금 노력한다고 해야 될까요? 그러다 보니까 어느새 이게 다 자리 잡아서 난관이 있어도 다시 가라앉고 그런 경험이 계속 축적되어 가는 것 같아요.

●: 스스로 생각하는 것에 계속 신경 쓰고 있다는 것이 인상 깊습니다. A씨의 여유 있는 성격은 기질적인 영향이 큰가요? 어릴 때부터 주변에서 여유 있다는 소리를 많이 들으셨는지 그런 것들이 궁금하네요.

A: 고향에 있을 때는 오히려 그러지 못할 때가 더 많았어요. 저는 아주 작은 일이라도 뭘 하나 과제를 하라고 받으면 그걸 완벽하게 해야 마음을 놓는 그런 게 좀 성격이었어요.

●: 지금과는 굉장히 다른 모습이네요. 앞서 말씀해 주신 내용을 들을 때는 A씨에게 그런 모습이 있었을 것이라고 쉽사리 상상되지 않습니다.

A: 조금이라도 '다른 사람한테 뭔가를 흠집 잡히면 안 된다.' 이런 생각이 있었어요. 그래서 항상 뭘 하면 계속 맨 앞자리 차지하고 계속 그랬었거든요. 그래야 또 기분이 좋아졌고요. 완벽주의를 추구했었는데, 지금 생각하면 왜 그랬나 싶을 정도예요.

●: 성격이 180도 바뀌신 거네요. 어떤 계기가 있었을까요?

A: 완벽주의로 살아봤는데 시간이 지나고 보니까 별 의미가 없더라고요. 그렇다고 그 사람들이 나를 더 기억해 주거나 생각해 주거나 이런 것도 없었고요. '여유롭게 살자. 이제는' 이런 생각을 했죠. 예전에 진짜 인정받고 싶어 했는데 지금은 그런데 별로 목매지 않아요. '인정 안 해주면 말지. 내 할 거

하는데 뭐…' 예전에는 막 아는 친구분들 막 지인분들 어른들, 꼭꼭 챙겨서 문자로 안부 전하고 했는데, 사실 생각만 해도 너무 피곤하잖아요. '어차피 사람은 다 혼잔데, 시간이 지나고 나면 혼잔데 내가 왜 이렇게까지 해야 될까?' 싶어요.

●: 습관적으로 주변 사람을 챙겼었는데 시간이 지나고 보니 그럴 필요가 없다고 느끼셨네요. A씨의 답변을 들으면 자기돌봄이라는 개념이 익숙한 것 같으면서도, 좀 낯설기도 한 개념 같아요.

A는 과거에는 완벽주의적이고 주변인에게 좋은 사람으로 인식되고자 소망이 강했음을 보고하고 있다. 그러나 시간이 지나면서 그런 일들이 때로는 자신을 피곤하게 만들기도 하는 등 삶에 꼭 필요하지 않다는 것을 인식하고, 변화를 경험하고 있다. 즉, 지금은 자신에게 주어진 것에 자족하고, 느슨하게 생각하려고 노력하는 태도를 보이고 있다. 이러한 태도는 A가 자기돌봄을 실천하고 그에 따른 삶을 살아가는 것에 기여하고 있다. 이를 통해 개인이 삶을 대하는 태도 역시 자기돌봄의 실천에 지대한 영향을 미친다는 것을 알 수 있다.

●: 이렇게 쭉 자기돌봄에 대한 이야기를 나눠봤습니다. A씨는 얘기하면서 어떠셨어요?

A: 사실 질문지 보고 생각지 않은 질문이라서 이런 건 한번도 생각해 본 적이 없는데 하고 조금 고민을 했었어요. 그러니까 나도 지금까지 한번도 생각해보지 못한 어떤 질문들을 막 나한테 던지는 거라서, 자기돌봄에 대해서 어떤 게 자기돌봄에 속하는구나 하는 걸 저도 아는 시간이었던 것 같아요.

●: 그렇게 얘기해 보면서 '앞으로는 좀 이런 거 해봐야 되겠다'라든지, 모르는

나의 모습을 발견하거나 그런 부분도 있어요? 얘기를 하다 보니까 '나한테 좀 이런 모습이 있었네?' 하고 새롭게 깨닫기도 하셨는지 궁금합니다.

A: 네. 선생님. 방금 질문해 주신 그것도 사실 지금까지는 한번도 생각을 안 했거든요. 그러니까 이렇게 사람이 자연히 바뀌었네, 이렇게 생각했는데 이야기하다 보니까, '완벽함에서 벗어나야 되겠다.' 하는 이런 생각이 어떤 꼭 계기를 통해서 다가왔다기보다는 '그렇게 살아봤는데 아무 의미가 없다'라는 것을 나도 모르게 깨달은 것 같다는 생각이 들었어요.

●: 공감되네요. 들으면서 A씨한테 많이 배운 것이 '정서적인 컨트롤을 아주 잘 하시는 것 같다.' 이런 생각이 들었거든요. '그런 힘은 어디서 나왔을까? 어떻게 그렇게 할 수 있었을까?' 그런 생각을 속으로 하면서 이렇게 듣고 있었어요. 저 역시도 그러니까 초조함을 느낄 때가 많아요. 지금 이렇게 살아가는 게 맞나 하는 고민도 하고, 저뿐만 아니라 다들 그런 고민을 하는 것 같아요. 그 와중에 A씨는 그래도 남한에 와서 내가 뭘 좋아하는지 혹은 내가 무엇을 할 때 편한지 잘 알고 그거를 해 나가시는 것 같아서 인상적이었습니다. 멋있고 평화로워 보여요.

A: 감사합니다. 저도 대화하면서 나에게 그런 점도 있구나 하는 강점을 발견한 것 같아요. 그동안 잊고 살았었는데요. 개인적으로도 많은 의미가 있었고 많이 배우는 시간이었습니다.

●: 그게 좀 부럽기도 하고, 저는 되게 안정적이지 못한 사람이거든요. 늘 불안하고 이런데, 뭔가 안정적으로 느껴지고 대화하는데도 되게 편안하다는 느낌이 들었어요. 오늘 너무 즐거웠습니다.

A는 자기돌봄에 대해 대화하면서, 자신이 일상생활에서 실천하고 있던 자기돌봄에 대해 깨닫고, 자신의 안정적이고 여유 있는 성격을 강점으로 새롭게 발견하며 이를 얻어낼 수 있었던 자신의 노력을 인식하고 있다.

A가 자기돌봄에 대해 가지고 있는 생각과 경험한 것을 정리하

면 다음과 같다. 첫째, 자기돌봄은 주로 신체의 건강관리로 이해되고 있다. 정신적인 자기돌봄에 대해서는 생각해 본 적이 많지 않고 직접 필요성을 실감했다기보다는 주로 주변의 사례를 통해 필요성을 짐작한 경우가 많았다. 그러나 건강관리를 중요하게 인식함에도 불구하고, 나에게 필요한 운동이나 영양소가 무엇인지 고려하고 그에 맞는 계획을 세워 실천하는 등의 세부적인 사항은 부재했다. 한편, 신체적인 자기돌봄을 실천했을 때는 성취감과 뿌듯함을 느껴 정신적인 만족감으로 이어지고 있었다.

둘째, 북한에서의 자기돌봄 역시 주로 신체적인 것 위주로 이루어지고 있고, 그중에서도 노인들이 노화를 방지하기 위해 의약품을 챙겨 먹는 것이 두드러진다. 또 다른 특징으로는 정보 유통이 제한되는 사회적 특성으로 인하여, 소지하고 있는 정보에 따라 자기돌봄의 양상이 상이하다는 점이다. 자기돌봄에 대해 얼마나 알고 접하였는지가 실질적인 실천에 지대한 영향을 미치고 있다. 그리고 이러한 정보는 주로 경제적, 사회적 요인에 의해 좌우된다. 일례로, 외국인과 자주 교류할 수 있다는 사회적 지위의 특성이 식습관의 개선을 통한 자기돌봄에 영향을 미치기도 하였다.

셋째, 남한에서의 자기돌봄 역시 신체적인 것 위주로 이루어지고 있는데, 이러한 실천에는 직업적 특성과 더불어 인지적 요소 및 정서적 요소가 많은 영향을 미치고 있다. 우선 A가 남한에서 실천한 자기돌봄에는 달리기, 걷기, 야식 먹지 않기 등이 있었고, 조금 더 관심을 갖고 경험해보고 싶은 자기돌봄에는 수영, 필라테스, 여행 등이 포함되었다. 그러나 A가 이들을 실천하지 못하는 원인에는 시간과 돈의 부족이 있다. 특히 3교대로 근무하며, 다른 사람과 호흡을 맞추기 위해 작업에 속도를 내야 하는 간호조무사의 직무 특성상 여가를 위한 고정적인 시간을 내기가 쉽지 않다. 특히 A가 퇴근 후 가장 먼저 드는 생각으로 '얼른 쉬고 싶다'는 것을 꼽은 만큼 적극적이고 능동적으로 자기돌봄을 실천하기 어려웠을 것이다. 또한 A는 이러한 여가 생활에 소모되는 금액이 부담스럽다고 표현한 한편, 이것이 사치스럽게 느껴지고 북한에 있는 가족들이 생각난다고 보고하였다. 이는 절대적인 액수보다는 돈을 쓰면서 느껴지는 일종의 죄책감과 같은 정서적 요인이 A의 자기돌봄을 저해하고 있음을 여실히 보여준다. 그럼에도 불구하고 A는 계속해서 발전시켜 온 자신의 정서적으로 안정되고 여유로운 성품을 통해 삶에 만족감을 느끼고 있으며, 이후 자신의 삶을 더욱 좋은 방향으로 발전시켜 나가고자 하는 동기를 갖고 있다.

2. 자신의 내면에 집중할 수 있는 문화에 만족하는 B씨

본 장에서는 자기돌봄을 '자신을 사랑하는 것'이라고 정의한 B의 경험에 대해 다루고자 한다. B가 생각하는 자기돌봄의 정의에 따라 무엇이 자기돌봄 행위에 포함될 수 있는지에 대해 다룰 것이며, B가 경험한 자기계발과 자기돌봄의 중요도 변화에 대해 살펴볼 것이다. 다음으로 B가 경험한 남북한 문화의 차이를 다루며, 이것이 B의 자기돌봄에 어떠한 영향을 줬는지, 어떠한 장단점을 갖고 있는지에 대해서도 살펴볼 것이다.

B	정보
탈북연도	2018년
직업	대학생(간호학과)
고향	혜산

B: 안녕하세요. 저는 ○○여자대학교 간호학과 재학 중인 B입니다. 지금은 휴학 중이에요. 나이는 23세입니다. 남한에 18년에 와서, 지금 여기에서 지낸지가 약 5년 정도 됐습니다. 북한에서 나온 건 17년 겨울, 그러니까 10월쯤이었던 것 같아요.

●: 남한에 오기 전에 다른 나라에 머무른 적도 있으세요?

B: 다른 나라에는 간 적이 없어요. 직행이죠. 남한에 오고 나서는 하나원도 거치고 국정원도 거쳐서 6개월 정도 시간을 보냈던 것 같아요. 엄마, 오빠, 아빠랑 다 같이 살다가 오빠는 결혼해서 지금은 나가 살고, 엄마 아빠 저랑 같이 살아요. 지금 휴학을 했는데 영어가 부족해서 영어 공부하고, 편의점에서 알바도 하고요. 의료 선교에 관심이 있어서 다음 달에 해외 선교 단기로 나갈 예정입니다.

●: 선교에 뜻이 있으시군요. 좋습니다. 그러면 오늘 주제가 자기돌봄인데, 사실 자기돌봄이라는 말 자체가 일상적으로 쓰는 말은 아니잖아요. 그래서 혹시 이전에라도 자기돌봄이라는 말을 들어보신 적이 있으신지 궁금하거든요.

B: 자기돌봄? 근데 삶이 늘 자기돌봄인 거 아니에요?

●: 늘 자기돌봄이라고 생각할 수도 있겠네요. 그러면 B씨는 평소에 어떻게 자기돌봄을 한다고 생각하세요?

B: 그냥 단순하게 나를 더 사랑하는 거요. 남들보다 나를 더. 개인주의 같은 느낌도 들고요.

●: 북한에서 그런 말 들어본 적 있어요?

B: 근데 자기돌봄이라는 말은 못 들어봤어도 자기돌봄을 수행했던 것 같아

요. 자기를 위해 살았고, 남을 위해서 살았던 적은 없는 것 같아요. 나를 위해 살았던 것 같아요.

●: 고향에서도 늘 자기돌봄을 실천하는 삶을 사셨네요. 그런데 북한에서는 당을 위해 충성하고 그런 가치를 중요하게 여기지 않나요? B씨는 어떠셨어요?

B: 학교에서는 그러지만 집에서는 아니죠. 엄마가 "너를 위해 살아라"고 하지 나라를 위해서 살라는 말은 안 하죠.

●: 부모님이 그렇게 가르쳐 주셨었어요?

B: 네. 무엇을 하든 너를 위해서 하라고요. 공부를 하든 공부를 하지 않든 간에 너를 위해서 살라고 강조하셨어요. 그리고 제가 어릴 때 키가 작았어요. 지금도 작지만, 그래서 어릴 때 엄마가 이렇게 키 크는 약도 사 먹이고 그랬어요. 그리고 아침마다 나가서 운동도 시키고요. 그런 게 자기돌봄 아닐까요? 그래서 매일 6시 5시에 일어나 가지고 운동장 가서 운동하고 들어오고 철봉하고 들어오고 그랬던 것 같아요. 키 크려고. 그게 자기돌봄인 것 같아요.

●: 그래요. 물론 이제 북한에 계실 때도 운동을 한다든지, 어떤 그런 식으로 자기돌봄을 하셨다고 말씀을 하셨는데, 그때는 자기돌봄이라는 말 자체는 들어본 적이 없으셨던 거죠?

B: 네. 자기돌봄이라는 느낌의 말은 들어본 것 같아요. 엄마가 늘 저한테 '너를 돌봐라, 너를 위해 살아라.' 이렇게 말씀하셨어요. 그리고 엄마는 제가 늘 간호사가 되길 바랐어요. 그런데 북한에서는 간호사들이 힘들지 않으면서도 되게 돈도 많이 벌어요. 그러니까 주사 한 대 주고, 그 집 가서 밥 한 끼도 먹을 수 있고, 팁 같은 것도 받고요. 그래서 엄마는 "너를 위해서 그런 직업을 잡았으면 좋겠다"고 했어요. 그런 게 말로 하면 자기돌봄이긴 한데, 그런 용어로 표현하지는 않았고 "너를 위해 살아라", "널 돌봐라. 너를 위한 거 해라"는 말씀은 늘 하셨죠.

B는 간호학과에 재학 중이며 선교 활동에 관심을 갖고 있는 대학생이다. B는 자기돌봄이란 나를 더 사랑하는 것이라고 정의 내

리고 있다. 자기돌봄이라는 말이 익숙하지는 않아도, 삶이 늘 자기 돌봄이며 이를 수행해 왔다고 여기고 있다. 또한 B가 이처럼 생각할 수 있었던 것은 '너를 위해 살라'고 반복해서 말씀하시며 성심성의껏 돌보아주신 부모님의 영향이 컸음을 확인할 수 있다.

●: 어머니께서는 북한에서는 간호사가 되면 경제적으로 풍족할 수 있어서 권유하셨고요. 간호사가 의학 지식 같은 걸 많이 배워서 스스로 치료하고 건강을 챙길 수도 있어서 권유하셨던 것도 있어요?

B: 맞아요. 그것도 있어요. "공부를 많이 해 가지고, 니 병이 뭔지 너가 어디 아플 때 그게 뭔지 스스로 파악해라"고요. 그리고 남을 치료해 주면서 생계를 유지할 수도 있고요. 두 가지를 같이 얻을 수 있으니까요.

●: 그래요. 물론 지금은 대학교 다니면서 공부를 하시고 계시니까, 의학 지식을 많이 접하시겠지만 사실 북한에 계셨을 때 그런 지식을 좀 접하기가 어렵지는 않았어요?

B: 근데 저희 집이 좀 잘살았어 가지고, 저희 집은 좀 쉬웠던 것 같아요. 그러니까 거기에서 계층이 나눠지는 것 같아요. 못살면 의사를 접할 수가 없듯이, 저희는 좀 살았어요. 그리고 또 엄마가 아팠어요. 그래서 의사가 맨날 우리 집에 왔어요. 그래서 자주 접하고 대화했고, 또 의사가 늘 간호사를 데리고 다녔는데 "너가 이제 커서 간호사 하면 너를 데리고 다닐 수 있다."고 나한테 얘기해 주기도 했어요. 그런 인맥이 있으려면 돈이 많아야 됐던 것 같아요.

●: 키 크는 약도 그런 의사 선생님의 처방을 받았던 건가요?

B: 처방 받지는 않았어요. 저희 동네는 러시아를 갔다 올 수 있어요. 특별하게 갔다 올 수 있는 나라가 러시아인데, 러시아 키 크는 약이 그렇게 좋대요. 그래서 동네 사람이 가져와서 저희들한테 팔았거든요. 그걸 먹었어요.

●: 러시아든 중국이든 외국 의약품을 접하기가 쉬운 환경이었네요.

B: 네. 그렇게 매매하는 사람들도 이 사람이 살 수 있는지 능력이 있다고 판단되면 그 사람한테 얘기를 하는 거죠. 판단했을 때 살 수 있는 능력이 안 되면 얘기를 안 하는 거죠, 그냥.

●: 그런 약도 사실 모두가 다 접하는 건 아니었고요. B씨는 북한 사회 내에서 계층이 어느 정도 된다고 생각을 하세요?

B: 중간 정도인 것 같아요. 완전 상류층도 아니고 완전 하층도 아니고 중간이요. 5점 중에서 나눈다면 3에서 4 왔다 갔다 한다든가 3정도인 것 같아요.

●: 5점에 속하는 가구 비율은 어느 정도일까요?

B: 비율로 따지면 1과 2가 가장 많고 5는 극소수고 4, 3이 좀 있겠죠.

B는 북한에서 자기돌봄 경험으로 키 크는 약을 먹었던 것을 보고하고 있다. 그리고 이처럼 의약품을 구하거나 전문적 의료 혜택을 받을 수 있었던 것은 경제적으로 부유한 가정이었기 때문이었음을 밝혔다. 특히 의약품은 경제적으로 구매력이 있는 이들에게만 사적으로 거래되기도 하는 등 북한에서의 자기돌봄은 경제적 지위에 따라 많은 영향을 받는다는 것을 알 수 있다.

●: 그렇군요. 그러면 북한에서는 운동도 하고 약도 먹고 하셨는데. 지금 B씨를 위해서 스스로 위하는 일은 어떤 것들이 있나요?

B: 모든 게 다 나를 위한 일이죠. 공부하는 것도 나를 위한 일이고 며칠 전에 필라테스 했는데 그것도 나를 위한 거고, 그냥 알바 하는 것도 나를 위한 것 같아요.

●: 정말 모든 게 나를 위한 일이네요. 그러면 자기돌봄이라는 용어 자체는 좀 생소하신데, 자기계발이라는 말은 많이 들어보셨어요?

B: 근데 북한에서 자기계발이란 말은 안 썼던 것 같아요. 오히려 돌봄이라는 말

을 썼지, '계발'이란 말은 안 썼던 것 같아요.

●: 조금 생소할 수 있을 것 같아요. 그럼 자기계발이건 자기돌봄이건 사실 모두 다 나를 위한 일인데 어떤 차이가 있을까요?

B: 네. 근데 계발은 나를 위한 일이지만 나중의 나를 위한 일이고, 자기돌봄은 지금 현재 나를 돌보는 것이라고 생각해요. 지금 나를 어떻게 돌봐야 더 사랑받을 수 있고, 더 건강해질 수 있는지 돌아보는 것이 자기돌봄 같아요. 반면에 자기계발은 나중에 내가 어떤 사람이 될까 하는 질문에 대한 대답 같아요. 그러니까 미래의 나를 위해 무언가를 찾아가는 것은 계발이고, 지금 나를 사랑해 주고 보호해 주는 것은 돌봄인 것 같아요.

●: 좋아요. 그러면 앞서서 B씨가 하는 나를 위한 행동에는 공부, 필라테스, 알바 등등이 있었는데 그중에서는 어떤 것이 자기계발이고 어떤 것이 자기돌봄인가요?

B: 상황이나 목적에 따라서 다른 것 같아요. 만약에 공부라고 했을 때는 나중의 나를 위한 개발일 수도 있고, 아니면 내가 모르면 지금 무시 받으니까 나를 더 사랑하기 위해서 공부할 수도 있는 거잖아요. 그래서 공부 같은 거는 공존이 될 수 있다고 생각해요. 반면 운동 같은 부분에서는 저는 그냥 스스로 근력 키우려고 하다 보니까 그건 자기돌봄인 것 같아요. 그리고 나를 위해서 예쁜 옷 산다거나 하는 것은 돌봄인 것 같아요.

●: 맞아요. 사실 딱 잘라서 말하기는 힘들 수 있는데, 그래도 B씨가 느끼기에는 미래를 향한다면 개발이고 현재를 위한다면 돌봄이라고 정리할 수 있겠네요. 그런데 자기돌봄이랑 자기계발이 때때로는 충돌할 수도 있을 것 같아요. 내가 나를 위해서 하고 있는 것 중에 오히려 내 건강과 안녕을 상하게 하는 것도 있을까요?

B: 공부 같은 거? 자기계발을 하다 내가 다칠 수도 있는데, 예를 들어서 어떤 사람이 공부하려고 각성제 같은 약을 먹으면서 했거든요. 그건 자기계발이지만, 돌봄은 안 하는 거잖아요. 반면에 저라면 공부도 중요하지만 나도 중요하거든요. '계발이 먼저냐 돌봄이 먼저냐?'에 대한 대답이 달랐기 때문이

라고 생각해요.

●: B씨는 어떠세요? '계발'이 우선이에요, '돌봄'이 우선이에요?

B: 원래는 계발이 우선인데 체력이 안 되니까 달라진 것 같아요. 두 가지가 공존하고 있어요. 원래는 내가 만약에 체력만 된다면 계발이 먼저라서 밤에 잠도 줄일 테고 아마 내 몸을 혹사시키면서도 할 수 있는데, 지금은 모르겠어요. 좀 창피한데 열심히 공부를 하면 다음 날에 진짜 엄청 피곤하고 그렇거든요. 그러니까 균형을 맞춰서 공존시키려고 하는 것 같아요. "나는 잠을 자야 꼭 공부를 할 수 있다. 밥을 먹어야 공부를 할 수 있다." 하는 식으로요.

●: 그래요. 그런데 주변에 보면 실제로 자기를 잘 돌보지 않고 공부에 매진하는 사람들이 있잖아요. 그런 사람들 보면 어떤 생각이 드세요?

B: 너무 멋있다고 일단은 생각하죠. 나는 하지 못하는 것을 그 사람은 하잖아요. 근데 그렇다고 해서 또 나는 내 건강을 해치고 싶지 않다고 생각해요. '멋있지만 따라 배우고 싶지는 않다.'는 정도죠.

●: 할 수만 있다면 나도 하겠다는 것도 아니고, 그래도 나를 돌보겠다는 거네요?

B: 그렇죠. 언제까지 살다가 죽을지 모르잖아요. 내일 내가 죽을지 모르잖아요.

B는 자기돌봄에 해당하는 행동에 대해 '모든 게 나를 위한 행동'이라고 얘기하였다. 즉, 나를 사랑하는 것이 자기돌봄이라면, 내가 원하며 삶을 가꾸어 나가기 위한 행동은 모두 자기돌봄인 것이다. 이는 B가 가진 높은 자율성을 보여준다. 이러한 정의에서 자기계발과 자기돌봄은 유사하지만, 자기돌봄은 현재의 나를 사랑하고 아끼는 것인 반면 자기계발은 미래를 향한다는 차이가 있다. 또한 B는 자기돌봄과 자기계발 사이의 균형을 맞추는 것이 중요하다고 인식하고 있다.

●: 알바는 어때요? 알바는 물론 이제 돈을 벌기 위한 목적이지만, 이것도 돌봄이 될 수 있나요?

B: 제가 원래 알바를 안 했었거든요. 휴학하고 공부만 해야지 했는데 공부라는 것도 끝이 있는 게 아니잖아요. 하루 종일 공부한다고 해서 되는 것도 아니고요. 그러니까 어느 정도 하면 할 일이 없으니까 잡생각 하거든요. 근데 그 잡생각이 좋은 거면 좋겠지만 제 MBTI가 완전 J라 그런지 쓸데없는 생각을 계획해요. 실현이 될지 안 될지 모르겠지만 '어디로 여행 갈까?' 하면서 나라 리스트 쓰고, '나중에 할머니 돼서 어떡하지?' 하는 생각을 하고 '나 죽어서 내 장기를 어떻게 하지?' 막 이런 생각을 되게 많이 해요. 그래서 쓸데없는 생각 너무 많이 하니까 이걸 해소시켜 줄 수 있는 게 필요했어요. 운동도 해 봤는데 한두 시간이면 끝나잖아요. 그래서 '그냥 알바를 해야겠다.'라고 해서 알바를 시작했어요.

●: 그렇군요. 알바가 잡생각이나 고민 같은 걸 덜어주는 데 도움이 되던가요?

B: 조금은 됐어요. 바빠지니까 다른 것에 몰두하게 됐어요.

●: 잘 맞으신다니 다행이네요. 반면에 운동은 별로 효과가 없으셨고요?

B: 원래 헬스 하고 싶었는데 초보한테는 헬스가 위험할 것 같아서 필라테스 하고 있어요. 처음엔 재밌겠다고 생각했는데 생각보다 힘이 들더라고요. 그러다 보니까 점점 갈수록 의무적으로 가는 느낌도 들어요.

●: 그런데도 꾸준히 필라테스를 하고 계신 거죠?

B: (운동을)해야 되니까요. 돈도 냈고, 제가 되게 되게 몸이 약해요. 근력도 키워야 하고 체력도 길러야 할 것 같아요.

●: 체력이 부족하다고 느끼신 계기가 있나 봐요. 체력을 키우면 뭐가 좋아요?

B: 내가 즐겁잖아요. 그러니까 체력이 낮아지면 우울해질 것 같고, 근데 체력이 좋으면 맨날 웃잖아요. 그러니까 행복하잖아요. 내가 만약에 체력이 약해서 맨날 자봐요. 나 자신도 뭔가 너무 한심해 보이고요. 반면에 체력이 좋으면 잠도 덜 자고 맨날 웃을 것 같고, 지치지 않을 것 같은 그런 내가 좋아요.

●: 지금 B씨에게 체력을 기르고 운동을 하는 게 되게 중요한 거네요. 혹시 지금 하는 것 외에도 새롭게 해보고 싶은 거 있어요? 아니면 이런 거 하면 좋을 텐데 싶은 거나, 꼭 해야 한다고 생각하는 것도 있을 수 있겠고요.

B: '해야 된다.' 하면 생각나는 건 공부인 것 같아요. 영어 공부랑 학교 공부인 것 같아요. 여기 와서 다른 또래들에 비해서 많이 부족하거든요. 친구 관계나 이런 부분에서는 스트레스가 전혀 없는데, 앞으로 어떻게 살지, 어떤 어른이 되어 있을까 이런 생각만 하면 스트레스를 심하게 받아요.

●: 어떤 부분에서 그런 생각이 많이 드는 거예요?

B: 제가 북한에서 왔잖아요. 근데 여기 삶은 너무 고급스럽고 사람들이 너무 다 깨어 있고 그렇잖아요. 교육도 다 똑바로 받았고요. 근데 저는 그냥 무식한 나라에서 여기 왔잖아요. 여기서는 친구들이 자라면서 배우고 느낀 것들이 몸에 배어 있잖아요. '노력한다고 해서 내가 쟤네들이랑 비슷해질까? 뼛속까지 같아질까?'라는 게 되게 걱정돼요. 또 저는 괜찮지만 제가 자식을 낳았을 때 내 자식한테 어떻게 교육해 줘야 걔가 동등한 수준으로 살아갈 수 있을까? 하는 게 많이 걱정이 돼요. 아이가 나를 닮거나 비슷한 걸 느끼지 않을까 그게 되게 걱정이 돼요.

●: 출발선이 다르다고 인식하는 데서 오는 부담감이 있네요.

B: 너무 심하게요. 북한은 한 20년 떨어졌다고 말씀하시잖아요? 모든 사람들이 20년이 떨어졌는데, 나는 그 20년이 떨어진 데서 10살까지 지내다 왔으니까 30년 떨어진 거나 비슷하잖아요? 말투부터 다 다르고 그런 부분이 너무 신경 쓰여요.

●: 말투 외에도 B씨에게 느껴지는 차이가 있어요?

B: 겉으로 드러나지는 않지만 친구들이랑 저랑 대화 주제도 다르고, 제가 얘기를 했을 때 친구들이 공감을 못 할 때 좀 그런 것 같아요. 예를 들어서 제 친구들은 그런 생각을 안 해도 되는데, 저는 경제 관념에 대해서 생각하고 있을 때도 그렇게 느껴요. 친구들은 엄마 아빠가 계속 여기에서 살았고 집도 다 있고 그렇잖아요. 그러니까 걱정이 없잖아요. 근데 나는 엄마 아빠랑 다

같이 북한에서 왔으니까 고등학교 때부터 '빚을 물어야 된다.' 하는 경제 관념의 사고가 있어요. 그런 게 친구들이랑 달라요.

●: B씨는 브로커 비용부터 부담하면서 들어온 거니까요.

B: 네. 브로커 비용부터 그게 다 대출이니까 왔을 때부터 빚이 있고, 그러니까 그게 너무나 저한테는 충격이죠. 그러니까 '나는 돈을 막 쓰면 안 되는구나'라는 생각을 늘 하고 있어요. 애들은 콘서트 같은 데 가서 놀 수도 있잖아요? 근데 저는 그 돈 하나가 아까운데, 걔네는 그 즐거움 때문에 가고 그런 게 저랑 너무 다른 것 같아요.

●: 고민도 되고 위축될 때도 많았겠어요.

B: 저는 '다르지 않기 위해서는 어떻게 살아야 되지?' 늘 생각해요. 왜냐면요, 다르기 싫거든요. 특별한 게 싫거든요. 저는 또 괜찮아요. 근데 만약에 내 자식이 태어났을 때 내가 이렇게 생각했던 거를 걔한테 교육하지 않을까 걱정이 돼요. 원래 자식들은 부모 배우고 자란다고, 내가 만약에 어릴 때부터 자식한테 돈에 대한 경제 관념에 대해서 얘기를 하지 않을까 하는 걱정인 거죠. 걔 나이 때는 그런 나이에 맞게 살아야 되는데 또 나처럼 똑같은 생각을 가지지 않을까?

●: 맞아요. 누구든 자식한테는 자기 나이에 맞는 걱정을 하고 살 수 있게 해주고 싶은 마음도 큰 것 같아요. B씨가 생각이 되게 많네요.

B: 그러니까 그런 잡생각 때문에 알바를 하고 있어요.

    B가 수행하고 있는 다양한 자기돌봄에는 잡생각이 사라질 수 있도록 하는 아르바이트, 체력을 길러서 지치지 않고 여유가 생겨 행복해질 수 있도록 하는 필라테스 등이 포함된다. 이처럼 B는 신체적으로, 정신적으로 스스로를 돌보기 위해 노력하고 있으나 이러한 노력에 걸림돌이 되는 것은 또래와 비교에서 출발선부터 다

르다는 인식이다. 살아오면서 겪은 것이 너무도 다르다고 생각하며 또래와 비교를 하고 있는데, B는 자신과 달리 남한에서 출생하여 관계망이 잘 구축되어 있으며 돈에 쫓기지 않고 즐거움을 위한 선택을 할 수 있는 친구들을 보며 부러움을 느끼고 있다. B는 아무리 해도 친구들을 따라갈 수 없다고 느끼고 있으며 특히 한국에 들어오면서부터 브로커 비용으로 인해 빚이 생긴 것이 이러한 느낌에도 일조하였다. B는 이러한 차이가 미래의 자녀에게도 되물림될 것을 우려하고 있다.

●: 그러면 자식한테는 다른 환경을 물려주기 위해서, 그리고 B씨 스스로도 더 이상 친구들과 비교하지 않기 위해서, 앞으로 뭘 해야 된다고 생각을 하세요?

B: 능력을 쌓는 거요. 내가 많이 벌어야 되고, 많은 능력을 갖추고 스펙을 가져야 한다는 생각이 있어요. 제가 고등학교 때 만났던 친구를 엄청 부러워했던 적이 있어요. 그 친구한테만은 제가 어디에서 왔다는 것도 다 얘기해 줬고요. 그런데 지금은 그 친구가 오히려 저를 부러워하더라고요. 되게 좋은 학교 갔다고요. 저는 고등학교 때 밥 먹는 시간도 아까워서 친구들이랑 밥 먹으러도 안 갔어요. 근데 그때 친구는 그때 이해 못 했대요. 근데 나중에 이렇게 제가 가고 싶은 학과 가고 나니까 다르게 생각이 들었대요. 그 친구는 자기가 가고 싶은 학과를 못 갔거든요. 그래서 계속 그 친구는 지금 알아보고 있고, 또 편입하고 막 이러고 있어요.

●: 그러면 이제 그 친구랑은 더 이상 비교하지 않고 계세요?

B: 많이 줄어들었죠. 그 친구는 저한테 부럽다고 하거든요. 이렇게 내 능력이 하나하나 생기니까, 비교되는 대상이 없어지긴 하더라고요. 그래서 내 능력을 키워야 된다고 생각하고, 또 내가 많이 잘살면 내 자식도 그 돈을 마음껏 쓰면 그렇게 궁핍하게 살지는 않을 수 있잖아요. 그렇게 하기 위해서 나는

내 능력을 키워야 될 것 같아요.

●: 고등학교 때 점심시간에 식사도 하지 않고서 공부하셨고요. 의지가 대단하신데요.

B: 그래야만 그 학교로 갈 수 있으니까, 가서도 잘할 수 있으니까요.

●: 그런데 그렇게 내 능력을 개발하고 스펙을 쌓고 영어 공부를 한다든지, 그러다 보면 자연스럽게 건강이 뒷전이 되거나 하지는 않을까요? 괜찮을까요?

B: 그때는 잘 못 느꼈어요. 지금 와서는 '되게 피곤하구나'라는 걸 느꼈어요. 지금 20대 들어와서요. 그래서 지금은 휴학을 했죠. 내가 잠을 자지 않고 영어 공부도 같이 병행해야지 했는데 안 됐으니까 휴학을 했고, 그 휴학 기간에 쉬면서 영어 공부를 하자라고 한 선택이에요.

●: 그러면 요즘은 어떠세요? 지금은 그래도 휴학도 하고 알바도 하고, 운동도 하고 계시는데, 내 건강을 위해서 혹은 내 안정을 위해서 더 자기돌봄이 필요하다고 느끼고 계세요?

B: 네. 자기돌봄을 위해서 일단 그렇게 큰 선택 한 거니까요. 그런데 일단 겉으로 봤을 때는 돌봄이긴 하지만 자세히 보면 나를 힘들게 하는 게 있겠죠. 예를 들어서 쉬고 싶어서 '알바를 하지 말아야지'라고 했는데 또 잡생각 때문에 또 알바를 하게 될 수도 있잖아요. 그런데 알바 하면서 또 피곤할 때도 있잖아요? 그거는 언젠가는 다 공존하는 것 같아요. 그러니까 상황에 따라서 나를 돌볼 수 있나, 없나 하는 게 상황에 따라 좌지우지되는 것 같아요.

B는 친구들에게 부러움과 자신의 상황에 대한 불안을 느끼면서 자신이 나아가도록 쉬지 않고 채찍질했다. 이러한 노력을 통해 B는 자신이 원하는 대학과 학과에 합격하는 목표를 성취할 수 있었고 이처럼 능력을 갖춤에 따라 또래와 비교하지 않게 되었고 자신을 위해 쉬어야겠다는 선택도 할 수 있었다. 이처럼 자신의 약점이

라 생각되는 한 부분을 노력을 통해 충족시키면서 B는 자기돌봄에 한 걸음 다가갈 수 있었다.

●: 상황 말고도 근데 또 자기돌봄을 하려면 필요한 것들이 있잖아요. 당연히 시간도 있어야 될 거고, 필라테스는 좀 비싸지 않나요? 비용에 부담은 없어요?

B: 맞아요. 진짜, 세 달에 한 50만 원인가, 60만 원인가, 그렇게 했던 것 같아요. 되게 비싸긴 하죠. 근데 또 알바를 한 달 하면 그 값이 나오니까요.

●: 그러면 비용 외에는 자기돌봄을 하는 데 좀 부족하다고 느끼시는 건 없으세요?

B: 엄청 부족하죠. 시간도 부족하고 돈도 부족하죠.

●: 휴학했는데 지금도 여전히 시간이 없다고 느끼시네요. 만약 시간이 더 많으면 뭘 할 수 있을까요?

B: 더 나를 돌보지 않을까요? 여행도 가고요. 시간이 많으면 돈 벌 시간도 많고 누릴 시간도 많잖아요. 지금은 시간이 없으니까 돈 벌 시간도 적고 누릴 시간도 적고요.

●: 시간 많으면 여행을 가고 싶어요?

B: 네. 그냥 일단 가고 싶어요. 어디든 다 가고 싶어요. 저는 색다른 거 되게 좋아하고 궁금한 것도 되게 많아요. 지역마다, 제주도는 어떨까, 부산은 어떨까? 생각하고요. 그리고 어떤 느낌일까, 어떤 음식이 맛있을까, 어떤 바람이 불까, 이런 거 되게 궁금해요. 외국도 마찬가지예요. 만약에 미국은 어떨까, 미국은 어떤 눈이 내릴까, 눈이 내리고 나면 바로 녹을까, 아니면 천천히 녹는 눈일까, 막 이런 것도 되게 궁금하고요. 그런 게 하나하나 궁금한 것 같아요. 그래서 여행 다니는 것 좋아해요.

●: 지금까지는 여행 많이 다녔어요?

B: 많이 가지는 않았어요. 그게 되게 경제적 부담이잖아요. 그래서 뭔가 어디 단체에서 여기 무료로 갈 수 있다는 단체가 있으면 무조건 신청해서 가는 편이에요.

●: 그럼 캄보디아 가는 건 어때요? 여행 겸 봉사인가요?

B: 아니요. 그건 봉사활동이에요. 그 나라 갔을 때 어떤 느낌일까 하는 느낌도 있지만 그냥 봉사활동으로 가는 게 훨씬 커요. 원래는 낯선 곳을 되게 좋아하는데 북한에서 되게 답답했어요. 지금은 엄청나게 좋은 환경에 있으니까 늘 다른 곳이 보고 싶나 봐요.

●: 지금도 좋은 환경인데 다른 곳이 궁금해진다고요?

B: 맞아요. 북한에서 남한을 왔는데 남한이 이렇게 멋있어요. 그럼 다른 나라 같으면 얼마나 더 멋있을까요? 아니면 어떻게 더 못살까, 북한보다 더 못사는 나라가 있을까, 그런 것도 궁금하고요. 그런데 캄보디아 이런 곳 보면, 북한이랑 비교했을 때 저는 당시에도 되게 잘살아서 잘 모를 수도 있다고 생각하지만, 위생이 관리가 하나도 안 되어 있는 거예요. 근데 고향은 진짜 아무리 못살아도 그런 건 잘 되어 있어요. 진짜 아무리 못살아도 진짜 깨끗해요. 진짜 아무리 못살아도요. 캄보디아 학교 같은 데 가면 막 엄청 더럽잖아요. 근데 저희는 안 그래요.

●: 청소를 엄청 열심히 하나 봐요.

B: 예를 들면 북한에는 상하수도가 잘 안 돼요. 그러니까 물이 잘 안 나와요. 학교 가면 우리가 청소하려고 강에 가서 물 떠 가지고 물걸레질 매일매일 하고, 바닥도 막 이렇게 반짝거리게 하기 위해서 막 초 있잖아요? 초 막 이렇게 해놓고 이렇게 막 밀고 그런 걸 진짜 매일매일 했어요. 엄청 깨끗한 생활이니까 삶의 만족도가 높아요. 그런데 캄보디아 간다면 아무리 나라가 잘사는 나라고 자유로운 나라라고 해도 위생이 다르니까 생활 만족도가 떨어질 것 같아요.

●: 북한에서는 위생 관리가 철저하네요. B씨 집만 깨끗한 건 아니에요?

B: 친구들 집 가면 다 깨끗해요. 공공장소도 그렇고요. 캄보디아 같은 데 가면

교회 같은 공공장소에 가도 막 파리가 윙윙 날아다닌다든가 창문도 없고요. 고향에서는 아무리 그래도 창문이 없으면 비닐로 창문 만들어요. 북한은 못 사는 나라에 속하잖아요. 그래도 위생 부분에서는 삶의 만족도가 높은 것 같아요.

●: 어떤 식으로든지 관리를 하면서 사네요. 유리창이 아니더라도 비닐이든 천이든 대체해서요.

B: 그렇죠. 또 천은 비싸니까 비닐로 또 한다든가 그럴게요. 어쨌든 그런 것도 다른 나라에 가봐야 알 수 있는 부분이잖아요. 그러니까 다른 나라가 궁금한 거예요.

●: 요즘에는 유튜브로도 다 볼 수 있잖아요.

B: 그런데 유튜브로 보면 거짓말일지 진짜일지 어떻게 알아요? 내 눈으로 봐야만 믿는 성격이거든요.

●: 그래요. B씨는 하고 싶은 게 정말 많네요. 간접 경험보다는 직접 경험해 보는 것을 선호하시고요.

B: 그래서 꿈이 교수예요. 방학이 있잖아요. 이렇게 원하는 것에 따라 꿈이 바뀌는 게 나만의 자기돌봄인 것 같아요. 나를 위해서, 내가 원하는 것을 위해서 돌봄도 바뀌는 거요.

B에게 시간과 돈이 충분히 주어진다면 실천하고 싶은 자기돌봄은 여행이지만, 시간과 금전적 여유가 부족하여 실천하지 못하고 있다. 한편 B가 북한에 거주할 때는 자유롭지 못한 환경이 여행을 떠나는 것에 걸림돌이 되었다. B가 여행을 가고 싶은 이유로는 다양한 것이 있는데, 우선 지역마다 존재하는 특색을 직접 경험하고 그 지역 자체를 느끼고 싶다는 것이 첫 번째 이유이고, 다른 환경에 가야만 느낄 수 있는 본래 거주하는 환경과의 차이점을 알고 싶

다는 것이 두 번째 이유이다. 실제로 B는 캄보디아의 위생이 열악하게 느껴졌음을 언급하면서 북한이 아무리 가난하고 자유가 없는 나라라고 하더라도 캄보디아에서의 삶이 더 만족스럽지는 않을 것임을 예상하였다. 이는 북한에 거주할 때는 알지 못했던 것이지만 다른 나라를 직접 겪어 보고 나서야 알 수 있었던 점이다.

● : 좋아요. 저도 기대하고 있을게요. 그럼 북한이랑 남한이랑 차이점에 대해서도 묻고 싶어요. 북한에서는 하지 않았지만 남한에 와서 새롭게 하게 된 자기돌봄, 아니면 하고 싶은 자기돌봄도 있는지 궁금하고요.

B: 북한에서는 집 안에서 자기돌봄이었다면 여기서는 외부에서까지 자기돌봄 할 수 있는 것 같아요. 북에서는 소수의 돌봄이라면, 남한에서는 큰 돌봄이죠. 범위가 달라져요.

● : 왜 그럴까요?

B: 자유 문제인 것 같아요. 만약에 내가 여행 가는 게 내 돌봄이고 내 꿈이라고 했다면, 거기서는 범위가 제한되어 있으니까 못 한다면 여기서는 내 돌봄을 충분히 할 수 있잖아요. 그런 게 범위가 달라지는 거죠. 아니면 다른 예시로 '나는 먹는 게 내 돌봄이다, 혹은 옷 사는 게 내 돌봄이다'라고 한다면 거기서는 제한이 있고 그쪽 옷만 입는 거잖아요. 그런데 여기에서는 내가 프랑스 옷을 사 입을 수도 있는 거고 그렇잖아요. 그런 게 제가 생각하기에 범위 제한이 달라진다는 뜻이에요.

● : 좋은 말씀 해주셨네요. 범위가 달라진다면 똑같이 옷을 입는 행위더라도 그게 북한에서는 자기돌봄이 안 될 수가 있는 거고, 여기서는 자기돌봄이 될 수 있는 거고요?

B: 거기서도 될 수는 있지만 크게 안 되는 거죠. 그러니까 거기서는 내 돌봄을 두 개밖에 못 한다면 여기서는 내 돌봄을 다섯 개까지, 많이 크게 할 수 있는 거죠.

●: 그렇군요. 그럼 B씨는 지금 남한에서 그런 넓은 범위의 자기돌봄을 충분히 누리고 있다고 생각하세요? 자유로운 선택지들을 다 경험해 보기도 하는지 궁금하네요.

B: 일단 삶의 만족도가 여기가 더 높아요. 거기서는 경제적으로 풍족은 했죠. 여기보다 충분히 잘살았겠고 빚도 없었으니까요. 그런데도 삶의 만족도가 여기가 더 높은 이유는 내 자유, 내 돌봄 또한 피부로 닿는 게 더 좋아서이지 않을까 싶어요.

●: 그리고 못 하는 게 있어도 꼭 돈 때문에 못 한다는 그런 느낌도 아니고요?

B: 그렇죠. 돈 때문에 딱히 그렇게 한다는 느낌도 아니고요. 저는 그런 것 같아요. 또 다른 사람들은 또 다를 수도 있겠지만요.

●: 누구는 "돈 없어서 막 아무것도 못 한다." 이렇게 얘기할 수도 있는 건데요.

B: 맞죠. 근데 만약에 북한에서는 돈 없으면 더 제한되잖아요. 왜냐면 북한은 돈을 벌 수가 없잖아요. 돈을 번다고 해도 되게 그런 페이가 적잖아요. 근데 여기서는 '내가 뭔가를 꿈을 꾸고 싶다'라고 했을 때 그 페이를 벌 수 있는 방법이 있어요. 그러니까 여기서 돈이 없어서 못 한다고 그러면 거짓말인 것 같아요. 뭘 돈이 없어서 못 해, 나가서 돈 벌면 되지. 여기는 하루 나가서 돈을 벌면 일주일은 살 수 있잖아요. 내가 하루에 나가서 10시간 일하면 10만 원이잖아요. 그럼 여기에 하루에 2만 원씩 쓰면 10만 원을 쓸 수 있잖아요? 5일 동안요. 근데 거기서는 하루 나가서 하루도 못 사는 거예요. 한 일주일 걸려야 하루를 살 수 있는 거예요.

●: 북한 상황이랑 비교했을 때 돈이 없어서 못 한다는 건 말이 안 된다는 거네요.

B: 그게 너무 다른 거죠. 여기서 나는 돈이 없어서 못 산다 이런 거 진짜 거짓말이라고 봐요. 나가서 돈을 벌면 되지. 그러면 사람들이 그래요. 취업을 안 시켜준다고. 그럼 나와서 폐지라도 줍든 깡통이라도 주우면 되잖아요. 그러면 되잖아요. 근데 사람들마다 다를 수 있어요. 그 사람들은 자기를 위해서 그렇게 안 하고 싶은 거겠죠. 그게 자기돌봄이 될 수도 있잖아요. 자기는 일하

기 싫고 그냥 가만히 앉아 있는 게 내 돌봄이다. 그러니까 그 사람의 돌봄이 될 수 있는 거고.

● : B씨는 아까 말씀하시기를 북한에서는 그래도 좀 괜찮게 살았다고 말씀하셨잖아요? 그러면 남들보다 상대적으로 돈이 더 많았음에도, 할 수 있는 게 많이 없었나요?

B : 많이 있었지만, 다른 나라는 못 가잖아요. 되게 백두산도 여행 가고, 평양도 여행 가고, 거기 안에서는 다 갈 수 있지만 다른 나라는 갈 수 없었잖아요.

● : 돈이 있어도 못 하는 것들이 있으니까 자연스럽게 만족도도 높지 못하네요.

B : 네 맞아요. 만족도가 높지 않죠. 근데 거기에 있을 때는 만족도가 되게 높다고 생각했어요. 왜냐하면 학교에 나가면 친구들이랑 서로 다 잘 알고, 전교생이 모두 나를 알았고 제가 한마디 하면 영향력이 있고 그랬거든요. 그러니까 거기서 살 때는 그런 인지도에 생활 만족도가 되게 높기도 했죠. 그런데 여기서는 그런 게 없잖아요. 인스타 팔로우 한 명 늘리기도 되게 어렵잖아요. 그래도 내가 자유롭게 살아가는 만족도는 되게 높은 거예요.

● : 북한에 살 때 만족스럽다고 생각했지만, 남한에 와서 보니까 그게 아니었던 거네요?

B : 맞아요. 그건 살아봐야 아는 것 같아요. 만약에 제가 미국 갔는데 미국이랑 제 성향이 너무 잘 맞아요. 그럼 미국이 나의 삶의 만족도가 최고로 높아지는 곳이 될 수도 있고 만약에 내가 다른 곳에 살아 봤더니 북한에서가 더 괜찮다고 생각할 수도 있겠죠.

● : 그것도 결국 가보고 느껴봐야 아는 거죠. 그리고 그러려면 일단은 자유롭게 갈 수 있어야 하고요.

B : 그래서 지금도 비교적 자유롭게 갈 수가 없으니까 삶의 만족도를 높이기 위해서 나의 개발을 하는 것 같아요. 그러니까 '나는 어떻게 하면 내 생활 만족도가 높아질까?'라고 생각하는 거죠. 나중에 내가 자유롭게 돌아다닐 수 있는 생활을 하고 싶으니까 '교사가 돼야겠다'라는 꿈이 있잖아요. 방학이 있으니까요. 내 돌봄을 위해서 내 개발을 찾아가는 것 같아요, 저는.

●: 그러면 지금 당장 그러니까 예를 들면 교사가 되려면 임용고시 준비해야 되고 공부할 것도 많잖아요. 하다 보면 지금 여행 가고 싶고, 지금 놀러 가고 싶고 하는 것도 포기해야 될 수도 있단 말이죠.

B: 네. 포기할 수도 있겠지만 저는 잘 안 포기하거든요. 그래서 지금 휴학을 했어요. 나중에 내 능력이 조금 뒤떨어질지 몰라도 내 20대는 즐기자는 생각이 있어요.

　B는 남한과 북한에서 자기돌봄의 차이에 대해 "큰 돌봄"과 "작은 돌봄"의 차이라고 언급하였다. 이는 북한에서는 구매와 이동이 자유롭지 않은 반면, 남한에서는 선택권이 매우 다양하며 자유롭게 돈을 벌 수도 있다. 그리고 이러한 자유가 있기 때문에 삶의 만족도가 더 높다고 보고하고 있다. 또한 이러한 차이점을 느낄 수 있었던 이유도 두 나라에서의 삶을 '직접' 경험할 수 있었기 때문이라고 언급하며, 이처럼 여러 나라에서 자유롭게 거주해 볼 수 있는 것이 자기돌봄의 기반임을 반복해서 보고하고 있다.

●: 그렇군요. 좋네요. 너무 맹목적으로 아등바등 살고 나서, 나중에 돈 많이 벌고 여유가 생겨도 잘 못 즐기는 사람이 많더라고요. 그나저나 아까 북한에서 '다 나를 알았다'고 하셨는데, 그건 무슨 뜻인가요? B씨가 유명하고 인기가 많았다는 뜻인가요, 아니면 원래 좀 다들 알고 지내는 그런 끈끈한 분위기인가요?

B: 둘 다 있긴 한데 전자의 의미도 있었어요. 그러니까 저희 엄마가 거기서 살 때 되게 오래 살고, 엄마 때부터 지역에서 명망이 있는 가족이었어요. 그러다 보니까 모든 사람들이 엄마를 아는 거예요. 그리고 딸인 나는 좀 알고 학교에 가면 애들이 잘 모르긴 해도 집이 괜찮고 하니까, 제가 신상 옷을 사 입으면 "누가 사 입었대"라면서 다 하는 거죠. 저도 인기가 많았죠.

●: 그렇군요. 남한에서는 팔로우 수 하나 늘리기도 어렵고, 인구가 너무 많다 보니까 사회적으로 익명성이 더 큰 그런 사회잖아요. 그런 부분이 아쉽지는 않으세요? 어떤 게 좋다, 아니다 비교해 볼 수 있을까요?

B: 근데 제가 원래 사람들의 시선을 잘 인식하지 않는 편이거든요. 고향에 있을 때도 그걸 누리는 걸 되게 좋아했으면 인맥을 되게 넓혔을 거예요. 그런데 한 명이랑만 노는 거 되게 좋아했어요. 그런데 단체 생활 많이 하고, 어딜 가도 나를 알아주니까 편안한 건 있었어요. 고향에서는 만약에 내가 힘들어한다거나, 아니면 농사지으러 간다고 하면 친구들이 도와주고 그랬거든요.

●: 북한에 계셨을 때는 집단주의적인 생활이 잘 맞았나 보네요. 그런데 남한에서는 다들 좀 개인주의적이잖아요. 그리고 자기돌봄에 대해서도 개인주의적인 느낌이 든다고 하셨어요.

B: 네. 맞아요. 지금도 편안해요. 왜냐하면 그때는 되게 인싸였잖아요? 그래서 만약 엄마가 엄청 유명한 사탕을 일 키로 사준다면, 그걸 학교에 그냥 통째로 들고 가서 애들한테 다 나눠줬어요. 반면 지금 여기에서는 돈이 없어서 해줄 수가 없잖아요. 그래서 그냥 안 하는데도 좋아요. 예전을 생각하면 바보 같은 느낌이 들어요. 엄청나게 막 해피 바이러스여 가지고 그냥 뭐만 보면 다 웃고, 진짜 누가 못산다고 하면 내가 막 신던 신발을 갖다주고 막 "너 신어." 이렇게 하고요. 지금은 성격이 되게 변했거든요.

●: 예전을 생각하면 바보 같고, 후회스러운 마음도 드는 거예요?

B: 맞아요. 그냥 바보. 북한에서 그런 속담이 있거든요. 착한 거랑 바보인 거랑 종이 한 장 차이라고. 제가 거의 그런 급이었거든요. 엄마가 맛있는 거 사주면 그거를 학교 들고 가서 애들한테 다 나눠주고, 그리고 누가 신발이 없어서 학교를 못 온다고 하면 내가 신는 신발을 갖다줘서 학교 나오게 하고, 진짜 엄청 바보였는데 그땐 바보라는 거 몰랐어요. 근데 여기 와서 보니까 내가 그렇게 행동했던 게 너무 바보 같은 거예요. 그러니까 성격이 변하더라고요. 이 삶이 더 좋은 것 같아요. '그때 그 친구들도 얼마나 나한테 바보라고 했을까?'라는 생각도 들어요.

B는 북한에서 경험한 집단주의적 생활 양식과 남한에서 경험한 개인주의적 생활 양식을 비교하고 있다. 북한에서는 단체 생활을 중시하여 B는 주변에서 많은 도움을 받을 수 있었지만, B 역시 주변에 베풀어야 한다고 느꼈다. 그로 인해 B는 자신의 신발을 다른 친구에게 주거나, 어머니가 사준 간식을 친구들에게 모두 나눠주기도 했다. B는 이러한 과거에 대해 "바보"같이 느껴진다고 하며, 이러한 인식은 남한에 와서 생겼음을 보고하였다. 단체 생활을 중시할 때는 자신을 희생하면서 남을 돌보는 것에 거부감을 느끼지 못했으나, 개인주의적인 생활을 경험한 후에야 이러한 인지적 변화가 일어난 것이다. 이를 통해 집단주의적 생활 양식은 타인과의 유대를 끈끈하게 만든다는 장점이 있으나, 자기돌봄에 대해서는 깊게 성찰해 보지 못하게 하는 사회 분위기를 조성한다는 것을 확인할 수 있다.

●: 자기돌봄에 대해서 딱 한 가지만 더 질문하고 싶은데요. 자기돌봄이 '자기'와 '돌봄'이 합쳐진 말이잖아요. 이 용어에서는 이 세상의 중심이 나고, 나를 중심으로 돌봄을 하는 건데, 이렇게 나를 중심으로 사는 삶에 대해서는 어떤 느낌이 들어요?

B: 그건 되게 상황에 따라서 다른 것 같아요. 옛날에 신석기 시대에는 나를 위해서 사는 게 아니라 같이 살았잖아요? 다 같이 농사하고 다 같이 고기 잡아먹고 했으면 그때 자기 자신은 몰랐을 것 같아요. 그때 "너는 뭐라고 생각해?"라고 한다면 사람들이 대답하기 어려웠다면, 지금은 그렇게 안 사니까 "너는 뭐라고 생각해?"라는 질문에 내가 할 수 있는 대답이 정말 많이 늘어난 것 같아요.

●: 꼭 신석기 시대까지 거슬러 올라가지 않더라도, 북한에서도 다 같이 옹기

종기 이렇게 살았잖아요? 그러면 그때 B씨가 생각하기에 '자기'라는 것이 있었나요?

B: 있었다고 생각해요. 북한도 되게 물들었다고 해야 되나? 그러니까 공동체랑 자기가 이렇게 공존하는 거예요. 나랑 공동체가 별개라는 생각에 이제는 물들어 가지고 모든 사람들이 다 인식하는 것 같아요. 그러니까 옛날에 김일성 시대 때는 완전한 공동체였다면 지금은 점점 나랑 공동체가 반반씩 중요한 걸로 바뀌는 것 같아요.

●: 그래요? 예시가 있을까요?

B: 농촌 동원 같은 데 가잖아요? 농촌 동원은 북한에서 되게 유명한 공동체 모임이거든요. 고등학교 올라가면 농촌 동원이라고 한 한 달 동안 어디 갔다 와요. 친구들이랑 다 같이 가서 농사도 하고 그러는데 저는 그게 싫었어요. 왜냐하면 내 몸이 힘드니까요. 거기 가면 분명 농사를 해야잖아요. 농사를 해본 적이 없는데 저는 가기 싫어 가지고, 그냥 엄마한테 말해 가지고 안 갔어요. 대신 선생님께 돈을 줬는데, 친구들한테 밥을 사 먹으라는 그런 많은 액수의 돈이거든요. 거기 가면 힘드니까 간식 같은 거 사 먹여야 하잖아요. 그럼 친구들도 자기네 먹을 거 사줬으니까 나를 봐주거든요. 나는 나를 위해서 안 갔거든요. 만약에 내가 완전히 공동체주의였다면 '난 무조건 가야 돼'라는 마음이 있었을 건데, 나란 존재랑 공동체 존재가 반씩 있었기에 안 가기로 선택했던 것 같아요.

●: 완전한 공동체주의에서 개인주의가 점점 섞여간다. 그쵸?

B: 북한도 이제는 점점 공존하는 것 같아요. 나 자신이랑 공동체가요. 또 점점 시간이 흐르면 완전히 개인주의가 돼 버리겠죠?

●: B씨는 개인주의는 어떻게 생각해요?

B: 개인주의는 그냥 진짜 나 자신을 위해 사는 거요. 그런데 또 완전한 개인주의도 별로 추천하지 않는 것 같아요. 어떤 사람이 너무 짜증나서 죽이고 싶으면 죽여도 되는 그런 개인주의 말고요. "죽여서는 안 된다. 그리고 때려서는 안 된다"라는 그런 법 아래에 개인주의가 누릴 수 있으면 좋겠어요. 완전

한 개인주의도 원하지 않고, 그냥 어느 정도의 법이 존재하는 아래에서의 개인주의요.

●: 그렇죠. 그런 게 있어야 또 개인주의가 지켜지는 거기도 하고 내가 저 사람한테 맞아 죽지 않을 권리도 있어야 되는 거니까요. 오늘 이렇게 자기돌봄에 대해서 1시간 정도 얘기했는데 어떤 느낌이 들어요?

B: 돌봄이라고 했을 때는 엄청 어려운 주제인 것 같아요.

●: 지금 드는 생각인데 나중에 B씨가 또 교수님 되시면 거꾸로 저처럼 여기서 태어나서 중년기를 보내고 있는 사람한테 질문하고 대화해 봐도 재미있을 것 같아요. 살아온 배경이 다르니까요. B씨랑 대화하면서 환경이 정말 중요하다는 생각을 또 한 것 같아요.

B: 되게 중요한 것 같아요. 어떤 환경이냐에 따라서 똑같은 나도 다른 성격으로 변화될 수도 있는 것 같고요. 아마 김일성 시대에 살았던 분 어머니, 할머니 같은 분들은 "자기돌봄이라는 소리를 전혀 못 들어봤다", "공동체와 나를 떼어놓을 수가 없었다"라고 말씀하실 것 같아요. 저희 세대는 이미 공동체나 사회적 삶이 개인적 삶과 공존한다는 걸 느끼기 때문인 것 같은데, 여기에는 환경의 영향이 있다고 생각해요. 자아 탓인 것 같기도 하고 환경, 그러니까 자아가 있는데 그 환경이 변하니까 그게 탓인 것 같기도 해요.

●: 맞는 말이네요. 오늘 대화 즐거웠습니다.

B는 공동체와 개인이 균형이 점차 맞추어져 가는 북한 사회의 변화에 대해 언급하고 있다. 이러한 사회 변화와 더불어 개인주의를 긍정적으로 평가함과 동시에 개인이 살아가는 사회의 모습이 개인의 성격 발달에 많은 영향을 주는 것 같다고 전했다. 이처럼 개인의 권리를 보호 받으면서 자유를 누릴 수 있는 사회가 필요하다고 바라보고 있다.

B가 자기돌봄에 대해 가지고 있는 생각과 경험한 것을 정리하

면 다음과 같다. 첫째, B가 생각하는 자기돌봄은 '나를 더 사랑하는 것'이다. 그렇기에 B가 행하는 모든 행동은 자기돌봄이라고 볼 수 있다. 예컨대 필라테스는 체력을 기르고 여유를 찾도록 돕는 자기돌봄이고, 공부는 미래에 시간적 여유를 가질 수 있는 직업으로 향하는 자기돌봄이고, 알바는 스스로를 괴롭게 하는 잡생각이 사라지도록 하는 자기돌봄이다.

둘째, 자기돌봄과 자기계발의 의미 차이는 각각 '현재'와 '미래'에 대한 것이다. 즉, 현재의 자신을 위한 것이라면 자기돌봄이고, 미래를 위한다면 자기계발인 것이다. B는 자기돌봄이 있는 삶을 위해서 현재에 자기계발을 한다고 언급한 한편, 이와 동시에 현재를 즐기자는 생각도 강하게 가지고 있다. 이는 B가 자신의 필요에 따라 자기돌봄과 자기계발 중 자신에게 현재 필요한 것을 유연하게 선택하고 있음을 보여준다. 실제로 B는 남한에서 태어난 친구들과 비교하며 또래 비교에서 자신이 이들을 따라갈 수 없으리라고 생각하며 큰 스트레스를 겪었다. 당시에는 미래를 위해 밥도 먹지 않고 공부하는 등 자기계발에 매진하였으나, 현재에는 쉼과 열심히 하는 것 사이에 균형을 도모하며 휴학을 하기도 하였다.

마지막으로 B는 남한은 '개인주의적 문화', 북한은 '집단주의적 문화'로 분류하고 스스로에게 집중할 수 있는 현재의 삶을 만족스럽게 여기고 있다. B는 남한의 자기돌봄 문화를 '큰' 자기돌봄이라고 표현하기도 하였는데, 옷을 사거나 음식을 먹는 등 사소한 모든 것에서 개인이 자유롭게 선택할 수 있기 때문에 자기돌봄의 폭이 넓다고 지각한 것이다. 이러한 삶에서 높은 만족을 느끼는 이유는 다양한데, 우선 북한에서는 자국의 삶만 경험해 볼 수 있으므로 다른 곳에서의 삶을 알 수 없고, 그렇기 때문에 현재의 삶에서 만족스러운 부분이 무엇인지 알 수도 없기 때문이다. B는 캄보디아에서 북한의 위생 수준이 뛰어나다는 것을 지각하고 이것이 삶의 만족도를 향상시켰다고 보고하였는데, 이를 통해 자신의 삶에 위생이 중요하며 이것이 충족되는 삶이 큰 기쁨을 가져다줄 수 있음을 지각할 수 있었기 때문이다. 다음으로 집단주의적 문화 아래에서 B는 타인으로부터 쉽게 도움을 받을 수 있지만, 나 역시 타인을 도우며 희생했던 경험이 있기 때문에 과거의 자신이 '바보' 같다고 생각하기도 하였다. 그럼에도 불구하고 북한 내에서의 개인주의적 문화 확산에 대해 언급하며 북한의 사회 변화에 대해서도 함께 보고하고 있다.

3. 관계 자원을 유지함으로써 자신을 돌보고자 하는 C씨

본 장에서는 관계 자원을 중시하며 자기돌봄을 실천하고 있는 C의 경험에 대해 다루고자 한다. C가 생각하는 자기돌봄과 남한에서 관계 자원의 부족으로 인해 겪었던 어려움, 관계를 통해 보호받을 수 있었던 경험과 더불어 문화 차이로 인해 겪었던 다양한 적응 과정에 대해 다룰 것이다. 또한 C의 자기돌봄을 저해하는 근무 환경에 대해서 살펴보고자 한다.

C	정보
탈북연도	2017년
직업	대학생(미용학과)
고향	양강도

C: 저는 17년도에 남한에 왔습니다. 17년도에 북한에서 나와서 중국에서 10일 정도 머무르다가 바로 남한에 왔어요. 엄마랑 언니랑 다 같이 왔어요. 당시에는 15살이었고 지금은 만으로 20살이에요. 미용 관련 공부를 하고 있는 대학교 3학기 차 학생입니다.

●: 반갑습니다. 미용 공부를 하고 계시는군요. 우리 오늘 자기돌봄에 대해 이야기 나눠볼 텐데, 자기돌봄이라는 말 자체가 우리가 일상에서 흔히 사용하는 단어는 아닌 것 같아요. 그래서 평소에 단어를 들어보신 적이 있으신지, 들어보셨다면 이게 어떤 뜻이라고 생각하시는지 말씀 부탁드릴게요.

C: 딱히 들어본 적은 없는데, 제가 생각하는 자기돌봄은 그냥 살아가기 위해서 정신적으로 그리고 체력적으로 필요한 것들을 스스로 케어하는 거라고 생각했어요.

●: 정신적으로나, 체력적으로나 필요한 것들을 스스로에게 제공한다는 의미네요. 그러면 어떤 걸 제공하면 자기돌봄이 될까요? C씨는 어떤 식으로 자기돌봄을 하고 계세요?

C: 제가 잔병치레가 잦아서 작년에 1학기 때도 수업을 좀 많이 빠졌었거든요. 그리고 2학기 들어가서 들었던 수업 중에 강하려면 이런 이런 게 좋고 이런게 잘못됐고 이런 수업이 있었거든요. 그거 들으면서 이제 앞으로 일하거나 건강하게 살아가려면 체력이 중요하다고 생각했어요. 제가 원래는 밥을 잘 안 먹었는데 밥 먹는 시간을 지키게 됐어요. 그리고 가리는 게 많아서 진짜 잘 안 먹었는데 이후로는 건강에 좋은 음식을 검색해 보고 골라서 먹기 시작했어요.

●: 수업을 들으면서 건강관리에 대해 접하게 됐네요. 어떤 수업이었어요?

C: 전공이 헤어인데 두피 관련한 수업이었어요. 두피 건강에 대해서 다루면서, 모발을 채취하면 그 사람이 어떤 음식을 먹었는지 다 나온다고 하더라고요. 그리고 두피가 안 좋아지는 것도 생활 습관에서 비롯됐다고 그런 내용을 접하게 됐어요. 그때 저는 전체적인 생활 습관도 안 좋고, 몸 여기저기에 아픈 것도 많다 보니까 저에 대해 생각하게 되고 새로운 정보를 찾아보려는 걸로도 연결이 됐어요.

●: 두피도 건강관리랑 직결된 부분이니까 더 정보를 찾아보게 된 거네요? 찾아본 정보에는 어떤 게 있었어요?

C: 영양제도 챙겨 먹고, 뭔가를 먹고 싶을 때 음식에 대해서 검색해 보고 어디에 좋은지 그리고 어디에 부작용이 있는지를 먼저 찾아보고 먹게 되는 것 같아요. 예를 들어서 최근에 제가 시력이 많이 나빠졌었거든요. 그래서 안경을 맞췄어요. 시력에 좋은 음식들을 검색해 가지고 당근이 눈에 좋다고 해서 당근 먹고, 봄동도 눈에 좋다고 하더라고요. 봄동을 먹어본 적이 없었는데 그냥 무작정 사다가 한번 먹었던 적이 있었던 것 같아요.

●: 저도 봄동이 이렇게 겨울을 이겨내고 산 거라 좋다는 얘기는 들어봤어요. 혹시 다른 것도 있으세요? 먹는 거 말고도 평소 건강을 위해서 나는 이런 것도 해봤다, 이런 게 있으신가요?

C: 이제 제가 운동하는 걸 정말 싫어하는데 간단하게 집에서 홈트레이닝 하고 밖에 나가서 자전거 타기도 열심히 했었어요.

●: 홈트레이닝도 해보고 그 수업이 굉장히 좀 뭔가 그 수업에서 뭔가 많은 걸 느끼셨나 봐요.

C: 많이 느꼈어요. 저 그리고 직업이 많이 힘든 일이다 보니까 앞으로 일을 하려면 체력이 중요하고 건강이 중요하다고 계속 교수님이 말씀을 해주셔서, 저도 신경 써서 했던 것 같아요. 수업 들으면서 계속 건강에 대해서 신경 쓰다 보니까 이후로는 병원에 잘 안 가게 됐던 것 같아요.

●: 그래요. 운동하고 음식도 잘 챙겨 먹으면서 확실히 그 변화가 느껴지던가요?

C: 네. 예전에는 걸핏하면 여기저기 아파서 가서 주사 맞고 약 처방 받고 했었는

데, 좀 줄어들었던 것 같아요. 원래는 집 유전으로 B형 간염 있고 소화 능력도 안 좋았거든요. 그리고 제가 어릴 때 운동을 했어 가지고 이제 관절이 조금 안 좋아 가지고 자주 통증도 있고, 알레르기도 있고 안과도 자주 가고요.

    C는 자신의 삶을 잘 살아가기 위해서 '자신에게' 필요한 것들을 챙기는 것을 의미하며, 이는 정신적인 것과 체력적인 것 모두를 포괄한다. 이러한 정의에 따라 C는 자기돌봄으로 식습관을 개선시킨 것과 운동을 했던 것을 보고하고 있다. 그리고 이를 통해서 실제로 건강에도 긍정적인 변화가 많이 일어났음을 보고하고 있다. 이러한 일련의 자기돌봄을 가능하게 한 것은 전공 수업으로, 교육적 목적을 가진 강의가 C에게 충분한 지식을 제공하였을 뿐만 아니라 체력을 관리해야 직업적 활동을 계속 유지할 수 있음을 일깨워 주어 동기를 부여한 것이다.

●: 운동을 하셨어요?

C: 축구선수였어요. 경기도 많이 나갔었어요.

●: 근데 좀 전에 운동을 싫어하신다고 하셨는데, 그런데도 불구하고 운동선수를 하셨던 건가요?

C: 예전부터 싫어했던 건 아니었어요. 그쪽에는 그냥 나가서 뛰거나 할 공간이 좀 적당했는데, 여기는 운동을 하려면 멀리 가야 되고 해야 해서 집도 위치가 조금 안 좋은 데 잡아 가지고 그게 좀 불편해서 안 나가는 것 같아요.

●: 그러니까 운동을 하고 싶은 마음은 있는데 환경이 운동하기 힘든 환경인 거네요?

C: 네. 그렇죠. 그리고 혼자 하는 걸 좀 안 좋아하는 것 같아요. 사람들이랑 같이 막 하는 건 재밌는데 혼자 하려면 얼마 못 가서 그만두는 것 같아요. 친구

들도 다 지방에서 와 가지고, 대학교 친구들도 이제 방학이니까 집으로 갔어요. 다른 친구들도 대부분 알바 한다고 하고요. 최근에 한 명이 근처로 이사와서 같이 헬스장 끊자고 얘기는 했는데 아직 정해진 게 없어요.

●: 혼자 해야 한다는 점에서 C씨가 크게 염려하는 거네요. 그런데 헬스는 사실 주로 혼자 하는 경우가 많지 않나요?

C: 그렇긴 한데 제가 혼밥도 잘 못 하고 혼자 코인노래방도 못 가고, 혼자서 하는 걸 좀 많이 안 좋아해요. 하고 싶은 것을 실제로 하기에 어려운 건 주변에 주로 같이 할 사람이 없다는 거예요.

●: 그렇군요. 하고 싶은 건 많아도 실제로 하기에는 제약이 많이 따르겠어요.

C: 그래서 제가 먼저 대부분 먼저 주변에 권유를 했던 것 같아요. 친구들이 다 활동적인 것보다는 조용한 것을 더 좋아하는 스타일이 많아요. 저는 혼자서 막 찾아보고 이거 어때, 이거 어때 물어보고 같이 하자 이러거든요. 이번에 헬스장도 하고 싶어서 친구들한테 "헬스장 가고 싶다, 가고 싶다." 자주 했었거든요. 그래서 친구가 이사 오면 같이 가자고 해서 기다리고 있었죠.

●: 정말 주변에 같이 할 사람이 있는지 없는지가 C씨한테 정말 중요한 부분이군요. 다른 제약도 있나요? 예를 들어 음식을 사 먹는다든지 할 때도 어느 정도 돈이 필요할 것 같은데요. 뭔가 하고 싶을 때 돈이 부족해서 못 한다거나 그런 어려움은 없나요?

C: 그게 가장 큰 문제인 것 같아요. 그러니까 요즘에는 뭔가를 하나라도 하려고 하면 다 돈이고 그리고 집 밖에 나가면 돈을 엄청 많이 쓰고 그러더라고요. 조금만 나갔다 와도 뭔가를 살 게 있고 하니까요.

●: 그죠. 숨만 쉬어도 돈이라는 말도 있잖아요.

C: 맞아요. 약속 잡히면 나가서 밥 먹고 밥만 먹고 오는 게 아니다 보니까 돈도 또 그만큼 쓰고, 영양제도 사려고 해도 좋은 약들은 대부분 가격대가 좀 나서 구매할 때 조금 망설여지는 것 같아요.

●: 네. 마음 편하게 자기돌봄을 하고 싶어도 돈도 그렇고, 여러모로 부담이 되

네요.

C는 자기돌봄을 어렵게 하는 요인을 살펴보고 있다. 우선 환경적 요인으로, 운동을 할 만한 환경이 갖추어지지 않았다는 것이 있다. 또한 운동이라는 자기돌봄을 실천할 때 누군가와 같이 할 수 있는지의 여부가 C에게는 매우 중요한데, 그러한 인적 네트워크가 충분하지 않다는 점 역시 방해 요인으로 작용하고 있다. 마지막으로 경제적 부담 역시 방해 요인으로 작용하고 있는데, 단순히 친구를 만날 때에도 식비와 여가비 등 다양한 지출을 고려해야 하다 보니 외출이 꺼려지고 위축되고 있음을 보고하고 있다. 이처럼 C는 자기돌봄을 위한 행위를 적극적으로 수행하고 싶음에도 불구하고, 적절한 시설과 인적 네트워크의 부재, 비용 부담으로 인해 원하는 만큼 자기돌봄을 실현하지 못하고 있음을 확인할 수 있다.

●: C씨가 앞서 자기돌봄에는 신체적으로 돌보는 것도 있지만, 정신적으로도 뭔가 건강해지는 것이라고 말씀해 주셨는데요. 정신적인 자기돌봄이라고 하면 어떤 게 있을까요?

C: 제가 한국에 와서 초반에 우울증이 좀 심하게 걸렸었어요. 그래서 조금 정신적으로 많이 힘드니까, 체력도 같이 낮아졌고요. 샘들도 수업 들을 때마다 너무 상태가 안 좋아 보인다고 병원 가라고 권유할 정도로 상태가 좀 많이 안 좋아졌거든요. 병원에 가니까 우울증이라고 진단 받고 학교 다니지 말라는 그 진단서를 떼 주시더라고요. 6개월 정도요.

●: 아, C씨가 한국에 와서 정말 많이 힘드셨나 보네요. 쉬고 나니까 좀 괜찮아지던가요?

C: 사실 집에서 요양도 하고 했는데, 분명히 쉬려고 집에 갔는데 맨날 집에 혼자 있다 보니까 그게 약간 정신적으로 더 힘들어지는 거예요. 결국 휴학을 중간에 끝내고 학교 다시 나와서 친구들이랑도 지내고 그랬어요. 그리고 한국에서 살려면 사회생활을 할 때 자주 웃어야겠다는 생각을 좀 했던 것 같아요. 그쪽에서 표현하는 방식하고 한국에서 표현하는 방식이 너무 다르니까, 이제 그쪽에서는 자기 하고 싶은 말을 다 하고 싸워도 별문제가 없었는데 한국에서 싸우면 그것도 문제가 되더라고요. 하나하나 조심하고 계속 웃으려고 노력하고, 가끔 거울 보면서 웃는 연습도 했어요. 그러다 보니까 저도 자연스럽게 많이 웃는 사람이 되어 있더라고요.

●: 웃으려고 노력하다 보니까 자주 웃게 되었고요. 그리고 자주 싸우고 하면 나도 심적으로 힘들지만 주변에서 고립되는 결과가 오기도 하고, 그러다 보니 내 정신건강을 위해서 주변과 싸우지 않으려고 노력하셨네요. 또 있나요?

C: 이제 조금 힘들다 지친다 싶으면 그거에 대한 생각을 일단 내려놔요. 그 문제점에 대해서 내려놓고 제가 일단 여기서 즐길 수 있는 것들을 찾아보고 즐기고, 음악도 듣고 그리고 놀러 갔다 오고 막 이러면서 정신적으로 자기돌봄 하고 있어요.

●: 음악도 듣고, 놀러도 가면서 주로 즐길 수 있는 것을 찾으시는 거죠?

C: 네. 학기 중에는 멀리 못 가니까 그냥 근처에서 놀 만한 거 찾아서 놀고 했던 것 같아요. 주로 친구들하고 같이 근처에서 놀고, 방학 되면 한 학기 동안 많이 힘들었으니까 한번 계획해서 여행 멀리 갔다 오고요.

　　C는 정신적인 자기돌봄 경험에 대해서도 풍부하게 제시하고 있다. 자주 웃으려고 노력하다 보니 실제로도 많이 웃게 되는 등 긍정 정서를 확장하고 있다. 또한 사람들과 다툼으로써 오는 고립과 정신적인 고통을 예방하고자 자신의 행동에서 개선점을 찾고 실천했다. 이처럼 북한과 남한의 의사소통에서 차이점을 인식하고 실

천하는 것이 어려울 수 있음에도 불구하고, C는 자신을 스스로 보호하기 위해 자신을 변화시킨 것이다. 그 밖에도 어떤 문제가 생겼을 때 그것에만 집착해서 얽매이지 않고 음악과 같은 취미생활을 즐기면서 주의를 환기한 것도 C가 실시하는 자기돌봄에 포함될 수 있다.

●: 시간 내서 여행 한번 갔다 오고 하면 정말 재밌겠네요. 그런데 처음에 학교 다닐 때는 어떤 게 좀 그렇게 힘들었나요?

C: 제가 대학교 1학년 처음 들어갔을 때 저희 고등학교 친구랑 같이 갔어요. 저희 학교가 탈북민인 전문 학교다 보니까 학교 이름 안 밝혔고 같이 학교 같은 고등학교 출신이다라고 했었는데, 그 친구가 이제 자기소개 시간에 자기는 북한에서 왔고 저희 고등학교가 북한 전문 학교다 이렇게 밝혀버린 거예요. 저는 원하지 않았는데 이렇게 밝혀져서 당황스러웠어요. 그리고 그날 오후에 이제 개강 파티를 처음 갔는데 친구는 오지 않았고 저만 간 거예요. 그래서 친구들이 다 저한테 그거 관련해서 물어보고요. 그러다 보니까 제가 원해서 밝힌 게 아니다 보니 마음의 준비도 안 됐고 친구들하고 묘하게 거리감이 느껴지는 거예요.

●: 그런 일이 있었구나.

C: 친구들도 알게 모르게 약간 조금 선이 있는 것 같다고 느껴졌고요. 그리고 또 말하거나 행동할 때 제가 뭔가 조금이라도 잘못하면 친구들이 이제 쟤는 그쪽에서 와서, 그쪽에서 온 애라서 그럴 수 있어라고 생각할까 봐 말할 때 행동할 때 엄청 신경 쓰고 학교에서 웬만하면 반에서 말을 안 했던 것 같아요. 그래서 좀 많이 힘들었던 것 같아요.

●: 들으니까 C씨가 정말 마음이 많이 쓰였겠네요. 혹시 직접적으로 주변 사람이 "좀 얘 뭔가 이상한 것 같아" 혹은 "북에서 와서 이런 것 같아"라는 말을 들은 건가요? 아니면 그냥 C씨가 괜히 좀 걱정이 돼 갖고 그렇게 더 한 건가요?

C: 이게 친구들이 그런 건 아니었어요. 제가 옛날에 처음 왔을 때 솔직히 저는 북한에서 왔다는 게 부끄럽지는 않았거든요. 저는 그만큼 힘들게 왔고 하다 보니까 정당하다고 생각을 했어요. 그런데 이제 페이스북 처음 가입하고 그런 거 아예 모를 때, 그냥 가입하다 보니까 그냥 어디서 태어났는지를 적으라고 해서 제가 태어난 건 그쪽이니까 그쪽을 적었어요. 그런데 이제 나중에 어떤 댓글이 달렸는데 제 게시물에 이제 '너의 나라로 꺼져라.' 막 이런 댓글이 달리더라고요. 그래서 그때 조금 충격을 먹고 그때부터 조금 조금 조심하기 시작하다가 이제 학교 가서도 조심하게 된 것 같아요.

●: 모르는 사람이요? 너무 당황스러우셨겠어요. 정말 나쁜 사람이네요.

C: 네. 정말 놀랐어요.

●: 이게 고등학교 때는 그래도 좀 괜찮았어요? 아니면 대학 가서 유독 조심하고 그래야 한다는 생각이 심해진 거예요?

C: 고등학교 때는 괜찮았어요. 다들 그쪽 출신 애들이고 그쪽 출신 부모님들의 자녀들이다 보니까 그런 걱정을 안 하고 살았던 것 같아요. 말할 때도 신경 안 쓰고 했고요. 그런데 이제 대학교 가니까 다 한국 출생 친구들이고 하다 보니까 조금 더 예민하게 막 신경 쓰고 반응하고 그랬던 것 같아요.

●: 그래도 비교적 어린 나이에 와서 고등학교 때까지는 크게 문제가 되지 않았다가 이제 대학교 들어가서 문제가 생긴 거네요.

C는 대학교 재학 당시 심한 우울증에 빠져서 진단을 받고 학교도 쉬는 것을 권유 받았다. 이러한 심적 고통은 '북한 출신'이라는 정체성과 관련한 것으로, C는 북한 출신으로 인해 찍힐 낙인으로 인해 모든 행동을 검열하고 조심하려고 애쓰며 소진된 것으로 보인다. 이러한 검열을 부채질한 것은 익명 공간에서의 악의적인 말이었다. 이를 통해 정신적인 자기돌봄의 중요성을 인지했던 C이지만, 주변의 시선에 의해 자기를 돌보기 어려웠음을 확인할 수 있다.

또한 C가 아직 준비가 되지 않은 상태에서 비자발적으로 자신이 북한 출신임을 밝힌 것은 이러한 어려움을 심화시켰다. 충분히 준비한 후 자발적으로 자신의 정체성을 밝히는 것이 이후의 상황에 효과적으로 대처하도록 도울 수 있을 것이다.

●: 그래서 대인관계에서 다른 사람들에게 웃어주고 좋은 인상을 주려고 노력도 하시고요. 그런데 보통 우리가 남들에게 좀 웃어주고 되게 좋은 인상을 주려고 노력하는 게 저 같은 사람한테는 그게 힘들더라고요. 오히려 그렇게 노력하기 때문에 더 마음이 안 좋고, 막 피곤하고 이럴 때가 있는데 C씨는 오히려 그렇게 연습하면서 더 좋아졌다고 말씀을 하셨어요. 그러면 실제로는 어떤가요? 실제로 사람들이랑 어울리면서 조금 더 편해지던가요?

C: 네. 저는 주변에 사람이 있으면 신나는 타입이고 사람이 없으면 좀 많이 처지는 타입이라서 어울리는 게 더 좋고, 그리고 많이 웃어서 좋기도 하고요. 그런데 말씀하신 것처럼, 분명히 단점이 있는 게 중간중간 이런 생각이 들 때가 있어요. '내가 진짜 기뻐서 웃는 걸까, 아니면 웃고 있어서 기쁘다고 착각을 하는 걸까?' 분간이 안 될 때가 좀 많거든요. 그거랑 관련해서 생각을 많이 해요.

●: C씨에게도 웃으려고 노력하는 게 짐처럼 느껴질 때가 있네요.

C: 그리고 제가 우울증이 완전히 치유된 게 아니라, 아직도 조금 남아 있다고 들었어요. 그래서 치료 좀 받으라는 얘기도 듣긴 했는데, 그래서 더 이제 막 웃으려고 하고 더 뭔가 활동적인 거 하려고 해요. 괜히 우울한 생각에 한번 빠지면 헤어나기가 좀 힘들거든요. 계속해서 안 좋은 생각으로 빨려 들어가고 나중에는 진짜 왜 살아야 되는지도 모르겠다는 생각까지 들어요. 그러다 보니까 우울한 생각을 안 하려고 더 사람들하고 더 어울려 지내고 막 이러는 것 같아요.

●: 처음에는 사람들 만나는 게 좀 걱정이 됐다면 오히려 지금은 사람을 만나면서 그런 다른 좀 우울한 생각들을 떨치려고 노력을 한다는 거군요.

C: 네. 맞아요.

●: 아까 표현 방식에 대해서도 말씀을 하셨는데 구체적으로 어떻게 달라요?

C: 이제 북한에서는 솔직히 그냥 싸워도 그게 큰 문제가 되지는 않아요. 정말 막 사람이 심하게 죽거나 하면 그게 문제가 됐는데 그냥 피 터지고 싸우고 이런 거는 진짜 문제가 되지 않거든요. 그러다 보니까 그냥 자기가 하고 싶은 말을 다 하고 그리고 좀 기분 나쁘다 하면 그 사람 행동에 대해서 그냥 찾아가서 뭐라고 하고 심하면 진짜 주먹다짐도 하고 해서 싸우거든요. 그리고 저희 동네에서 진짜 심하게 싸운 적이 있는데 삽으로 사람을 때려서 피도 터지고 그랬는데 그냥 주변에 있는 몇몇만 말리고 대부분이 구경을 했어요.

●: 싸움에 대한 태도가 남한이랑은 다르네요.

C: 네. 그냥 마인드 자체가 싸워도 되고 자기가 할 말 다 해도 되고 기분 나쁜 게 있으면 때려도 되고, 이런 마인드다 보니까 굳이 막 웃으려고 노력을 안 해도 됐어요. 그 사람들한테 잘 보이기 위해서 자기를 막 포장하고 이런 거 안 해도 되는데 한국에 오니까 이제 고등학교 때 그냥 다퉜는데 그게 학폭이라고 되고, 그게 "잘못하면 생기부에 안 좋게 적힌다." 막 이런 얘기도 있고 하다 보니까 하나하나 조심해야 되고, 자기 자신을 진짜 막 예쁜 포장지처럼 싸야 되고, 항상 웃어야 되고 행동 하나하나 신경 써야 되고. 이런 게 좀 많이 다른 것 같아요.

●: 문화 차이가 상당하네요. "어느 게 더 좋다, 나쁘다"라고 말할 수는 없겠지만 굳이 따지자면 나 스스로 포장해서 좋은 인상을 주려고 하고, 그런 것들이 좋다고 보세요? 아니면 좀 힘들어요?

C: 이미지는 좋은 것 같은데 정신적으로는 조금 많이 신경을 써야 돼서 한국이 정신적인 게 좀 힘들어요. 그쪽에서는 이제 전체적으로 그런 분위기이기는 하지만 정신적으로는 편해요. 자기가 하고 싶은 거 다 하니까요. 그렇기 때문에 어디가 더 좋다고 정하기는 조금 어려워요.

●: 그렇게 치고받고 싸우더라도 오히려 마음은 편하다는 것처럼 들리네요.

C: 네. 그렇게 치고받고 싸우고 해도 진짜 시간이 조금 지나면 다시 친하게 지

낼 수도 있으니까요. 정말 아무 일도 아닌 것처럼 넘어갈 때도 많거든요. 그러니까 정신적으로는 큰 부담이 없죠.

●: 여긴 좀 복잡한가 봐요. 보통 고향에서 온 친구들이 그런 비슷한 얘기 많이 해요.

C: 네. 여기에서는 상대가 먼저 시비를 걸어서 말다툼을 시작했는데 먼저 손으로 살짝 밀치기만 해도 그게 먼저 폭력 쓴 걸로 되더라고요. 그래서 "먼저 시비 건 사람 잘못이 아니라 먼저 손을 올린 사람 잘못이 더 크다"고 하고요.

●: 그러면 C씨는 어떻게 보면 여기에서 스트레스를 많이 받고 그걸 참아야 할 때가 많으시겠어요. 어떻게 마음 건강을 관리하고 안정된 상태를 유지해 나갈 수 있었어요?

C: 처음에 왔을 때는 정말 많이 친구들하고 다퉜어요. 상대가 먼저 시비를 걸면 제가 좀 크게 반응을 했어요. 그래서 많이 싸웠어요. 한번은 남자인 친구랑 싸운 적이 있었는데 이제 덩치가 크고 하다 보니까 막 밀고 들어오면 제가 위압감이 느껴지잖아요? 저는 계속 벽으로 밀리는 상황이다 보니까 그냥 툭 밀었는데 나중에 선생님들이 오셔서 제 잘못이라고 니가 더 큰 잘못을 한 거라고 하시더라고요.

●: 먼저 몸에 손을 댔다는 점에서 그렇게 말씀하신 건가요?

C: 그런 것 같아요. 그리고 제가 조금만 트러블이 생기거나 이러면 선생님들이 하마, 헐크 이런 별명을 지어주면서 계속 놀리시고, 무조건 참아야 된다고 주입식으로 말씀하셨어요. 제가 원래는 엄청 활발한 성격이었는데, 고2 때부터 욕도 한마디 안 하고 싸움도 한 번도 안 하고 진짜 조용히 넘겼던 것 같아요.

●: 활발한 성격에도 변화가 있었다는 말인가요?

C: 네. 그게 너무 안 좋은 방향으로 확 바뀌어 버려 가지고, 제가 하고 싶은 말을 해도 되는 상황인데도 못 하는 상태로 변하더라고요. 엄청 소심하게 변하고 한마디 하고 싶은 말 있는데 그거를 머릿속으로 열 번 이상 시뮬레이션해서 말하는 연습을 했어요. '이렇게 말해도 괜찮을까? 저렇게 말해도 괜찮을

까…' 계속 고민하면서 여러 번 말을 바꾸고 하다가 겨우 말 한마디 던지는 정도로 안 좋게 바뀌어 가지고 조금 많이 힘들었어요. 그래 가지고 친구들한 테 상담 많이 하고 상담 샘이랑 상담도 계속 주기적으로 해서 조금 조금 고쳐 나갔던 것 같아요.

C는 앞서 밝게 웃으려고 노력하고 주변 사람들과 다투지 않기 위해 노력하는 것 역시 자기돌봄의 일종이라고 보고하였다. 이러한 노력을 통해서 걷잡을 수 없이 우울한 생각에 빠지는 것을 방지할 수 있다. 그러나 이는 자기돌봄인 동시에 C가 자신의 행동을 끊임없이 검열하도록 하였는데, C는 이러한 상황에 대해 "자신을 예쁜 포장지에 싸는 것"이라고 비유하고 있다. 북한의 의사소통은 주로 솔직하게 표현하고, 또 그만큼 빠르게 털어내고 다시 관계를 회복하는 방식이 일반적이었기 때문이다. C는 남한과 북한의 의사소통 방식의 차이에서 오는 혼란을 경험하고 있다. 이처럼 새로운 문화권에 적절한 방식으로 자기돌봄을 실행하는 것은 문화 적응의 과정에 있는 이들에게는 오히려 고갈과 소진을 일으킬 수 있다. 실제로 C의 주변 교사들은 C의 의사소통 및 갈등 해결 방식을 조정하기 위해 부정적인 자극과 연결해서 겁을 주거나, 우스운 별명을 짓는 방식을 실행하였다. 이를 통해 C와 주변인 사이의 갈등이 감소하였지만, C가 대인관계에서 지나치게 자신을 검열하고 위축되는 부작용도 가져왔다. C가 두 문화의 의사소통 방식 사이에서 자신만의 창조적인 방식을 탐색하거나 자신을 수용하는 과정 등을 거침으로써, 보다 능동적으로 자기돌봄을 실행할 수 있을 것이다.

●: 그러니까 친구들이랑 얘기도 하고 상담해 주시는 선생님이랑도 얘기를 하고 하지만, 그래도 여전히 원래 C씨의 원래 성격이랑 다르게 행동해야 한다면 계속 억누르고 있는 거잖아요. 거기에서 오는 스트레스를 해소하는 방법이 있어요?

C: 그때는 그냥 꾹꾹 눌러 담았던 것 같아요. 그리고 고등학교에 상담 샘이 계세요. 그래서 상담할 때 한 번씩 서러운 거, 억울한 거 풀어내고 얘기하다 보면 눈물이 많이 나오더라고요. 그래서 울면서 상담을 하다 보면 그게 조금씩 풀렸어요. 일주일에 한두 번씩은 상담을 계속했었고 너무 참다 보면 병도 날 것 같아서 말하는 연습도 하고요. 상담에서 '이렇게 말해 보는 건 어때?' 하고 권유하시면 연습해 보고, 집에서도 연습을 해보고요. 지금은 근처에 있는 제일 친한 친구들한테 해보면서 차차 시작하고 있어요. 제가 하고 싶은 말을 참지 않고 하는 연습을 먼저 해서 한마디 두 마디 하다 보니까 지금은 좀 많이 나아진 것 같아요.

●: 좋은 선생님을 만났네요. 선생님 말고도 얘기하는 사람이 있어요? 예를 들면 가족도 있고요.

C: 가족은 엄마랑 언니가 있는데 대학생활 하면서 자취하고 있어 가지고 떨어져 지내고 있어요. 고등학교도 기숙사여서 계속 떨어져 있었고요. 가족한테는 그런 얘기 잘 안 해요.

●: 상담 선생님보다 가족한테 얘기하는 게 더 어려우세요?

C: 일단 북한에는 이제 우울증이라는 개념 자체가 없고, 그리고 부모님들이 '너네가 대체 힘든 게 뭐가 있어서 힘들고 아프고 그러냐.' 하는 마인드가 있어요. 제가 우울증 걸리고 병원 다녔을 때도 엄마가 크게 신경을 안 썼어요. 의사 선생님도 심각하다고 할 정도로 상태가 안 좋았는데 정말 신경을 안 써 가지고 의사 샘이 좀 화를 냈던 적이 있었어요. "너네 부모님 뭐 하고 있냐? 딸이 이렇게 아픈데 안 오고"라고 해서, 딱 한 번 같이 가고 그다음에 또 신경을 안 쓰시더라고요.

●: 그랬구나. 서운하네요.

C: 그래서 그냥 부모님한테는 이런 거 털어놔 봤자 제가 어차피 위로 받을 수도 없고 부모님도 저만 힘든 게 아니고 부모님도 여기 왔으니까 똑같이 힘들다고 생각을 하니까 그냥 포기하고 있었던 것 같아요.

●: 어머니도 바쁘시고 힘드니까 얘기할 수가 없었네요.

C: 네. 엄마가 건강이 많이 안 좋아 가지고 계속 병원에 다니면서 약을 드시고 있어요. 제가 그쪽에 있을 때도 병간호를 따라다녔었거든요. 그리고 제가 워낙 자주 아프다 보니까 부모님이 이제는 아프다고 하면 화를 내시거든요.

●: C씨가 아픈데 화를 내셨어요?

C: 그래서 아프단 말도 잘 안 하게 돼요. 전에 제가 우울증이 심해져 가지고 한 번 자살 시도를 했던 적이 있었거든요. 그때 언니가 말리고 부모님이 다른 곳에 있던 상황인데 부모님이 달려오셔 가지고 왜 그랬냐? 옆에서 한참 얘기를 했던 기억이 있는데 그러고 나서 가족 상담을 받았던 것 같아요.

●: 가족 상담도 받았고요. 받고 나서는 변화가 느껴졌어요?

C: 북한 부모님들은 말할 때 억양 자체도 센데 말의 대부분이 욕이에요. 대화를 할 때 그냥 입에 항상 욕이 붙어서 따라가요. 부모님이 때리는 거는 교육적인 의미라고 생각을 해요. 선생님들이 때려도 부모님들이 뭐라고 안 해요. 근데 가족 상담 받고 바뀌었어요.

●: 가족에게 정말 많은 변화가 있었네요.

C: 네. 그리고 제가 자살 시도하고 너무 힘드니까 계속 상담을 받고 하면서, 상담사분들이 "부모님한테 고쳐졌으면 하는 거 말하라"고 해 가지고 이런 게 너무 힘들다, 해서 어머니가 많이 고쳤던 것 같아요.

●: 어머니도 당신이 바뀌어야 된다는 거를 그 계기를 통해서 알게 되신 거네요.

C: 그렇죠. 그리고 우울증에 대해서 크게 막 엄청난 관심이 없었는데 조금은 생긴 것 같아요.

●: 언니랑은 힘든 얘기를 조금 더 잘 얘기할 수 있지 않아요?

C: 언니랑은 더 말 안 하는 것 같은데요. 두 살 차이라 그냥 친구 느낌이라서 자주 싸우기도 하고요.

C는 주변인들의 도움을 통해서 정신적인 건강을 증진하고 있다. 상담을 통해서 어디에서도 할 수 없었던 이야기를 하면서 억울함, 서운함과 같은 부적 감정을 풀어냈다. 또한 가슴속에만 담아놨던 이야기를 밖으로 꺼내볼 수 있도록 연습하며 차차 새로운 의사소통 방식을 형성해 갔다. 이처럼 상담은 C가 자기돌봄을 실천할 수 있도록 돕는 도구가 되었다. 한편, 부모님은 C의 자기돌봄을 억제하는 요인이면서도 촉진하는 요인이 되기도 한다. 입남 초기에 C는 부모님이 욕을 하거나 때리는 것으로 인해 큰 스트레스를 받았다. 그럼에도 불구하고 C는 부모님은 자신과 똑같이, 혹은 그 이상으로 힘들어한다고 생각하여 어떤 것도 요구하기 힘든 존재라고 느꼈다. 그러나 상담을 통해 이를 차근차근 변화시켜 나갈 수 있었다. 이러한 과정을 정리하면 C는 상담을 통해 자신을 돌보고, 가족 체계를 변화시킴으로써 자기돌봄을 위한 자원을 확보할 수 있었음을 알 수 있다.

●: 아마 어머니도 낯선 곳에서 적응하느라고 C씨의 문제에 대해서 온전히 집중해 주지는 못하셨을 것 같은데 많은 노력을 하셨네요. 지금까지는 상담 선생님이든 주변에 친구든 도움을 받아서 잘 해결했다고 하지만 혹시 아직도 우울한 감정이 남아 있거나 아니면 몸이 아플 수 있잖아요. 그럴 때 어떻게 스스로 돌보세요? 어려운 점도 있을까요? 그러니까 이거는 내가 잘 해결해 보려고 하지만 아직 조금 부족하다, 어렵다 하는 게 있을까요?

C: 그냥 비용적인 문제죠. 한국에서는 검사를 할 때도 비용이 발생하잖아요. 그리고 어떤 검사냐에 따라서 비용에 엄청난 차이가 있고요. 정밀 검사를 한번 받아보고 싶다고 계속 생각을 했는데, 그게 비용이 조금 만만치 않다고 들었어요. 지금도 계속 고민을 하고 있고 지원해 주는 곳도 찾아보고 하는데 그게 조금 많이 어려운 것 같아요.

●: 검사를 해서 내가 어떤 돌봄이 필요한지 알고 싶은 거구나. 근데 이제 보건소에서 북한 출신 분들 대상으로 검사를 지원해 주는 의료 서비스가 있지 않나요?

C: 의료 서비스가 있는데 종합검진은 자비로 부담해야 된다고 들었어요. 지원 가능한 부분이 있고 지원이 안 되는 부분이 있다고 들었어요. 그래서 제가 지금 장학금을 받고 있거든요. 장학금을 지원해 주는 재단에 병원이 있는데 필요한 검사를 받을 수 있다고 하더라고요.

●: 검사도 그렇고 비용 면에서 부담이 많겠어요. 그 외에도 뭘 하려고 하면 비용이 필요하잖아요? 평소 먹는 거나 운동을 하더라도 돈이 들어가고 이러니까 헬스장을 등록하더라도 돈이 들어가고 하는데, 지금은 자기돌봄에 쓸 만큼 충분한 돈이 있다고 생각하시나요?

C: 아니요. 제가 미용을 하는데 대학교 학기 시작할 때 매 과목마다 재료 구매해야 될 게 양이 좀 많아요. 그게 또 가격이 저렴한 게 아니라 이제 막 비싼 것도 많거든요. 학기 시작하면 그냥 30~50 정도는 깨지고 시작을 해요. 그리고 또 학기 중간에 계속 구매해야 되거든요. 돈을 모으기가 진짜 너무 어렵고 전공만 듣는 게 아니라 교양까지 듣다 보니까 시간이 없어서 알바를 못해요. 그냥 오로지 그 장학금으로 버티고 있었거든요. 너무 힘들어 가지고 작년에는 그냥 교회에서 10만 원씩 지원도 받았고요. 제가 자취하니까 집세도 내야 되고 그게 좀 많이 힘들어요.

●: 집세가 계속 들어가는구나. 기숙사는 어때요?

C: 기숙사도 돈을 내더라고요. 자취하는 것보다 더 많이 들어간다고 들었어요. 저는 지금 LH 청년 임대주택 신청해 가지고 전세로 들어와서 매달 십만 원

정도 내고 있어요. 고등학교 때 샘들이 도와주셔서 들어올 수 있었어요.

    C의 자기돌봄을 저해하는 가장 큰 요인은 경제적인 부담이다. 건강관리와 관련하여 자신이 주의 깊게 관리해야 할 부분을 파악 고자 할 때도 큰 비용이 들어가다 보니 선뜻 검진을 받지 못하고 있다. 뿐만 아니라 학업에도 많은 비용이 들어가서 부담을 느끼며, 시간을 내서 아르바이트를 하고 있다. 이와 더불어, C가 건강검진에 필요한 비용을 정확히 알지 못함에도 불구하고 부담스러운 가격일 것이라고 예상하는 부분도 주목해 볼 수 있다. 이처럼 C는 정확한 비용이나 지원 받을 수 있는 방법을 알아보지 않고 있는데, 이는 자기돌봄이 정보 부족으로 인해서도 방해 받고 있음을 알려주며, 정보 탐색에 소극적인 자세를 취하는 것은 C의 정체성 인식과도 관련되어 있을 수 있겠다. 그럼에도 불구하고 주거 비용을 절약할 수 있도록 도와준 선생님은 자기돌봄의 보호 요인으로 사료된다.

●: C씨는 좋은 선생님을 많이 만났네요. 이제 C씨가 앞으로도 잘 살고 대학 생활도 잘 마치고, 사회에 잘 진출하려면 건강, 체력, 마음 상태를 관리하는 것도 중요하지만, 또 열심히 자신의 기술이나 지식을 좀 갈고 닦아야 될 필요도 있단 말이죠. 아마 자기돌봄이라는 말은 좀 생소하지만 자기계발이란 말은 좀 많이 들어보셨을 것 같아요.

C: 네. 그렇죠. 많이 들어봤죠.

●: C씨가 생각하시기에 자기계발은 그럼 뭐고, 자기돌봄이랑은 좀 어떻게 다른 것 같으세요?

C: 자기계발은 제가 하고자 하는 일과 관련되어 있다고 생각해요. 제가 설정해 놓은 목표가 있는데, 그 목표까지 도달하기 위해서 지식을 얻고 기술을 더 잘 수행할 수 있게 개발하는 것이라고 생각해요. 자기돌봄은 그냥 말 그대로 자기 자신을 그냥 돌보는 것이라고 생각하고 있어요.

●: 그러면 C씨가 생각하기에는 뭐가 더 중요한 것 같으세요? 딱 잘라서 말하긴 힘들겠지만 C씨도 이제 자기계발을 하다 보면, 그러니까 내가 필요한 지식이나 기술을 추구하다 보면 건강을 소홀히 해야 될 때도 있지 않나요?

C: 그렇죠. 제가 얼마 전에 미용실에서 일을 해봤거든요. 근데 이게 10시간을 일했는데, 쉬는 시간이 없었어요. 그리고 이제 분명히 10시간 일했는데 미용실 측에서는 8시간 일한 것만 준다고 하더라고요. 2시간은 휴게 시간으로 돈을 안 준대요. 그래서 '그러면 휴게 시간이 있으니까 괜찮다'라고 생각을 했는데, 분명히 말로는 "2시간 휴게 시간이다"라는 얘기를 듣고 시작했는데 그게 아니었어요. 밥도 제시간에 먹는 게 아니라 그냥 손님이 적을 때 그냥 혼자 들어가서 먹는데, 밥 먹는 시간도 눈치 보여서 짧게는 5분 길게는 10분 정도 먹고 그 시간만 딱 앉아서 먹잖아요. 그리고 다시 일하러 나가면 앉지를 못해요. 그게 너무 부담이 되고 눈치도 보이다 보니까 속도 안 좋고 체하기도 해요.

●: 너무 힘들게 일했네요. 첫 직장인데요.

C: 네. 너무 힘들거나 다리가 너무 아프다 싶으면 화장실 가는 척하고 잠깐 가서 앉아 있기도 하는데, 오래 있으면 눈치 보이니까 진짜 1분도 못 앉아 있고 나와서 다시 일하고 이랬던 것 같아요. 그게 너무 건강을 해치는 것 같아요.

●: 미용하시는 분들이 오래 서 계셔서 하지정맥류 같은 것도 많이 있으시다고 하더라고요.

C: 네. 제가 그때 일을 하고 집에 오니까 이제 온몸이 다 아픈데 다리가 너무 뭉쳐 가지고 너무 아픈 거예요. 아침에 일어나야 되는데 집에 오면 저녁밥도 못 먹었어요. 너무 힘들긴 한데 아침에 또 일어나서 일을 가야 되니까 그냥 뜨거운 물 한번 떠다가 발을 담그고 한참 있다가 물이 좀 식으면 버리고 또

엄청 찬물로 얼음 띄워 가지고 또 가져와서 발을 담그고 그랬어요. 안 그러면 제가 밤에 너무 아파서 잠을 못 자거든요. 약도 먹고 자긴 했는데 약을 먹어도 이제 밤에 너무 아파서 잠에서 깨거든요. 이제 허리도 조금 많이 아프니까 간단하게 스트레칭도 해주고 하면서 관리를 했던 것 같아요.

●: 약도 먹고 족욕도 했는데 너무 아프셨다니 정말 힘드셨겠어요. 그러면 일을 계속해 나갈 수 있을 것 같아요? 내가 이걸 계속할 수 있을까 하는 걱정은 없나요?

C: 일을 하고 나서 정말 많이 후회를 했던 것 같아요. 다른 직종에 비해서 일을 몇 배로 한다고 생각하거든요. 근데 그에 비해서 금액도 절반 정도 받으면서 일을 해야 되는 상황이잖아요. 그리고 디자이너 샘이 하시는 말씀도 들었는데 "자기가 일하는 것만큼 받았으면 정말 많이 받았을 텐데 자기가 일하는 거에 얼마 받지 못한다"라고 하더라고요. 그래서 고객들이 "왜 못 받나?"라고 말하니까 억울해도 그거 따지기 시작하면 미용실 측에서 "너 말고도 일할 사람이 많으니까, 안 나와도 돼"라고 해서 억울해도 참고 일한다고 하시더라고요.

●: 중간에 미용실에서 떼어가는 금액이 많은가 봐요.

C: 제가 만약에 디자이너가 돼서 고객님들 시술을 직접 해도 30%만 준대요. 제가 천만 원을 벌었다면 미용실에서 나머지 다 가져가고 30%만 주는 거죠. 그것도 많이 주는 데가 그렇게 30%고 적은 곳은 더 적다고 하더라고요.

●: 정말 많이 가져가네요. 그런데도 미용실에서는 너 말고도 일할 사람 많다는 식으로 대응하니까 그렇게 적은 금액을 받으면서 일을 하고 있고요.

C: 나중에 이제 많이 유명해지면 커트 한 번 해도 몇십만 원 하니까 그때는 괜찮은데 그때가 되려면 진짜 오랜 시간이 지나야 되는 거잖아요. 그렇게 되기 위해서는 투자도 많이 해야 돼요. 친구가 커트 교육을 받기 위해서 10회 교육 받는 데 300만 원을 냈다고 하더라고요. 디자이너 되기 위한 과정에 교육 듣는 게 필요하거든요. 몇십 년 동안 꾸준히 투자를 해야 되는데 이 문제 때문에 제가 후회도 많이 하고 '이거 진짜 이 일로 가면 안 되나?'라는 고민

을 좀 많이 하고 있어요.

●: 고민을 안 할 수가 없네요. 뭐가 제일 힘든 것 같아요? 건강? 아니면 노동에 대한 보상이 적은 것도 있겠고요.

C: 일을 하려면 투자를 많이 해야 된다고 했잖아요. 제가 일한 것만큼 벌기 위해서는 투자를 많이 해야 되는데 투자를 하려면 돈이 있어야 되잖아요? 그러면 일을 해서 돈을 벌어야 하는데 일한 것에 비해 정말 적은 돈이 들어오니까 거의 마이너스죠. 버는 돈에 비해서 나가는 돈이 많으니까요. 게다가 돈이 있으면 그냥 영양제도 받고, 약도 먹고 그리고 여기 아프면 병원도 가서 치료도 받고 할 수 있잖아요? 근데 일을 하면서 건강을 해치는데, 돈은 더 많이 나가요.

●: 안 그래도 비용을 투자할 여력이 없는데 내 건강까지 돌볼 돈은 더 없는 어려운 상황이네요. 그리고 제 주변 미용사분들만 하더라도 여기 손목 관절이나 어디 관절에서 문제가 생기더라고요.

C: 손목이 좀 많이 안 좋아지는 것 같아요. 허리랑. 그래도 시작했으니까 끝맺음은 해야겠죠.

●: 이렇게 힘든 게 10가지라도 단 하나 뭔가 좋은 게 있으니까, 그걸 보고 버티는 거잖아요? 그걸 버티게 해주는 힘이 뭐라고 생각해요?

C: 학교에서 배우는 과목 중에 배우면 즐거워지는 과목이 있어요. 그걸 할 때 즐겁다 보니까 그거 하나 붙들고, 다른 게 힘들어도 그래도 이거 할 때 내가 즐길 수 있으니까 '이 직업이 그래도 나름 괜찮지 않을까?'라는 생각을 하면서 버티고 있는 것 같아요.

●: C씨가 배움에서 즐거움을 느끼고 계시네요. 어떤 과목이에요?

C: 업 스타일 테크닉이라고 결혼식 할 때 웨딩 머리 예쁘게 하잖아요? 그리고 한복 입었을 때 한복 머리도 하고 그게 업 스타일인데 그렇게 할 때 재미있어요. 반면에 컬러링이라고 탈색도 하고 염색도 하는 수업이 있는데, 저는 염색이 재밌다고 생각했었는데 막상 배우면서 염색이 싫어졌어요. 전문적으로 배워 보니까 컬러끼리 혼합을 해서 원하는 색깔을 예쁘게 뽑아내야 되

는데, 그게 쉽지만은 않더라고요. 제가 원하는 색깔이 안 나와서 테스트를 엄청 많이 해야 하고, 조금만 잘못해도 원하는 컬러가 아니라 완전 다른 컬러로 나오니까 어려웠어요. 그래도 이런 재밌는 과목이라도 없었으면 자퇴했을 것 같아요.

C에게 자기계발이란 '하고 싶은 일에 도달하기 위해서 노력하는 것'을 뜻한다. C는 미용사라는 직업을 얻기 위해 직업 훈련에 매진하며 자기계발을 수행하고 있으나, 열악한 근무 환경은 자기돌봄을 저해하고 있다. C는 하루 종일 서 있어야 해서 하지정맥이 생기기도 하고, 충분하지 않은 휴게 시간이 주어져 급하게 식사를 하느라 소화불량을 겪기도 했다. 스트레칭, 족욕, 약물 복용 등을 통해 피로를 해소하려고 노력하였으나, 충분하지 않은 보수는 C의 상황을 더 어렵게 만들었다. 예컨대 C는 건강을 위해서 영양제 복용 등을 원하고 있으나, 직업 훈련을 위한 지출이 보수보다 더 많은 상황에서 이를 실천하기에는 어려움이 있다. 이를 통해 C에게 자기계발과 자기돌봄은 서로 상충하고 있으며, 이러한 충돌은 C가 희망하는 직업인 미용사의 열악한 근무환경으로 인해 더욱 심화되고 있음을 알 수 있다. 그럼에도 불구하고 배움에서 오늘 즐거움은 C가 자기계발을 지속하도록 돕고 있다.

●: 고향에서 온 다른 친구들은 다 각자 상황은 다르겠지만, 지금 C씨가 고민하는 것처럼 굉장히 뭔가 또 열심히 해야 되는 상황에 처하는 경우들이 많이 있는 것 같아요. 정부나 지역사회에서 같은 고향에서 온 친구들이 자기돌봄을 잘 실천할 수 있기 위해서 어떤 것들이 필요하다고 생각하시나요? '나한테 이것 좀 해줬으면 좋겠다.' 하는 거 있으신가요?

C: 지금도 조금씩 지원을 받고 있긴 한데 그게 무척 감사하죠. 진짜 아무것도 한 게 없이 그냥 와서 받기만 하는 거잖아요. 그런데 너무 감사하긴 한데, 이제 저희가 이제 한국 생활을 할 때, 그렇게 큰 도움이 되지는 않는다고 생각을 해요. 저희가 어떤 배경도 없이 여기서 시작하는 거잖아요. 반면에 한국 친구들은 여기에서 태어났으니까 익숙한 곳이고 아는 사람도 많잖아요. 근데 저희는 그냥 정말 그냥 외딴섬에 있는 것처럼 뚝 떨어져서 혼자서 시작을 해야 해요. 그러다 보니까 필요한 게 정말 많아요. 그냥 모든 면에서요. 그만큼 조금 더 다방면에서 지원해 줬으면 좋겠다고 생각해요.

●: 특별히 어떤 게 있을까요? 돈, 집, 장학금, 교육, 인식 문제든 정말 많은 분야가 있잖아요.

C: 어떠한 프로그램 같은 거를 만들어서 문화적인 교류를 하고 그걸 통해서 무언가를 이뤄내고 그러면서 금액 지원도 조금 되고 그랬으면 좋을 것 같아요.

●: 문화적 교류라고 한다면 여기 출생 사람들이랑 고향 사람들 같이 하는 걸 얘기하시는 거죠?

C: 맞아요. 그래야 어느 정도 인식이 개선되지 않을까요? 그냥 북한에서 온 친구들끼리만 하면 그냥 우리 내에서만 인식이 바뀌는 거지, 한국 사람들은 생각 자체를 안 할 수도 있는 거잖아요. 저는 아무래도 주변에 사람이 많으면 잘 이겨내고 잘 지낼 수 있을 것 같아요.

●: C씨는 관계 중심적이고 같이 교류할 수 있는 사람들이 있는 게 굉장히 중요한 것 같다고 생각이 드네요.

C: 그렇죠. 그래서 우울증 걸렸던 이유 중에 하나도 친구들이 많이 보고 싶어서요. 그립기도 하고 제가 배신자가 된 느낌도 들고 미안하기도 하고 그래서 조금 더 힘들었던 것 같아요.

C는 자기돌봄을 더 잘 수행할 수 있도록 정부가 도움을 주어야 할 부분은 '관계망을 구축하는 것'이라고 꼽고 있다. 이들은 남한

이라는 낯선 곳에서 어떤 인간관계도 없이 새로 시작해야 한다. 그때 이들에게 도움이 될 수 있는 것은 네트워크일 것이다. 이를 위해서 남북한 주민들 간에 문화적인 교류를 할 수 있는 프로그램이 마련되는 것이 필요함을 촉구하고 있다.

●: C씨가 느끼는 여러 감정이 C씨를 더 힘들게 하기도 하고, 또 그만큼 관계에서 힘을 얻게 하기도 하네요. 마지막으로 궁금한 것이, 북한에 있을 때 자기돌봄이라는 용어를 쓰진 않았을 것 같아요. 오늘 얘기하면서 자기돌봄이란 용어 자체를 처음 접했을 때 어떤 느낌이 들었어요?

C: 자기돌봄이라는 단어에 대해서 어떤 특별한 생각이 들지는 않았어요. 그런데 그쪽에서는 '서로 나누자.' 이런 문화가 있거든요. 옆집에 쌀이 부족하다면 쌀을 나눠주거나 하면서 '서로 나눠서 살자.' 하는데, 한국에 오니까 내 자신은 내가 챙겨야 되고 누가 챙겨주지 않고, 내가 챙기지 않으면 챙겨줄 사람이 없는 거예요. 그래서 처음에는 정말 아무 단어도 아니었는데 나중에는 조금 '자기돌봄은 자기 자신이 해야겠구나.' 이런 생각으로 바라봤던 것 같아요.

●: 남한에서 지내면서 자기돌봄이라는 단어에 대한 생각이 약간 변하기도 했고요. 그럼 자기돌봄이라는 단어는 긍정적인 느낌이 강할까요, 부정적인 느낌이 강할까요?

C: 어떻게 보면 긍정적이라고 생각을 하긴 하는데, 조금 차가운 느낌이 들어요.

●: 고향에서 이렇게 친구나 옆집에서 도와주기도 하고, 꼭 내가 안 챙겨도 옆집에서 쌀도 주고, 그런 게 그리울 수도 있겠어요.

C: 그래서 유대관계가 조금 더 좋아지고, 서로 어울려서 지내고 하는 게 좋았거든요. 근데 여기 오니까 썰렁하게 느껴지고 내가 아니면 챙길 사람도 없고, 그냥 사람 챙겨줄 필요도 없다고 서로가 얘기를 하더라고요. 전에는 친구가 힘들면 챙겨주고 진짜 돈도 그냥 보내주고 이랬거든요. 근데 다른 사

람들이 그럴 필요 없다고 하는 거 보면 진짜 너무 '정 없다'라는 생각이 많이 들었던 것 같아요. 진짜 심한 친구는 부모님도 안 챙겨주더라고요?

●: 부모님이 안 챙겨주는 친구도 보셨어요?

C: 네. 부모님도요. 친구가 대학생이잖아요. 근데 등록금도 본인이 다 내고, 기숙사도 다 내고, 핸드폰도 본인이 구매해야 되고, 그리고 생일인데 부모님이 생일도 안 챙겨주시고 생일인 것도 모르고 넘긴다고 하더라고요. 그 말 듣고 좀 '어떻게 그럴 수가 있지?' 이런 생각을 했던 것 같아요.

●: C씨가 봤을 때 그런 게 문제가 있어 보였어요?

C: 문제가 있다고 생각해요. 그럼 제가 정말 도움이 절실하게 필요할 때도 도움을 받을 수 없고, 그러다 보면 사람 사람 간에 연결되고 그런 것이 남지 않을 것 같아요.

●: C씨가 어릴 때 지내던 동네에서는 이웃들이랑 관계가 어땠어요? 비슷비슷한 가정 형편의 분들과 교류를 했던 건가요? 아니면 그 안에서도 저기는 그래도 좀 나은 형편, 어디는 좀 어렵고 이런 차이가 보였나요?

C: 그런 차이가 어쩔 수 없이 보이죠. 이쪽 형편이 더 낫고 이쪽은 많이 안 좋고 그런 게 다 보이고요. 저희 집도 어릴 때는 진짜 많이 부유한 층이었거든요. 그러다 이제 화폐 교환도 여러 번 거치고 하다 보니까 망한 케이스거든요. 부모님들한테는 부유하고 아니고 그런 게 관계에 영향을 주는지는 모르겠는데 저희한테는 큰 영향이 없었던 것 같아요. 그냥 저희 집에 더 맛있는 게 있으면 친구들 다 같이 와서 먹고 친구 집에 그냥 옥수수 삶아 놓은 게 있다면 그거 먹으러 가고, 그래서 그 집에서 또 놀고 막 이런 식으로 지냈던 것 같아요.

●: 그러니까 확실히 공동체 문화나 이런 인간관계나 이런 건 좀 다르긴 한 것 같아요. 그래요. 그럼 오늘 정리하자면, 얘기하면서 어떠셨어요?

C: 대학교 오면서 북한 관련해서 얘기할 필요도 없고, 이유도 없고, 할 수도 없고, 이러다 보니까 얘기를 안 하고, 안 하다 보니까 생각도 안 하잖아요. 이번에 이거 하면서 얘기하다 보니까 잊고 있었던 그런 것들이 좀 떠올라요.

좋은 것 같아요.

●: 저도 오늘 이야기 나누면서, 자살까지 생각할 정도로 힘들었던 일도 있었지만 나만의 방식으로 이어 나가고 있다는 얘기 들으면서 그런 힘은 어디서 나올까, 하는 생각도 속으로 들었거든요. 귀한 얘기 나눠준 덕분에, 북한이라는 나라를 책에서만 보고 공부하던 것을 실제로 알 수 있었어요.

C는 자기돌봄에 대한 생각 변화에 대해 이야기하고 있다. 초반에는 자기돌봄이라는 말에 대해 아무런 생각이 들지 않았지만, 고된 생활을 겪으면서 나라도 나를 챙기는 것이 필요함을 실감하였다. 그럼에도 불구하고, 자신도 어려운 상황이지만 이웃과 친구를 도와주었던 북한에서의 생활을 떠올리면서 '자기돌봄'이라는 단어를 차갑게 느끼고 있다. 자신을 돌보는 것이 우선시되는 사회에서는 사람과 사람 간의 연결 역시 적어질 것임을 우려하고 있다.

C가 자기돌봄에 대해 가지고 있는 생각과 경험을 정리하면 다음과 같다. 첫째, C에게 자기돌봄이란 잘 살아가기 위해 정신적으로, 체력적으로 필요한 것을 스스로 챙겨주는 것이다. 실제로 C는 남한에서 신체적으로는 제때에 식사하고 운동을 하면서 자기돌봄을 실천하였고, 정신적으로는 자주 웃고, 우울한 생각에 빠져 있기보다는 사람을 만나고 생각을 내려놓으면서 자기돌봄을 실천했다.

둘째, C가 자기돌봄을 실천하는 것에 있어서 관계 자원은 매우 중요한 보호 요인이다. 과거 C에게 어머니는 욕설을 하며 훈육하였고, 학교 선생님은 부정적인 자극과 연결하여 성격을 개선하도록 요구하였다. 뿐만 아니라 온라인 공간에서 모르는 이에게 '너네 나라로 꺼져라'는 말을 들으며 더욱 위축되고 낙인이 찍힐까 봐 노심초사하게 되었다. 그러나 이때 학교 상담 교사가 C가 부적 감정을 해소하도록 도왔고 감추고 검열하는 의사소통 방식을 개선할 뿐만 아니라, 어머니에게도 요구 사항을 말할 수 있도록 지지해 주어 C가 정신적인 건강을 회복하는 것에 기여했다. 또한 C는 건강을 위해 헬스를 하거나 간단한 운동을 할 때 같이 할 만한 사람이 있는지 없는지를 중요하게 고려하고 있다. C는 정부에서 탈북민들의 자기돌봄을 위해 도와주어야 할 것으로 네트워크를 형성할 수 있는 장을 요구하기도 했다. 이처럼 관계 자원을 중요하게 생각하는 C에게 남북한의 문화 차이는 적응에 지장을 주는 요인이 되고 있다. 실제로 C는 자기돌봄이라는 말을 들었을 때 정이 없고 차가운 느낌을 받았으며, 서로를 돕고 챙기는 북한 문화에 대한 그리움을 표현하기도 하였다.

셋째, 이러한 문화 차이는 관계 자원에서뿐만 아니라 의사소통 과정에서도 C의 어려움을 가중하고 있다. C는 서로 불만이 있으면 터놓고 얘기하고 격해지면 신체적인 다툼으로 이어지기도 하지만 쏟아낸 만큼 금방 감정을 해소하는 북한 사회와 예의를 지키며 말하는 남한 사회가 매우 다르다고 인식하고 있다. 관계 자원을 유지하고자 하는 욕구에 따라 좋은 인상을 주기 위해 의사소통 전에 자신을 계속해서 검열하고 있으나, 이렇게 조심하는 과정에서 피로감을 느끼기도 한다. 각 개인은 각 문화에 알맞은 방식으로 자기돌봄을 실천하게 되는데, 이는 새로운 문화에 적응하고 있는 개인의 자기돌봄을 저해하기도 한다. 뿐만 아니라 이방인으로서의 정체성과 이주로 인한 정보의 부족 역시 자기돌봄을 방해하는 요인이 되고 있다.

넷째, C가 직업을 준비하는 과정은 C의 자기돌봄을 촉진하는
한편, 심각하게 저해하기도 한다. C는 학교 수업을 통한 건강관리
의 중요성을 인식하였을 뿐만 아니라, 직업을 잘 유지하겠다는 동
기를 가지게 하여 C가 꾸준하게 건강을 관리하도록 도왔다. 또한
배움에서 얻는 기쁨은 C의 기운을 북돋고 있다. 그러나 신체적으
로도 매우 고되고 금전적으로도 충분히 보상이 주어지지 않는 환
경에서 C는 적절하게 자신을 돌보지 못한 채 직무를 수행하기도
하였다. 미용사라는 직업의 근무 환경 특성은 C의 자기계발과 자
기돌봄을 심각하게 상충되게 한다.

4. 채워지지 않은 마음속 허전함을 사람들과의 관계 속 애정으로 채워 나가는 D씨

본 장에서는 책임질 수 있는 범위 안에서 신중하게 선택해 나
가는 것을 자기돌봄이라고 생각하는 D의 경험에 대해 다루고자
한다. D는 이전에 자기돌봄을 주제로 한 프로그램에 참여하여, 이
에 대해 비교적 깊게 생각해 보았다는 특징이 있다. 이를 통해 D
가 자기돌봄을 발전시켜 나가는 변화 양상을 살펴보고, 이를 D가
가장 중요하게 생각하는 요소인 관계와 관련지어 볼 것이다. 다음
으로 D가 생각하는 자기돌봄과 자기계발의 차이에 대해 살펴볼
것이다.

D	정보
탈북연도	2014년
직업	대학생(사회복지학과)
고향	평양 외 지역

D: 저는 지금은 25살이고 대학교 재학 중이고, 남한에는 9년 전에 그러니까 2014년도에 왔어요. 사회복지 관련 공부를 하고 있어요.

●: 그래요. 저랑 D씨와는 두 번째 만남이죠? 지난번에도 자기돌봄에 대해서 대화를 나눠봤었는데, 그때 이후로 자기돌봄에 변화가 있었나요?

D: 당시에는 제가 뭐든 질러보는 성격이라고 했잖아요. 성공을 위해서 무엇이든 질러보는 게 자기돌봄이라고 생각했어요. 그런데 지금은 자존감이 조금 낮아진 것 같아요. 더 조심스럽게 다가가자는 쪽으로 바뀌었죠. 내가 책임질 수 있는 한에서 좀 선택을 하고 싶다고 생각하고 있어요.

●: 맞아요. 예전에 D씨는 성공을 위해서 질러보는 게 자기돌봄이라고 했죠. 지금은 내 인생이니까 내가 책임질 수 있는 범위 안에서 신중하게 결정을 해 나가고 싶으신 거네요.

D: 예전에는 그냥 성공을 위해서 이것도 하고 저것도 하다 보면 그게 다 경험이 되고 쌓이는 거라고 생각했거든요. 근데 그 안에서 내가 앓고 있고 상처받고 있더라고요. 예전에는 그걸 못 느끼다가 최근에 알게 됐어요.

●: 어떻게 그런 생각을 하게 됐어요?

D: 내가 성공이나 성취를 위해서 계속 사람들한테 맞춰주다 보니까, 그냥 따라 한 거지 그냥 내 의지와는 상관없이 이렇게 달려왔구나 하는 걸 알게 됐어요. 예전에는 내 의사 표현도 못 하고 다른 사람 시선을 많이 신경 썼거든요. 근데 그게 몸에 배니까, 내가 내 안에서 계속 힘들어하더라고요. 그냥 계속 나를 버리고, 남들 위주로 돌아가는 거예요. 남들이 좋아하게끔만 하는 거예요. 그냥 남들이 좋아해야 나도 좋은 거예요. 그러니까 이제는 좀 신중하게 내 의사 표현하면서, 다른 사람들의 시선 신경 쓰지 말고 살아야겠

다고 생각하고 있어요.

●: 그런 게 계속 쌓이다 보니까 힘드셨나 봐요. 그러니까 지금은 내가 좋아하는 게 뭔지, 내가 원하는 게 뭔지에 귀를 기울이면서 스스로가 감정적으로도 편안할 수 있는 상태가 되야겠다고 생각하셨네요. 그럼 예전이랑은 어떻게 다르게 지내고 있어요?

D: 결심은 했는데 아직 모르겠어요. 지금 그것 때문에 좀 고민이에요.

●: 그러면 예전에는 주변 사람들이랑 원만한 관계를 유지하기 위해서 했던 일에는 어떤 일들이 있었어요?

D: 예를 들어 어떤 약속 잡히고 누가 가자면 또 거기 가고요. 그리고 저는 컴퓨터 게임을 진짜 싫어해요. 온라인 멀미가 있거든요. 온라인 게임을 하면 한 세 판만 하면 저도 구토를 한두 번을 해요. 버스 타도 멀미를 안 하는데, 게임하면 구토를 할 만큼 멀미를 하면서도 친구들이랑 같이 하려면 억지로 하고요.

●: 주로 주변 사람들이랑 원만한 관계를 유지하기 위해서 본인이 힘들고 내키지 않은데도 하신다는 거네요?

D: 네. 그리고 집에 들어와서는 '내가 왜 그랬지?' 이러면서도 그 상황에서는 그걸 안 하면 내가 애들하고 멀어질까 봐 두려웠던 것 같아요.

이전에 D가 생각한 자기돌봄은 성공에 도달하기 위해 많은 경험을 해보는 것이었다. 그러나 D는 그 과정에서 자신이 지치고 다칠 수 있음을 인식하였고 이러한 행동이 "나를 버리는 것"이었음을 확인하였다. D가 이처럼 타인의 시선을 과하게 의식하여 자신의 행동을 조정했던 이유는 친구들, 즉 관계 욕구 때문이었다. 현재 D는 '책임질 수 있는 범위 안에서 선택'하는 것이 자기돌봄이라는 인식을 가지게 됐음을 보고하고 있다.

●: 친구들한테 맞춰주고 내키지 않는 일도 하셨네요. 그러면 그 친구들이랑 멀어졌을 때 나한테는 어떤 나쁜 일들이 있고, 힘들지만 관계를 유지하면 어떤 긍정적인 결과가 있다고 생각하셨던 거예요?

D: 그냥 항상 그냥 불안했던 것은 이렇게 안 하면 친구들이 나 버리지 않을까 하는 생각이 늘 있었던 것 같아요.

●: 그렇게 관계를 유지하려고 노력했던 이유가 뭘까요? 친구들이 있으면 재밌게 놀고 맛있는 음식도 같이 먹고, 게임도 할 수 있잖아요. D씨에게는 그렇게 남들과 좋은 관계를 유지하는 것이 나를 돌보는 행위였던 거예요? 남들이 날 좋아해 주면 그것도 자기돌봄이라는 생각을 하셨는지 궁금하네요.

D: 아니요. 지금은 내가 나를 아껴야, 다른 사람도 나를 아껴줄 수 있다는 생각이 강해요. 예전에는 나는 정말 어떤 걸 좋아하는데, 친구들이랑 멀어지거나 혹은 친구들이 날 이상하게 생각할까 봐 못했던 것들도 있어요. 지금은 그냥 쉬고 싶어요. 요즘은 그냥 밖에 안 나가고 아무 방해 안 받고 그냥 집에 이렇게 있는 게 너무 좋아요.

●: 친구를 만나면 물론 즐거움도 있을 텐데, 친구를 만나는 게 D씨가 스스로를 돌보는 행위에 포함되는 일인가요?

D: 스스로 돌보는 게 아니라고 생각해서 이제는 계속 안 만나려고 하고 있어요. 그래서 지금 카톡에도 그냥 전화도 하지 말라고 했고 연락 와도 지금 다 안 받고 있어요.

●: 그래요. 그러면 사람들하고 부대끼고 만나고 이런 것보다 혼자만의 시간을 갖는 거네요? 집에 있으면 뭐 해요?

D: 핸드폰 보는 거 좋아해서 드라마나 영화나 이런 거 보면서 그냥 혼자 웃었다가 울었다가 해요. 그런데 요즘 지쳐서 그냥 욕구 같은 게 없어요. 예전에는 남자친구가 있었고 걔한테서 위로를 받고 싶었던 것 같은데 지금은 그냥 저한테 위로 받아요.

●: 내가 나한테요?

D: 그게 좋은 것 같아요. 제가 그런 걸 되게 싫어하는 것 같아요. 누가 내 물건 만지거나 함부로 영역 침범하고 그런 거요. 지금은 그냥 혼자서 잔소리 안 듣고 보내는 시간으로도 충분해요.

●: D씨의 영역에 들어와도 편안한 사람이 있어요? 가족은 어때요?

D: 엄마도 오면 막 정리하고 잔소리하고 그래요. 너무 불편해요. 엄마랑 나는 같이 산 게 딱 1년밖에 안 돼요. 엄마가 늦게 남한에 오셨거든요. 그래서 그러는 게 너무 어색해요. 저 최근에 생일이었거든요. 근데 엄마가 온 거예요. 나 너무 힘들어 죽는 줄 알았어요. 멀미 나더라고요, 막.

●: 근데 어머니가 어색해서 불편한 거예요? 아니면 어머니가 하시는 말씀 중에 불편한 게 있다거나, 아까처럼 내 물건 내 영역에 침범하는 거가 그렇게 불편하다거나 하는 특정한 영역이 있어요?

D: 영역을 침범하는 것도 그렇고 엄마가 말을 하는데 갑자기 막 멀미 나고, 거의 막 매스꺼워진 거예요. 너무 막 진짜 식은땀 나고, 미치는 줄 알았어요. 엄마가 잔소리를 그렇게 심하게 하진 않아요. 막 윽박지르거나 이런 톤이 아니거든요. 근데 내가 요즘 좀 심한 게 이렇게 모르는 사람하고 막 스치기만 해도 소름이 돋아요. 그러니까 제가 요즘은 지하철도 안 타고 그러거든요. 막 땀나고 막 진이 빠져요. 낮에는 아예 안 돌아다니고 가끔 새벽에 계속 뭐 살 거 있으면 가고 그리고 사람을 잘 안 마주쳐요. 아는 친구들 가끔 만나고요.

●: 스트레스가 엄청 많나 봐요.

D: 그냥 엄마가 그냥 "그 정도면 살 빼야겠다." 이 얘기를 했어요. 그런데 갑자기 막 멍한 거예요.

●: 그래요. 살 빼는 것 때문에도 스트레스 많이 받으셨잖아요.

D: 네. 한 20kg 정도 뺐다가 다시 엄청 쪘잖아요. 대학교 간다고 엄청 빼긴 했죠. 그때 막 한 달 반 동안 거의 굶고, 화장실에 갑자기 막 쓰러지고 막 그럴 정도로 했어요. 샤워하다 쓰러질 정도로 하고 막 그랬어요.

●: 건강하게 빼야할 텐데요.

D: 그래도 대학교에 딱 들어갔을 때는 새내기이고, 근데 나이도 많지 이러니까, 몸매 관리라도 좀 하고 싶었었거든요. 4살 정도 많으니까, 또 거기서 이렇게 적응하고 이런 것도 좀 스트레스가 있었고요.

    D는 자기돌봄에 대한 인식과 행동에서 변화를 겪었다. 이전에 D는 대학 입학이라는 환경 변화를 앞두고 혹독한 다이어트를 실시하는 등 사회의 미적 관념에 맞게 외모를 가꾸었다. 이러한 외모에 대한 생각은 특히 여성들의 자기돌봄 양상에 영향을 미치는 요인일 것이다. 또한 내키지 않는데도 친구에게 맞춰주며 자신을 희생하기도 하였다. 현재 D는 사람과 접촉하지 않기 위해 지하철도 타지 않고, 낮에는 잘 돌아다니지 않는 생활을 지속하고 있다. 이를 통해 D에게 타인의 시선은 자기돌봄을 방해하는 요인임을 알 수 있다. 현재 D는 "내가 나를 아껴야 다른 사람도 나를 아껴줄 수 있다"는 생각을 시작으로, 타인이 보기에 적절한 행동을 실행하는 것이 아닌 자신이 진정으로 편하게 느낄 수 있도록 혼자만의 시간을 가지는 모습을 동시에 지니고 있다. D는 자기돌봄과 타인에게 의지하고 이들을 만족시켜 주고자 하는 욕구 사이에서 계속해서 고민하고 갈등하며 변화를 겪어 나갈 것임을 예상할 수 있다.

●: 일단 좀 낯선 사람 새로운 사람 만나는 거에 대해서 좀 불편한 게 있는 것 같아요. D씨가 어머니도 아주 가까운 사람이라고 생각을 안 해서 그런 건지, 어머니랑 있을 때도 약간 그런 불편함을 느끼는 것 같고요. 그래도 좀 내가 가깝고 의지할 수 있는 사람은 만나고, 저희랑도 지금 이렇게 대화를 하고 계시기는 한데, 근데 이게 왜 이렇게 됐다고 생각하세요?

D: 모르겠어요. 친한 친구들은 만나요. 재미있으니까요. 맛있는 거 먹고, 재밌는 거 보고요. 스트레스 풀려고 만나는 건 아닌데 '그래도 사람 얼굴 봤다.' 이런 거 되게 좋아하는 것 같아요.

●: 그러니까 완전하진 않지만, 그래도 재미 삼아 만나고 이런 게 있는 거네요. 그럼 어떤 식으로 뭘 할 때 스트레스가 풀려요?

D: 모르겠어요. 저 스트레스를 받는 기준을 잘 몰라서요.

●: 친구들을 만날 때는 어때요? 만나면 편안한 친구가 있고, 힘든 친구가 있고 그렇게 분류가 되나요?

D: 다 달라요. 그러니까 좋기도 하고 나쁘기도 하고, 항상 어떤 날은 좋고 어떤 날은 싫고 다 그런 것 같아요. 기분에 따라서도 달라요. 항상 좋기만 한 적은 없죠.

●: 그러니까 D씨가 친구들이랑 있을 때 좋은지 나쁜지 그 감정이 D씨도 지금 헷갈리는 것 같아요. 왜냐하면 저 같은 경우에는 제가 친구가 그렇게 많지 않거든요. 지금 같이 있을 때 불편하다고 느끼는 친구들은 자연스럽게 멀어지게 되더라고요. 그래서 이제는 같이 있을 때 정말 편하고 즐겁기만 한 친구들만 만나요.

D는 스트레스를 받는 상황을 구체적으로 떠올리는 데 어려움을 겪고, 자신의 정서가 달라지는 환경적 요인을 자각하지 못하는 모습을 보인다. 이처럼 감정 인식의 어려움은 D가 스트레스를 알아채거나 이에 대처할 수 있는 방안을 찾지 못하는 결과로 이어지고 있다. 이러한 감정 조절 능력의 부족은 D의 자기돌봄을 방해하고 있다.

●: D씨가 친구랑 있을 때 즐겁고 유쾌한 기분을 느끼시네요. 그런데 처음에

여기 오셨을 때는 그러면 친구가 많이 없었을 거 아니에요? 친구가 없어서 불편하거나 힘들었던 적도 있었어요?

D: 아니요. 국정원에서부터 이제 저랑 동갑인 친구가 있었어요. 그리고 바로 하나원 넘어가니까 저랑 같이 같은 기수여서 걔랑 같이 다닐 수 있었어요. 동갑이다 보니까 편해서 친구 됐죠. 학교도 같은 곳에 갔고, 걔는 ▲▲시, 난 ◆◆시 이러다 보니까 버스로 30분 거리예요. 그래서 자주 왔다 갔다 했어요. 한국 오자마자 친구도 있었긴 했었어요. 그런데 지금은 너무 멀어요. 3시간 거리예요.

●: 처음부터 동갑이라서 친하게 지낼 수 있는 친구가 있어서 다행이네요. 지금도 친밀하게 교류하면서 많은 에너지를 받고 계세요?

D: 아니요. 이제 딱히 그때만큼의 그 감정이 아니다 보니까 그렇지 않아요. 그리고 제가 그때는 '이 친구다'라는 생각이 들면서 계속 걔한테만 헌신했거든요. 지금 와서 생각해 보면 저도 왜 그랬는지 모르겠어요.

●: 그러니까 친구한테 '헌신한다, 집착한다' 이런 표현을 쓰시다 보니까 내가 마음에 드는 친구가 생기면 정말 그 친구가 나의 삶의 중심이 되는 그런 느낌이 있는 거네요.

D: 맞아요.

●: 근데 그렇게 자꾸 누군가 다른 사람이 내 삶의 중심이 되다 보면, 나를 찾는 게 굉장히 중요한데 나를 잘 모르게 되잖아요. 그런 점이 참 불편했겠어요.

D: 최근에 제가 자퇴하고 나서 졸업하기 위해서 최근에 또 ○○학교 또 다녔었거든요. 거기서 동생 하나 알게 됐는데 나이가 어리고 6살인가 7살인가 차이가 나요. 얼굴도 인상이 세게 생겼는데 뭐랄까 나를 다 알고 있는 느낌. 그냥 나를 읽어주는 느낌이에요. 그래서 그냥 좀 친하게 지냈어요. 그리고 내가 이제 졸업했는데도 걔는 집에 계속 와요.

●: 마음이 통하고 그런가 보네요.

D: 왜 그러는지 모르겠어요. 애가 너무 성숙한 건지 아니면 내가 미성숙한 건

지, 걔가 계속 와요. 뭔가 내가 좀 힘들다 싶으면 오고, 집 비밀번호도 알려
줬는데 그럼 누르고는 "다녀왔습니다." 이러고 들어와요. 걔가.

●: 그 친구가 그렇게 집에 함부로 들어오는 건 괜찮아요?

D: 모르겠어요. 그냥 또 와서 "자기야, 힘들어?" 막 이러면서 안아주고 이러는
데, 그러니까 들어오면서부터 그냥 "다녀왔습니다." 이러는 게 가끔 자기 집
인 줄 알아요. 그게 너무 신기해요. 가끔 왜 오는지 모르겠어요. 가끔 오는
데 왜 오냐면 놀아주러 온대요.

●: 그 친구도 D씨를 계속 신경 쓰고 있나 보네요.

D: 네. 근데 얘가 또 밥을 엄청 어마무시하게 먹어요. 그러면 나는 그냥 집에서
맨날 폐인처럼 하고 있다가도 걔가 오면 나도 엄청 먹어요. 왔다 가면 나는
또 엄청 힘들어요. 그런데 왔을 때는 또 즐거워요.

●: 그러니까 이 친구가 정말 좋은데 같이 있을 때 힘들어, 이런 거네요.

D: ○○학교에서는 기숙사에서 난 3층이었고 얘는 2층이었는데 걔네 방 언니
들이 3학년이어서 좀 예민하고 무서웠어요. 얘가 눈이 좀 째지고 인상도 무
섭고 하니까, 언니들이 맨날 째려본다고 뭐라 했나 봐요. 그랬더니 우리 방
에 와서 계속 울다가 자더라고요. 처음에는 그냥 가만히 냅두니까 계속 와
서 자는 거예요. 얘가 맨날 내 침대에서 계속 자요. 무조건. 원래 근데 침대
그거 동침 안 되거든요.

●: 마음을 편안하게 해주는 관계네요. 북에 있을 때는 주변 사람들과 좀 가깝
게 지냈나요? 그러니까 제가 듣기로는 북에서는 이웃끼리 가족끼리 조금
더 허물이 없이 막역하게 그렇게 지내는 걸로 알고 있는데, 어땠나요?

D: 거기서요? 아니요. 저는 거기서 그냥 엄마도 없지, 그냥 이모 손에 자라다
보니까 그냥 "쟤 부모 없다." 말도 많이 들었어요. 어떤 할머니가 자기 딸이
우리 아빠를 좋아했는데 우리 엄마가 그걸 뺏어 갔다, 돈으로 뺏어 갔다는
둥 뭐 그런 얘기 하고 있고, 그랬는데도 아빠가 술을 못 끊었다는 둥 바람났
다는 둥, 엄마가 도망갔다는 둥 이러고 남 말 하고요.

●: 이웃들이 그런 얘기 하는 거예요?

D: 이웃들이 그냥 그런 얘기 했었어요. 또 친구 엄마들도 그러고. 저 아버지 본적 없어요. 아직 한 번도. 태어나기 전에 죽었다는 얘기는 들은 적 있어요. 어머니는 남한에서 처음 얼굴 봤고요.

●: 성인 돼서 보면 저 같아도 어머니가 낯설게 느껴지긴 할 것 같아요. 그러면 거기 계셨을 때는 학교생활은 어땠어요?

D: 다니다 말다, 다니다 말다 그랬어요.

D는 관계에서 집착하거나 헌신하였던 자신의 모습을 되돌아보고 있다. 이는 D가 관계 속에서 자신의 존재를 확인하고자 하는 동기와 관계에 대한 강한 욕구를 지녔음을 드러낸다. 다음으로 D는 친밀감이 느껴지는 동생을 소개하는데, 예닐곱 살의 나이 차이에도 불구하고 이상하게 편안하고 마음이 가는 동생이자, 최근 심리적 괴로움을 경험하고 있는 D에게 늘 그 자리에 있어 주는 존재이다. 이 동생은 D의 관계망에서도 질적으로 구분되는 관계이며, D는 이러한 관계 속에서의 돌봄을 통해 위안을 얻는다. 이를 정리하자면 북한에서 이웃들의 차가운 거리 두기를 경험하고 어머니가 일찍 북한에서 이탈하여 남한에 정착한 탓에 얼굴조차 알지 못하고 자랐던 것을 통해 D가 가진 강한 관계 욕구의 배경을 짐작해볼 수 있으나, 최근 충분한 믿음과 서로에게 가지는 연민감을 바탕으로 하여 새로운 형태의 관계를 형성해 나가고 있음을 확인할 수 있다.

●: 그렇군요. 저번에 얘기했던 한 달 정도 만났었다는 남자 친구는 어땠어요?

D: 걔랑은 헤어질 때 왜 헤어졌냐면요. 10대 후반 때는 뭐랄까, 이런 얘기 해도 되나? 신체적인 욕구가 좀 강했다면 이제 딱 20살 돼서부터는 나를 그냥 애정으로 바라봐 주는 남자가 너무 간절했던 것 같아요. 그리고 한 22살 때쯤 생각한 건 남자들이 그냥 나를 보는 게 관계하기 위해서 만나줄까 봐 거리를 뒀던 것 같아요. 그래서 만나더라도 내가 '언제까지 나를 아껴주나 보자.' 이런 식의 마음으로 만났고요.

●: 늘 상대에게 맞춰주려는 자세에서 변화가 생겼던 거네요.

D: 네. 막 이렇게 하려고 하거나 이러면 그냥 바로 잘라내고 이랬던 것 같아요. 예전에 그 사람이랑은 알고 지낸 지 8년이었거든요. 그리고 1년 넘게 오래 만났던 애들은 웬만하면 다 100일 200일 돼서 이렇게 했던 애들이어서, 이렇게 넘어간 거였고요. 이제는 저를 아껴주는 남자들 위주로 만났던 것 같아요. '이게 진짜 진정한 사랑이다.' 이랬던 것 같아요.

●: 그래요. 사람마다도 욕구가 다르고, 시간이 지나면서도 바라는 게 달라지잖아요. D씨도 10대 후반이랑 또 20대 다르다고 한 거 보면 시간이 흐르면서 달라지기도 하고요. 남자 친구가 성적인 것을 원하면 D씨는 어때요?

D: 네. 완전 싫어져요. 근데 제가 그 욕구가 아예 없긴 해요. 성 욕구가 아예 없어요. 한 달에 한 번도 너무 싫어요.

●: 그래요. 그러면 D씨는 그런 부분에 대해서 남자 친구랑 어떤 식으로 얘기해 봤어요?

D: 그러기보다는 대신 다른 걸로 잘해 주려고 해요. 그냥 좀 그냥 기분 풀어주는 일이라든가 얘기 좀 잘 들어준다거나, 그러니까 대신에 뭐든 그냥 걔만 바라봐 줘요. 믿음 주려고 거짓말도 안 하고, 아무리 사소한 것이라도요.

●: D씨의 노력이었네요. 그럼 반대로 남자 친구는 D씨한테 어떻게 해주면 만족스럽게 느끼시나요?

D: 그냥 같이 얘기하고 그날 있었던 즐거운 일이든 일상이든 얘기하고 그런 걸 되게 좋아하는 것 같아요.

●: 아까 '나를 아껴줬으면 좋겠다'고 말씀하셨는데, D씨는 그럴 때 상대가 나를 아낀다는 느낌을 받을 수 있나요? D씨를 아껴준다는 게 어떤 건지 더 자세히 듣고 싶어요. 예를 들면 레스토랑 갔는데 그지 남자 친구가 또 문을 먼저 열어주기도 하고 집에 데려다주기도 하고 그런 것들은 눈으로 관찰할 수 있는 것도 있겠고, 관찰은 안 되더라도 마음으로 느껴지는 것도 있을 테고요.

D: 그냥 한마디로 나를 막 대하거나 무시하지 말고, 그냥 좀 '하나라도 좀 신경 써달라.' 이런 얘기예요. 그냥. 막 대한 대서 막 폭행이나 이런 건 아니고, 예를 들어서 말을 좀 무시하거나 계속 피곤하다고 하면서 뭐가 얘기하면 "왜 맨날 똑같은 얘기해? 또 그 얘기야?" 그러는 부분이 막 대하는 걸로 느껴지죠. 맨날 똑같은 실수하고 똑같은 걸 반복하고 너무 싫어요. 그럼 난 또 똑같은 얘기해야 되고요. 싸우게 되고요. 그런 일상들이 싫었던 것 같아요. 근데 문득 보면 내가 그걸 반복하고 있더라고요.

●: 맞아요. 좀 얘기하려고 그러는데 피곤하다고 그러면 기분이 나쁘죠.

　　D는 이성과의 관계에서 자신이 바라는 이상적인 모습에 대해 언급하고 있는데, 이를 자세히 살펴보면 '성적 욕구를 우선시하기보다는 애정으로 바라봐 주는 것', '막 대하거나 무시하지 않고 신경 써서 이야기를 들어주는 것'이 포함된다. 또한 D가 성적인 욕구에 대해서 가지는 거부감도 분명히 드러난다. 이러한 욕구에 대한 배경과 관련된 과거의 경험이 드러나지는 않았으나, 이러한 이상향이 D의 자기돌봄 양상에 영향을 주고 있음을 알 수 있다. D는 자신이 바라는 이상적 관계상을 명료화 및 구체화하며 실제로 자신을 아껴주는 이들 위주로 만나왔음을 밝혔다. 이처럼 관계에서 충족되지 못한 욕구를 파악하고 자신에게 필요한 것을 제공 받을 수 있는 관계를 구축한 것은 D만의 자기돌봄 방식이라고 볼 수 있

다. 그럼에도 불구하고, D는 자신이 성 욕구가 없음으로 인해 다른 부분에서 연인에게 잘 대해 주고자 하였는데 D의 이러한 보상 행위가 D를 지치게 하지는 않을지 경계할 필요가 있을 것이다.

●: 앞서서 얘기한 자기돌봄이란 '성공을 위해 무엇이든 질러봄'이라고 하셨잖아요. 더 이야기해 보고 싶어요. D씨에게 성공이란 무엇을 뜻하나요? 어떤 사람은 돈을 많이 버는 거, 명예를 얻는 것이라고 답할 수 있고 또 다른 사람은 소박하게 사는 것이 성공이라고 생각할 수도 있잖아요.

D: 그냥 항상 웃을 수 있을 때요. 그냥 한순간이라도 즐거운 시간이 있을 때가 제일 좋은 것 같아요. 그게 성공인 것 같아요.

●: D씨는 어떤 상황에서 웃을 수 있어요?

D: 성취감을 느끼거나 뭔가 이뤘다는 생각이 들 때요. 자기계발도 그냥 내가 어느 하나라도, 정말 뭐든 하나라도 배우면서 포기 안 하고 끝까지 해내는 게 성공이라고 생각해요.

●: 무언가를 이루고 사는 게 중요하네요. 왜 그런 게 하고 싶으세요? 대학도 다니고, 자격증도 따고 하다 보면 하고 싶은 걸 참아야 할 때도 많을 텐데요.

D: 그래도 '어떤 사람이 돼야겠다.' 이런 거 있잖아요? 사람은 뭐가 돼야 되잖아요.

●: 뭐가 돼야 하는데요?

D: 그러니까 모든 사람이 나중에는 일을 하잖아요? 그럴 바에는 그래도 내가 할 수 있는 일, 내가 진짜 좋아하고 해볼 만하다 싶은 일을 하고 싶어요. 저는 집에서는 계속 회계 자격증을 따라는데, 너무 재미없어요. 난 그쪽 공부를 되게 싫어하고, 청소년이나 노인도 재밌고 인류사에 관한 공부도 재밌어요. 그쪽에서 관련된 일을 하고 싶어요.

●: D씨가 그런 것들을 바라는 마음의 더 깊은 곳에는 뭐가 있는 것 같아요? 돈을 많이 벌어서 여유롭고 자유롭게 살고 싶을 수도 있고, 사회적으로 인정받고 싶을 수도 있고, 사회적으로 기여를 하거나 가치 있는 일을 찾고 싶은 그런 이타주의적인 마음도 있을 수도 있고, 성장하고 싶을 수도 있겠고요.

D: 자유로운 것? 그냥 얽매이는 삶을 살지 않겠다는 막연한 기대감이 있는 것 같아요.

●: 의식주 포함해서 맛있는 거 먹고 싶으면 먹고, 시간도 좀 자유롭게 쓸 수 있고 그런 삶이네요. 북한에서도 자기계발이나 성장을 위해서 노력했던 적이 있어요?

D: 네. 해보고 싶은 거 되게 많이 했어요. 축구해 보고 싶어서 축구도 했고 무용 쪽 해보고 싶어서 해봤고, 기타 배우고 싶어서 기타도 쳐봤고요. 드럼도 같이 배웠어요. 춤 학원도 다녔어요.

●: 정말 많이 배웠네요. D씨처럼 원하면 다 배울 수 있는 분위기인가요? 아니면 D씨가 많이 배운 축에 속해요?

D: 많이 배웠죠. 엄마가 돈을 보내 줬으니까요. 그런데 많으면 한 5개월 아니면 한 달 이 정도 배우고, 한 번 배우다가 "재미없어." 이러고, 또 다른 데 가고 또 배우다가 재미없어 이러고요. 그나마 기타를 5개월 정도 배웠고, 좀 오래 배운 게 한 1년 정도였어요.

D에게 자기계발이란 성공하는 것, 즉 한순간이라도 즐거운 시간이 있는 나날들을 보내는 것이다. 이러한 즐거움은 끝까지 해냈다는 성취감과 자유를 누릴 수 있는 환경에서 더욱 증진된다. 또한 성취감과 자유는 자기계발의 기저에 있는 욕구라고도 볼 수 있겠다. 이를 통해 D에게 자기계발과 자기돌봄의 정의가 유사하다는 것을 알 수 있다. D는 인류사, 청소년 및 노인 등 인간에 대한 학문에 큰 흥미를 느끼고 있으며 북한에서도 축구나 기타, 댄스 등 다

양한 분야에 흥미를 가지고 경험해 보기도 하였다.

●: 북한과 남한에서 자기계발에 관해서 차이가 있을 것 같은데요. 자기계발과 관련해서 행동이나 생각이 남한에 와서 바뀐 점 있어요? 이런 부분은 내가 북한에서 하지 못했는데 좋다라든지 또는 이런 점은 오히려 고향이 더 좋다라든지, 여러 생각이 있을 수 있겠는데요. 특히 여기가 경쟁이 치열하니까 다들 스트레스도 많이 받고요.

D: 저는 그냥 거기 왜 있었는지 모르겠어요. 빨리 왔으면 엄마랑 그런 오해나 이런 게 없었을 수도 있었겠다 싶어요.

●: 오히려 빨리 왔으면 더 좋겠다고 생각하셨네요.

D: 어릴 적에 기억이 잘 안 나는데, 어릴 적에 비몽사몽으로 엄마랑 통화한 적이 있대요. 엄마가 나보고 오라고 했는데, "○○이가 안 오면 나도 안 가겠다"고 했었대요. 근데 저도 그건 기억이 나요. 근데 ○○이 엄마가 ○○이를 못 보낸다고 했대요. 그래서 엄마가 계속 돈을 보내줬다고 하더라고요. 모르겠어요. 어찌 됐든 그건 어른들 사정이니까요.

●: 여기 더 일찍 왔으면 뭐가 바뀌었을 것 같아요?

D: 엄마랑 좀 어릴 때 좀 더 빨리 보지 않았을까 이런 생각이요. 그럼 내가 애들한테 그냥 "고아다. 이런 애다. 저런 애다." 소리 듣지 않아도 됐고, 엄마 찾으러 다니지 않아도 됐고, 매해 여기저기 빌고 빌고, 또 빌고 이런 것도 안 해도 됐고요. 그랬을 것 같아요. 그리고 엄마를 원망도 안 했을 거고요.

경쟁과 이로 인해 유발되는 스트레스가 상당한 남한이지만, D는 더 일찍 오면 좋았겠다고 후회하고 있다. 이러한 후회를 자아내는 것은 엄마와 함께하지 못했던 시간과 그로 인해 생겨났던 오해이다. 이를 통해 D에게 자기계발이나 성장의 욕구보다는 엄마와의 관계가 더 중요하다는 것을 알 수 있다. 다시 말해 관계 욕구는 D

에게 우선해서 충족되어야 할 욕구이며, 이것의 충족이야말로 반드시 실현되어야 할 자기돌봄인 것이다.

● : 오늘 자기돌봄에 관해서 쭉 얘기해 봤는데 어떠셨어요?

D : 그냥 모든 거의 원인은 나한테 있구나 생각했어요. 그러니까 처음에는 여기 저기에 다 원망하고 불안하고 그냥 초조하고 그냥 그랬거든요. 근데 그 원인의 중심은 그냥 나로 인한 것이더라고요.

● : 어떤 생각의 변화나 깨달음이 있으셨네요. 나의 책임도 더 무겁게 느끼시는 것 같고요. 그런데 문제의 원인이 나라는 건 절반은 사실이고 절반은 사실이 아닐 수도 있어요. 사실 나는 잘못한 게 없고 남들이 잘못한 건데 계속 자책을 하다 보면 더 힘들어질 수도 있고요. 무엇이 내 잘못이고 무엇이 내 주변 사람들의 잘못인지를 확실히 알기 위해서라도, 스스로를 좀 더 아껴 줬으면 좋겠어요. 내가 나를 우선시하고 아꼈을 때 분명 다른 사람들이 못하고 있는 게 보일 것 같아요.

D : 좋은 말이네요. 감사합니다.

D는 자기돌봄에 대해 살펴보며 자신에게 집중할 수 있었고, 이를 통해 자신의 심리적 고통이 외부에서 기인한 것이 아니라 자신에게서 비롯되었음을 깨달았다고 보고한다. 관계 욕구가 강하고 외부의 자극에 민감하게 반응하는 D가 이러한 깨달음을 얻었다는 것을 통해, 향후 외부의 자극과 내적 해석이 서로 조화롭게 균형을 맞추어 나갈 것을 예상해 볼 수 있다.

D가 자기돌봄에 대해 가지고 있는 생각과 경험한 바를 정리하면 다음과 같다. 첫째, D에게 자기돌봄이란 '책임질 수 있는 범위 안에서 신중하게 선택하는 것', '다른 사람들의 시선에 연연하

여 자신을 버리지 않는 것'을 포함한다. 이는 과거 D가 자기돌봄을 '성공을 위해 뭐든지 질러보는 것'이라고 정의했던 것과는 상당한 차이를 보인다. 이를 통해서 자기돌봄에 대한 인식과 정의는 개인의 경험에 따라 지속적으로 변화한다는 것을 확인할 수 있다. D는 몇 차례의 질문에서 스트레스 받는 상황을 잘 알지 못하겠고, 어떤 상황에서 느껴졌던 감정도 잘 모르겠다고 답하여 낮은 수준의 자기 인식과 정서 조절 능력을 내비쳤다. 이러한 상황에서 외부가 아닌 내부로 시선을 돌리는 방식의 변화는 이후 D의 자기 인식과 조절 능력의 향상으로 이어질 것이다. 정리하자면 D가 살아가면서 경험한 다양한 사건들로 하여금 자신에게 더욱 초점을 맞추는 방식으로 자기돌봄을 변모시킨 것을 통해 발전적인 자기돌봄 정의 변화를 확인할 수 있다.

둘째, D의 자기돌봄에는 관계 욕구가 밀접하게 관련되어 자기 돌봄에 부정적인 혹은 긍정적인 영향을 주고 있는데, 이러한 강한 관계 욕구의 배경에는 어린 나이에 부모와 이별했던 경험이 자리 잡고 있음을 짐작해 볼 수 있다. D는 타인이 자신을 평가하는 것에 민감하게 반응하고 버려지는 것에 대한 두려움을 느껴 내키지 않는데도 상대에게 맞추어주고, 건강을 해치는 혹독한 다이어트를 실시하며 사회적 관념에 부합한다고 여기는 외모를 갖추고자 노력하였다. 이처럼 타인의 시선을 만족시켜야 한다는 생각이 강하였던 D는 자신의 모습을 관계에서 집착하고 헌신한다고 묘사하기도 하였다. D는 어릴 적부터 부모님과 헤어져 성인이 되어 만난 후에도 어색함을 느끼고 있으며, 친척들의 손에서 길러지면서 주변에서 D의 가족 상황에 대한 부정적인 이야기를 듣고 자랐다. 뿐만 아니라 학교도 다니다 말다 한 터라 친구가 없었던 만큼 관계에서 따뜻함과 편안함을 충분히 느끼지 못했음을 예상해 볼 수 있다. 이처럼 채워지지 못한 관계 욕구는 D에게 미해결 과제로서 중요하게 남아, 이것을 채우는 것이 D에게는 자기돌봄이었던 동시에 이를 위해 자기돌봄을 포기할 수도 있었던 것이다. 그 결과 D는 현재 사람을 만나면 심각할 정도의 매스꺼움을 느끼고, 사람을 만나지 않기 위해 대중교통을 이용하지 않고 낮에 돌아다니지도 않으며 지내고 있다. 그럼에도 불구하고 최근 D는 억지로 대인관계를 구축하는 것이 스스로를 돌보는 것이 아니라고 인식하며, 내 영역을 지키고자 노력하고 있다.

셋째, D의 관계 욕구는 이성과의 관계에서도 역설적인 양상으로 드러나고 있다. 성적인 행위에 강한 거부감을 느끼는 D는, 상대가 자신을 성적 욕구의 대상보다는 애정으로 바라봐 주며 자신에 대한 것은 세세한 것 하나까지 기억해 주는 모습을 바라고 있다. 그러나 이와 동시에 성적 행위를 거부하는 것에 대한 보상적 행위로 더욱 헌신하고 정성을 쏟고자 노력한다. 이처럼 자기돌봄을 위해 성적인 행위가 없더라도 돈독한 관계를 원하는 한편, 이러한 관계를 위해서 자기돌봄을 포기하기도 하는 것이다.

5. 나를 지키고 사랑하며 자신 내면의 목소리에 집중하는 E씨

본 장에서는 자신을 위해 주는 것을 자기돌봄으로 인식하고 있는 E의 경험에 대해 다루고자 한다. 우선 E가 생각하는 자기돌봄의 의미와 더불어 이것이 남한에서의 자기돌봄의 실현과 어떻게 연관되어 있는지를 살펴볼 것이다. 다음으로 북한에서 실천할 수 있었던 자기돌봄의 특성을 살펴본 후, E가 생각하는 자기돌봄과 자기계발의 차이에 대해 살펴볼 것이다.

E	정보
탈북연도	2019년
직업	고등학생(일반고)
고향	평양 외 지역

E: 안녕하세요. 저는 2019년에 탈북했고, 2019년에 한국에 들어왔습니다. 직행한 셈이죠. 중간에 중국에서 잠시 체류하긴 하였는데 시기가 길지 않았고 거의 바로 한국으로 왔어요. 이렇게 체류 없이 바로 들어온 경우는 직행이라고 표현해요.

●: 네. 소개해 주셔서 감사합니다. 오늘은 자기돌봄에 대해서 이야기 나눠 볼 텐데요. 그런데 자기돌봄이라는 용어가 생소하게 느껴질 수도 있을 것 같아요. 혹시 전에 자기돌봄이라는 말을 들어본 적이 있으신가요?

E: 자기돌봄은 들어본 적이 없어요.

●: 한 번도 못 들어보셨네요. 그러면 이번에 자기돌봄이라는 말을 처음 들었을 때, 어떤 생각이 들었어요? 어떤 느낌이었어요?

E: '나를 사랑한다.' 이런 생각이 들었어요. 내가 내 자신을 아끼고, 뭔가 좀 더 아끼고 사랑하고, 보살피는 느낌. 자기애 같은 거라고 해야 되나? 그런 생각이 들었어요.

●: 나를 아끼고 사랑하고 보살피는 것이 자기돌봄이네요. 좋은 표현 같습니다. 우리가 보통 타인을 사랑한다고 할 때는 어떤 특정한 행동을 할 수 있잖아요. 예를 들면, 아버지를 사랑하면 선물도 사다 드리고 안마도 해드리고 할 수 있잖아요? 내가 나를 사랑하려면 어떻게 할 수 있을까요?

E: 내가 나를 사랑하려면, 나를 인정하는 게 먼저라고 생각을 해요.

●: 나를 먼저 인정하는 것이요? 조금 더 자세히 설명해 주시겠어요?

E: 나의 어떤 부분이든, 그것이 남들이 생각하기에는 이상한 부분이고 납득할 수 없더라도 그것을 인정하는 것이요. 먼저 나의 모든 걸 알고, 그다음에 인정하고 이해하는 게 제일 우선이 되어야 한다고 생각해요.

●: 그러니까 그렇다는 거는 이제 E씨가 스스로 가지고 있는 좋은 모습을 이해하는 것은 당연하고, 안 좋은 모습들도 같이 인정을 해야 된다는 거네요? 온전히 받아들인다는 것이 그런 뜻일까요?

E: 네. 안 좋은 부분이라고 해도 어쨌든 나니까.

　E는 자기돌봄을 자신을 아끼고 사랑하고 보살피는 것이라고 정의하고 있다. 신체적인 요소보다는 자신을 온전히 받아들임으로써 얻게 되는 편안함과 같은 정신적인 요소를 통해 자기돌봄을 이해하고 있음을 알 수 있다.

●: 그러면 E씨가 생각하기에 특히 어떤 부분을 좀 이해하고 인정하는 게 중요하다고 생각하세요?

E: 저는 사실 그렇게 착한 사람이 아니거든요. 그런데 남들이 다 저를 착한 학생, 착한 사람으로 봐주고 있고 하니까 강박증 같은 게 있어요. 착한아이 콤플렉스라고 하던데 저를 표현하기에 적절한 말 같아요. 저도 가끔은 규칙 어기고 싶고, 나의 욕구를 먼저 챙기고 싶고 그러니까 가끔은 나도 막 살고 싶고 그래요. 그런데 착한아이 콤플렉스가 있다 보니까 '이러면 안 돼.' 하면

서 스스로 이렇게 절제하는 게 있거든요. 옛날에는 하도 사람들이 다 나한테 "착한 아이구나, 착한 학생이구나." 그렇게 얘기하니까, 저도 제가 착한 줄 알았고 그 이미지를 지켜야 한다고 생각했어요. 그러다 보니 내면에서 따라야 하는 규칙도 많아졌고 하지 말아야 하는 행동이 많았던 거죠. 근데 살다 보니까 아니더라고요. 그래서 이제는 나도 착한 사람은 아니라는 걸 좀 인정하고 있어요.

●: 내가 착한 사람이 아니라는 것을 인정하는 것을 받아들이는 과정을 경험하셨네요. 착하지 않다는 것을 인정하고 수용하는 것이 E씨가 생각하는 자기돌봄이고요.

E: 네. 맞아요. 나는 착하게 보일 만한 행동을 했을 뿐 착한 사람은 아니라는 걸 인정하고, 하고 싶은 게 있으면 하는 거죠. 옛날에는 아예 '저거 하면 착한 사람이 아닌 거야.' 이렇게 생각했던 거를, 지금은 저걸 하든 안 하든 난 그렇게 착한 사람이 아니니까, '내가 하고 싶다면 이제 합법적인 선에서 해보고 싶은 거는 다 해봐야 한다.' 이런 걸로 조금 생각을 바꾸고 있어요.

●: 말씀해 주신 게 딱 와닿네요. 착한 사람이 아니라고 인정하고 나니 스스로에게 허용해줄 수 있는 일도 더 많아지셨군요. E씨가 구체적으로 어떤 변화를 겪으셨는지 궁금하네요. 예를 들어줄 수 있어요?

E: 잘 생각해 보면 사소한 것이긴 한데 제가 원하는 것을 더 표현하고 예전에는 어른이 말하면 꼭 따르려고 노력했던 것 같아요. 어릴 때는 뭔가 부모님이 뭔가 "이거 해라." 해서 시키면 무조건 그대로 하고, "이런 애들과 어울리지 말라." 하면 어울리지 않고, 그냥 매뉴얼대로 산다고 해야 되나? 그러면 이제 말 잘 들으니까 "착한 학생"이라고 칭찬하고, 그러면 말 안 들으면 착한 학생이 아닌 거잖아요.

●: 그렇죠. 시키는 것을 잘 하면 대부분 착하다고 칭찬해 주시죠.

E: 네. 그런데 지금은 이제 부모님이 "이거 해라." 하면 내가 하고 싶지 않으면 "난 지금 하기 싫으니까 이제 조금 이따가 할게요." 이렇게 말도 할 수 있게 됐죠. 남들이 보기엔 사소할 수 있는데 제가 생각하기에는 좀 커요. 엄마가

"이제 빨래 돌릴 건데 너가 널어야지?" 하면 이제 "엄마 빨래 조금 더 있다 돌리면 안 돼요? 제가 지금은 조금 피곤해 가지고 5분만 조금 더 자다가 할 거니까요." 이런 식으로 제 의사를 표현하고 있어요.

●: 의사를 더 명확하게 표현하려고 하셨네요. 이것도 E씨가 자기를 돌보는 것에 포함된다고 볼 수 있겠네요. 나를 수용하고, 내가 착하지 않다는 것도 인정하고 나니 꼭 남들의 말을 따르지 않고 나의 의사를 명확하게 표현할 수 있었으니까요. 그렇게 말하면 어머니는 어떻게 대응하셨나요? E씨의 의사를 잘 들어주고 존중해 주셨나요?

E: 늘 그렇지는 않았어요. 설사 그렇다고 해도 저는 개의치 않을 때가 많았고요. 예를 들어서 제가 조금 이따가 하자고 말씀드려도 "엄마는 그냥 돌릴 거니까 네가 알아서 해." 하시죠. 저는 그래도 "5분 정도 자다 할게." 이렇게 한 번 더 제 의견을 내세우면서 영역을 지키려고 했어요. 그런 게 조금 더 나를 찾아가는 과정이 아닌가 싶어요.

●: 경계를 긋고 영역을 지키려고 했다는 것이 참 인상 깊어요. 그러한 것이 그만큼 E씨에게 중요한 일이었겠네요.

E: 그렇죠. 누군가의 '나', 누군가가 만들어낸 '나'가 아닌, 내가 스스로 만들어낸 '나', 온전한 '나'가 되는 거죠.

E는 자신을 아끼는 것에는 자신을 이해하고 온전히 수용하는 것이 필요하다고 보고하였는데, 이를 통해 의사 표현을 명확하게 하는 것에 도움을 받았다고 한다. 즉, 타인이 원하는 '착한 아이'로서 자신에게 주어지는 모든 요구를 수용하는 것이 아닌, 자신만의 경계를 갖고 영역을 지켜 나가는 것이 E의 자기돌봄의 방식인 것이다. 이러한 경계 설정이 늘 유효하게 작동하지는 않더라도 이를 지키기 위해 분투하는 것은 능동적인 자기돌봄이라고 이해할 수 있다. 또한 E의 자기표현은 가족 내에서 주로 이루어졌는데, 이를

자세히 들여다보면 E가 자신의 영역을 지키는 것이 특히 어려웠던 환경은 가족 구성원 간의 관계임을 예측해 볼 수 있다. 즉 E가 부모님의 요구를 충족하고 착한 자녀가 되려는 시도는 자기돌봄과 충돌하였을 것이다.

●: 그렇군요. 그런데 아까 E씨가 말씀하신 것처럼 그냥 부모님이 뭘 하고 있을 때 "나 지금은 안 할래요. 이따가 할게요." 하는 게 나쁜 일은 아니라고 생각해요. 당연히 법을 어긴 일도 아니고, 또 누군가가 보기에는 그게 전혀 나쁜 아이 혹은 나쁜 자녀의 모습처럼 보이지도 않는데, 그럼에도 불구하고 예전에는 그런 식으로 주장하는 것이 나쁜 것처럼 느껴졌나요?

E: 네. 그런 게 있었어요. "부모님이 하라는 대로 해라." 이런 말 많이 듣고 자라서, 저는 하라는 대로 하라니까 했고, 그러니까 착한 아이가 됐으니까 하라는 대로 안 하면 다들 나쁜 애로 보더라고요.

●: 실제로 주변에서 그런 것을 보거나 경험한 적이 있었던 거네요? 구체적인 예시가 있을까요?

E: 예를 들어서 부모님이 흙탕물에서 놀지 말라고 말씀하셨거든요. 그런데 놀았으면 '옷이 더럽혀졌지? 옷이 더럽혀졌으면 부모님이 빨래를 해야 되고, 부모님이 힘들지?' 그러니까 부모님을 힘들게 한 아이는 이제 착한 아이는 아닌 거죠. 근데 나는 그렇게 안 하고 흙탕물에서 놀지 말라면 놀고 싶었어요. 저도 거기서 첨벙첨벙하고 싶었고, 비 오니까 애들이랑 놀고 싶었거든요. 그런데 참음으로써 저는 착한 아이가 될 수 있었어요. 제가 생각하기에는 부모님을 힘들게 하는 아이는 착한 아이는 아니라고 생각했어요.

●: 부모님을 힘들게 하면 나쁜 아이라는 생각이 E씨의 마음속에 자리 잡고 있었네요. 그렇다면 지켜야 할 규칙도 참 많았겠어요.

E: 그렇죠. 그래도 이제는 나도 하고 싶은 게 있고 내가 태어날 때부터 착한 아이는 아니었던 거니까 꼭 지켜야 하는 것만은 아니라고 생각하고 있어요. 그

냥 빨래를 조금 늦게 한다고 해서 뭔가 부모님께 피해가 가는 것도 아니고. 이제는 내가 하고 싶은 대로 하면서 나를 찾아가고 있는 것 같아요.

●: 당연히 부모님한테 부모님을 공경하고 예의 바르게 행동하고 하는 거는 좋은 거지만 E씨가 놀고 싶었는데도 참았다는 말이 슬프게 들려요. 실제로 부모님을 귀찮게 해드렸다고 했을 때 부모님이나 혹은 꼭 부모님이 아니더라도 E씨를 예전에 돌봐 주셨던 친척분들이나 다른 이웃 어른분들한테 받았던 처벌 같은 게 있었나요?

E: 좀 있었죠. 하지 말라고 하면 대부분 벌칙이 따르잖아요? 법도 하지 말라고 했는데 어기면 처벌이 있는 것처럼, 가정에서도 하지 말라고 하면 작긴 하지만 벌칙이 있긴 하거든요. 부모님의 긴 잔소리라든가, 아니면 손 들고 몇 분간 서 있기 같은 거? 그런 벌칙들이 좀 있긴 했었어요.

●: 말 잘 들으면 착한 아이라는 칭찬이 있지만, 안 들을 때는 작더라도 벌이 기다리고 있었네요. 잔소리라거나 손 들고 서 있는다거나 그런 일도 있었고요.

E: 네. 그게 싫어서 말 잘 들었던 적도 있고, 아니면 그냥 착하다는 칭찬이 듣기 좋아서 그냥 관심이 필요했던 건가? 그런 생각도 들어요. 아무튼 그런 게 필요해서 착한 아이가 됐던 적도 있었어요. 어떤 때는 진짜 내가 너무 하고 싶은데, 부모님이 하지 말라니까 몰래 한 번씩은 해본 적들도 있긴 한데 벌서면서 좀 힘들긴 했지만, 그래도 뭔가 즐거웠던 것 같아요.

●: 규칙이 있고 벌이 있더라도 E씨의 마음을 움직이는 일을 하고 나면 즐거울 때도 있으셨네요. 그런 경험들이 모여서 E씨가 내가 하고 싶은 것을 찾고 내 목소리를 더 내야겠다고 다짐하는 것에도 기여했을 것 같아요. 구체적으로 기억나는 경험도 있을까요?

E: 어렸을 때 일이었는데, 동네 근처에서 도로 만든다고 그 시커먼 흙 같은 거를 가지고 공사를 하고 있었어요. 부모님이 그 가까이 가지 말라 했는데 애들이 그걸로 이렇게 동그란 공을 만들어서 팅기며 노는 게 그렇게 재밌어 보였거든요. 그래서 며칠째 참다가 결국 유혹을 못 참고 저도 가서 공을 만들어서 팅기며 놀았거든요? 제 옷에 다 묻고 그게 지워지지도 않았어요. 그래

서 막 혼나기도 하고 예쁜 옷도 버렸고 했는데, 그 추억이 즐거웠던 것 같아요. 애들이랑 놀면서 뭔가 되게 즐거웠어요. 그때.

●: 예쁜 추억이네요. 크게 의미 있는 일은 아니지만 순전히 재미를 위해서 친구들이랑 같이 이렇게 놀고 하는 일들이 기억에 오래 남는 것 같아요. 그날도 집에 가서 혼나셨어요?

E: 네. 뒤처리가 힘드니까 많이 혼났죠. 이제 부모님이 "이거 옷 어쩔 거야? 이거 벗겨지지도 않고?" 하시면서 잔소리도 하시고 손 들고 서 있기도 했어요. 그때가 여름이긴 했어도 저녁에 쌀쌀하잖아요? 나가 있으라고 부모님이 쫓아내고 이제 잔디밭에서 덜덜 떨면서 있고. 그래도 대부분 다 시간이 좀 지나면 들어오라고 하세요. 즐거웠어요, 그래도.

●: E씨가 말씀하실 때 느낌이 정말 예전의 추억을 떠올리는 아련한 느낌이 드네요. 좋은 추억들이 E씨를 새로운 방향으로 이끌어가는 힘인 것 같고요. 그런데 부모님에게 맞서서 의사 표현을 하는 것에 있어서는 꼭 혼나기에 마땅한 일은 아니지 않아요? 막말을 한다거나 때리거나 하는 나쁜 일들이라면 당연히 혼날 수 있지만요. 예를 들면 뭐 부모님이 이거 하라는데 "나 안 해." 이런 거는 사실 주변에 친구들도 부모님이랑 자주 그러지 않나요?

E: 그렇죠. 친구들이랑도 그런 얘기를 자주 했었죠.

●: 그럼 그 친구들도 막 그렇게 부모님한테 혼나고 그러던가요? 아니면 E씨의 집이 조금 더 엄격한 분위기였을까요?

E: 그렇게 혼나는 애도 있고 안 나는 애도 있는데, 제가 봤을 때는 아주 어렸을 때부터 말 안 듣고 막 안 했던 애는 안 혼내더라고요. 너는 원래부터 그랬으니까 "쟤 또 그러는구나." 하고. 그런데 반대로 원래 안 그러다가 그러던 애는 혼내더라고요. "왜 이렇게 변했니?" 하면서요. 그냥 지금 생각해 보면 어렸을 때부터 그냥 자기 하고 싶은 거 하고 막 사는 게 좋은 것 같아요. 어렸을 때부터 자유분방했던 아이는 부모님이 아무리 나쁜 짓을 하고 진짜 남의 물건 도둑질해 와도 "또 저러네?" 이러고 마시더라고요. 근데 제가 남의 물건 도둑질해 왔다고 하시면 혼나다가 어디 하나 부러졌을 것 같아요. "넌 안

그러던 애가 왜 그랬냐?" 하면서요. 프레임 같은 거죠.

●: 어째서 그런 상황이 됐을까요? 어릴 때부터 E씨가 말 잘 듣는 착한 아이였기 때문일까요?

E: 제가 말 잘 듣는 착한 아이였기 때문도 있고, 부모님이 엄격한 것도 있는데, 제가 좀 착한 아이였던 영향이 좀 크지 않았나 싶어요. 부모님이 아무리 엄격해도 그냥 막 하는 애들은 맞고 난 다음에 또 하더라고요.

E는 심리적인 자기돌봄을 수행하는 것을 어렵게 했던 요인으로 '부모님을 힘들게 하면 나쁜 아이'라는 내면에 자리 잡고 있는 생각에 대해 보고했다. E가 부모님의 말을 듣지 않으면 벌이 뒤따르기는 했지만 그 벌의 강도가 강하지 않았다. 몰래 부모님의 말을 어기기도 할 만큼 강한 억제력이 있지는 않았으며 벌을 받았던 날도 오히려 즐겁게 기억되고 있다. 이를 통해 오히려 E를 오랫동안 억제했던 것은 부모님께 착한 아이라고 칭찬 받고 싶은 마음과 부모님을 힘들게 하면 안 된다는 마음이었음을 이해할 수 있다. 내면에 자리 잡은 생각은 E가 자신의 요구를 관철시키는 것을 방해했을 것이다. 이처럼 칭찬이 강한 구속력을 가지는 것에 대해 E는 '프레임'이라는 용어로 표현하고 있다. 이는 E 역시 자기돌봄이 내적인 정서 및 인지적인 과정에 많은 영향을 받는다고 이해하고 있음을 추측할 수 있다. 다음으로 E는 부모님의 말을 어기고 흙을 가지고 논 것이 대단히 즐거웠던 추억이라고 보고하고 있는데, 이러한 긍정적인 기억은 E가 그러한 경험에 다시 한번 접근하고자 하는 동기를 향상시켰을 것이다. 즉 자기돌봄으로 인한 즐거움을 경험하고 나면 이후에도 비슷한 경험을 다시 추구할 것임을 예상해 볼

수 있다.

●: E씨가 스스로 착한 아이라고 이해한 것이 E씨의 행동에도, 그리고 부모님의 E씨를 향한 기대에도 많은 영향을 미쳤네요. 그러면 이제는 좀 자기를 찾아 가는 그런 과정이라고 하셨고 그게 자기 적응이라고 생각을 한다고 말씀을 하셨는데 최근에 나에 대해서 좀 깨닫고 실천하고 있는 그런 게 있나요?

E: 깨닫고 실천하고 있는 거요? 어렵네요. 원래 저는 좀 재미있고 즐거운 게 있으면 그게 진짜 아무리 어렵고 아무리 힘들어도 파고들거든요. 그런데 요즘에는 인생 사는 게 뭔가 재밌는 것도 없고, 앞으로도 재밌는 것도 없고 즐거운 것도 없을 것 같아서 되게 갑자기 앞날이 캄캄하게 느껴지더라고 요. 내가 이렇게 내가 뭔가를 할 의지가 없는 상태라면 무언가를 할 기회가 생겼을 때도 그거를 할 역량이나 마음가짐 같은 게 안 돼 있을 것 같아서 걱정이 많아요.

●: E씨가 요즘 삶이 재미있지 않다고 느끼고 계시네요. 그런 상태가 오래 지속되 었을까요? 아니면 그 상황에서 벗어나기 위해서 노력하고 계신 상황일까요?

E: 여러 가지 찾아보려고 하고 있어요. 내가 어쩌다 이러나 싶어서 진짜 유튜브 도 보면서 제가 관심 있었던 것들 찾아도 보고 아니면 드라마 보면서 이렇게 그냥 들으면서 언어 공부도 조금씩 더 해두고요. 드라마를 보면 좋은 게 언 어 공부도 할 수 있고 거기서 인물들이 다 직업을 얻고 일을 하고 있으니까 직업을 구경할 수도 있고요. 사람들의 감정 변화나 이런 거 보면서 뭔가 나 의 상황을 대입할 수도 있고, 이래서 좀 흥미롭더라고요. 그런 거 보면서 뭔 가 내가 좋아하는 게 어떤 건지 좀 찾아가고 있어요.

●: 드라마 보면서 언어 공부도 하고 직업 구경도 하고, 감정에 이입해서 내 상 황을 대입하고 성찰하기도 하고요. 많은 것들을 하고 계시네요. 내 상황을 정리해 보는 용도로 드라마를 활용하고 계시네요.

E: 네. 맞아요. 드라마도 종류가 많고 장르도 다양하고 국가도 다양하니까 여러 모로 생각해 볼 점이 많아요.

●: 좋습니다. 그렇다면 최근에도 드라마 보면서 내가 하고 싶은 것을 찾아본 적이 있을까요?

E: 최근에 기억나는 엊그제 본 것은 '지니 앤 조지아'예요. 거기서 '지니'라는 아빠가 여행을 하시는 분이더라고요. 여행하시면서 사진도 찍고 책도 쓰시는 분인데, 그런 거 보면서 나도 직업으로 돈도 좀 벌고 그런 다음에 이렇게 내가 못 돌아본 세계를 보면서 눈도 좀 키우고 아름다운 세계를 보면서 자연도 감상하고 이런 걸 했으면 좋겠다는 마음이 들어요. 그걸 보면서 세계여행도 가고 싶다고 생각했어요.

●: 세계여행을 하는 것을 보고 간접 체험을 하면서 나도 떠나고 싶다고 생각하신 거네요. E씨가 언젠가 꼭 세계여행을 하시면 좋겠습니다. 훌쩍 떠나기에는 아직 준비가 되지 않았다고 느끼시나요?

E: 나이도 나이지만 돈이 없으니 좀 힘들죠. 가려면 빈털터리로 가서 할 수도 있긴 한데, 그래도 뭔가 조금은 풍족해서 가는 게 낫지 않나 생각이 들어요.

●: 그렇죠. 당장 비행기 이런 것도, 비행기값도 비싸고 하니까 그러면 지금은 그냥 드라마 같은 거 보면서 세계여행 가보고 싶다 정도로만 생각하고 계신 거네요?

E: 여행을 가고 싶다는 생각도 한 부분이기는 하지만, 그 드라마에서는 그 사람이 세계여행 가서 느낀 점들을 말하거든요. 거기 가서 좋은 것들을 보면서 아빠는 가족 생각을 했고 이런 것들을 나눠요.

●: 여행 자체보다는 그런 모습이 더 인상에 깊게 남았나요?

E: 네. 맞아요. 나도 그런 곳에 가면 아마도 함께 왔으면 좋았을 누군가를 생각하고, 또 이 기쁨을 나눌 누군가를 생각하고 그걸 누군가에게 보여주고 싶기도 할 테고요. 또는 나 자체로 그냥 자연에 이런 풍경이 있구나, 이런 거에 압도되는 경험도 하고 싶어요. 일상에서 지금 쳇바퀴 돌아가는 것같이 학교, 학원, 집, 그냥 그런 일상보다도, 뭔가 좀 그걸 벗어난 아득한 넓은 세상에서 그런 느낌을 받는 그런 것도 경험하는 게 좋을 것 같아요.

E는 최근 무기력한 상태로 변한 것에 대해 드라마 등의 매체에서 주어지는 자극을 활용하여 대처하고 있다. 드라마에서 세계여행을 하고 자신이 보고 느낀 것을 가까운 사람들과 나누는 장면을 보며 자신도 비슷한 경험을 하는 것이 앞으로의 소망이라고 얘기한다. 일상적인 것이 쳇바퀴처럼 느껴졌던 경험을 보고하며, '아득한 넓은 세상'에서 새로운 것을 보고 들으며 생경한 감각을 느끼고 싶다고 한다. 즉 E의 자기돌봄의 근간에는 세계를 탐험하고 새로운 것을 경험하고 싶은 욕구가 있는 것이다. 앞서 E가 자신의 영역을 지키고 싶다고 보고한 것도 이를 위한 준비 과정으로 밀접하게 연관되어 있다고 볼 수 있다. 그러나 E가 이러한 소망을 실현하는 것의 걸림돌로 '돈'이라는 현실적인 문제가 존재한다.

●: E씨가 자유롭게 세상을 누비는 모습이 상상되는 것 같아요. 그렇다면 요즘 여행을 자주 다니시는지도 궁금하네요.

E: 국내 여행도 포함해서요?

●: 그럼요. 물론 세계여행만큼의 그런 낯선, 새로운 느낌은 못 받을 수 있겠지만, 그래도 국내에서 그래도 비슷한 경험을 해본 적이 있으세요?

E: 국내에서 여행을 몇 번 가기는 했어요. 그런데 제가 여행 가는 데는 대부분 기억이 별로 좋지 않았어요. 저는 가족들이랑 종종 여행을 다녔었다 보니 갈 때는 좋더라도 돌아올 때 대부분 다투고 이러다 보니까 별로 좋지 않았어요. 그 경험 이후로 드는 생각이 그냥 가족 여행 가면 안 되겠구나 싶었죠. 그리고 아무리 즐겁고 재밌고 풍족한 여행이고 시작할 때 즐겁더라도, 끝맺음이 별로이면 그 여행은 진짜 별로인 여행이 되는 거구나 싶었고요. 끝맺음도 아름다운 그런 여행을 하고 싶다 이런 생각도 했어요.

●: 국내의 여행은 여행 장소의 문제라기보다, 같이 간 사람들과의 다툼이 오

래 남아서 좋게 기억되지 않네요. 가족 여행에서는 주로 어떤 문제 때문에 다투게 되었나요?

E: 다투는 이유는 의견들이 맞지 않아서인 것 같아요. 다들 뭐 몇 시까지 가야 되는데 너는 왜 이렇게 늦냐, 아니 아직 몇 시 되지도 않았는데 왜 이렇게 서두르냐, 너는 왜 가만히 있지를 못하냐, 운전하는 사람은 피곤한데 그럼 뒷자리에 가만히 있는 사람은 안 피곤하냐, 솔직히 이런 거 들을 때면 그냥 가족 여행 왜 왔지 싶더라고요. 그래도 다 이번은 아니겠지, 이번은 아니겠지 했는데 세 번 갔는데 세 번 다 그러니까 진짜 이제 가족 여행 가기 싫어졌어요. 갔다 오면 맨날 싸우고 그러니까요. 그 여행이 끝나고 나서 싸운 기억밖에 없어요. 사람의 뇌는 나쁜 것을 제일 많이 기억한다고 하는데 그런 것 같아요. 좋은 기억이 없어요.

●: E씨도 거기서 다퉜어요? 부모님이 하기 싫은 걸 하라고 하던가요?

E: 네. 부모님이 그런 말씀을 하세요. "동생 봐야지, 너는 누나가 되어서는 왜 동생을 안 돌보니?" 가족 여행 가면 "나"가 없어요. 나는 누군가의 누나, 누군가의 자식일 뿐이지 "나"가 없어요.

여행은 E에게 중요한 의미를 가지는 여가 생활이지만 E는 정작 여행을 즐기지 못했던 경험을 보고한다. 가족 여행에서 E는 '동생을 돌보는 누나', '가족을 서포트하는 딸'의 역할을 강요 받는다. 가족의 편안한 여정을 위해 특정한 일을 수행하는 위치에 놓이는 것이다. 이러한 가족 내 분위기는 E가 편안하게 자기돌봄을 수행하고 새로움을 얻고 여행을 즐기는 것을 방해하고 있다.

●: 그런 여행은 E씨가 원하는 것이 아니었겠네요.

E: 그렇죠. 여행은 혼자가 최고인 것 같아요. 그곳에는 오롯한 '나'가 있어요. 내가 선택했고 내가 여정을 짊어 가고 내가 책임도 지고.

●: 그렇군요. 꼭 긴 여행이 아니더라도, E씨가 어딘가로 혼자 떠나본 적도 있을까요?

E: 여행이라고 하기엔 뭐 하지만 제가 인천에 자주 가거든요? 아는 언니가 있어서 그곳에 갈 때는 진짜 내가 원해서 가는 거니까, 올 때도 뭔가 헤어짐은 있지만 그 헤어짐이 참 다음의 만남을 기약하고 하는 헤어짐이라서 그런가 되게 즐겁고 거기 갔다 오면 좀 활력이 돋아요. 인천은 지하철을 타고 가거든요. 1시간에서 2시간 걸리나? 그런데 이제 비좁은 지하철 타고 찬 공기 맞으면서 오랫동안 기다리고, 그렇게 힘들게 가지만 이제 가서 별로 하는 건 없어요. 언니랑 같이 침대에 누워 있거나, 그냥 서로 얘기하거나, 드라마 보는 게 다인데, 그게 그렇게 재밌던 이유가 아마도 제가 하고 싶어서 하고, 제가 가고 싶어서 가고 제가 선택한 길로 가기 때문인 것 같아요. 지하철 잘못 타도 제가 선택한 거니까 '나 잘못 탔어. 바보' 이러면서 웃으며 갈 수 있잖아요. 가족이랑 같이 가면 안 그렇단 말이에요. 지하철 잘못 타면 "시간이 이렇게 맞아야 되는데, 너는 지하철 잘못 타서 이제 늦는데 어쩔 거야?" 그런 소리 듣죠. 혼자일 때는 "시간이 어긋나면 어때? 급하게 안 가고 내일 가면 되지." 이러니까 혼자인 여행이 좀 더 기대되는 것 같아요.

●: 말만 들어도 여유가 느껴지네요. 아는 언니를 만나서 거창하게 뭔가를 하지 않더라도 마음에 편안함을 주는 만남이네요. 그러면 아까 앞으로 세계 여행 떠날 때도 혼자 가고 싶겠네요?

E: 네. 혼자 가서 조금 더 진짜 누군가에게 끌려가는 게 아니라 내가 끌리는 곳으로 가서 뭔가 내가 원하는 걸 보고 싶어요. 그리고 제가 좀 약간 운명, 인연, 우연 이런 거 좋아하거든요. 그래서 좀 그런 운명적인 장소에서 우연히 인연을 만나보고 싶어요. 꼭 사람이 아니라도 동물이든, 집이든, 장소든 좀 그런 경험을 해보고 싶어요. 그러다 보면 나도 누군가에게 우연히 만난 사람이 되거나 누군가의 인연이 될 수도 있잖아요? 그래서 뭔가 내가 끌리는 대로 가서 끌리는 대로 뭔가를 해보고 싶어요. 저한테 가족 여행은 솔직히 내가 가고 싶은 장소를 정하는 게 아니라, 부모님이 정하면 내가 따라가는 방식이거든요. 그게 솔직히 맞는 가족 여행인지도 잘 모르겠어요. 그래서 진짜

내가 원하는 그런 걸 해보고 싶어요. 즐거울 것 같아요.

●: E씨에게는 똑같은 여행이라도 내가 자유롭게 다닐 수 있는지 아닌지가 중요하네요. 그리고 그 와중에 주어지는 우연의 순간들도 기다리고 계시는 것 같고요. 저도 혼자 여행 다니는 것을 좋아하는데 그런 우연한 만남이 여행을 더 즐겁게 하는 것 같아요. 여행 외에도 E씨가 혼자 하거나, 좋아서 자발적으로 하는 것들이 어떤 게 있어요?

E: 소설 보는 거, 드라마 보는 거랑 언어 공부하는 것을 좋아해요. 그림 배우는 거랑 어떤 때는 공부하는 것도 즐거워요. 근데 이제 성적표 나오고 막 시험 어쩌고저쩌고하면 그 순간부터 재미가 없어져요. 그리고 가끔씩은 그냥 아무 목적지 없이 길을 걸어요. 가다가 끌리는 곳이 있으면 들어가고 보고 이러는데 그게 되게 즐거워요. 왜냐면 그 끌리는 곳으로 갔다가 엄청 귀여운 거나 이쁜 거 봤을 때 '너무 예쁘다.' 할 때 그 느끼는 그 감상이 행복이라는 감정이랑 똑같은 것 같아요.

●: 와, 정말 즐거운 순간이네요. 아무 압박 없이, 누가 시켜서 하는 게 아니라 내가 즐거워서 스스로 찾아보고 배우고 할 때 E씨가 평화로움과 행복을 느끼시는 것 같아요. 새로운 것을 발견했을 때 행복한 마음이 드세요?

E: 네. 그때 딱 드는 생각이 '너랑 나는 운명이구나. 난 아무 목표 없이 걸어 나왔는데 예쁜 가게를 봐서 그냥 끌리듯이 내 발걸음을 걸어왔고, 그래서 너를 만나서 내가 이렇게 행복을 느끼니까 너랑 나는 운명인가 보다.' 그런 생각을 하죠. 그래서 조금 더 그런 게 좋은 것 같아요. 뭔가 목표했을 때 만나는 것은 무엇인가를 성취하는 것과 비슷하잖아요. 근데 목표가 없는 상태에서 만날 때는 낯선 행복이 느껴진다고 해야 할까요? 표현하기가 어렵네요. 그런 게 저는 행복하더라고요.

●: 실제로 그런 거 막 운명적인 어떤 물건을 발견하면 구입도 하고 그런 것을 즐기시네요.

E: 그렇죠. 그러기도 하고 어떤 때는 다른 사람을 이제 운명을 위해서 그냥 놓고 오기도 하고요. 나만 느낄 수는 없으니까요. 혹시나 나처럼 그런 걸 원하

는 사람이 있을 수도 있으니까 두고 가기도 해요. 돈이 안 돼서 두고 갈 때도 있고요.

E는 여행에서 목표하지 않은 상태에서 우연한 만남을 즐긴다고 하였는데, 이러한 태도는 무언가를 배우거나 여가 생활을 즐길 때에도 비슷하게 적용된다. 이를 통해 E의 자기돌봄 근간에 있는 욕구는 탐험 등이 포함되어 있음을 알 수 있으며, E가 삶을 수단이 아닌 과정으로서 대하고 있는 것을 확인할 수 있다.

●: 때로는 배려하기도 하네요. 그나저나 무언가를 배우는 것을 굉장히 좋아하시는 것 같아요. 언어 공부하는 걸 좋아해요?

E: 네. 언어 공부하는 거 좋아해요. 뭔가 언어를 배우고 그 단어의 뜻을 이해하게 되면 꼭 내가 모르는 세상의 언어를 이해하고 그들의 감정을 이해하는 것 같은 느낌이 오거든요. 그게 그렇게 행복할 수가 없어요. 사람은 타인을 완벽하게 이해할 수가 없다고 생각하거든요. 왜냐하면 자기 자신도 자기를 완전히 이해할 수 없으니까. 근데 언어를 하나씩 배울 때마다 타인을 이해하는 대로 가는 걸음을 조금씩 조금씩 걸음을 앞으로 딛는 것 같아요.

●: 와, 멋진데요? E씨에게는 언어를 배우는 것이 사람의 감정을 이해하는 징검다리인 셈이네요.

E: 네. 그리고 타인을 이해하면서 나를 이해하는 것에도 조금씩 다가가는 것 같아요.

●: 타인을 보면서 나를 이해하고요?

E: 네. 아무래도 내가 즐거워서 하는 거고, 그럼으로 인해서 나를 채우고, 그러므로 내가 이런 걸 좋아하는구나, 이런 걸 조금 더 알게 되고 확신을 갖게 되니까요. 결국에는 나를 좀 더 이해하는구나, 이런 느낌도 갖게 되는 거죠.

●: 언어를 배우면서 즐거워하고, 그러면 내가 이런 걸 좋아하는구나, 하면서 스스로에게 더 가까워지고 나를 이해하는 거네요. 그리고 나에게 확신을 더 갖게 되고요. 외국어에서 단어를 배울 때 타인을 이해한다는 것도 더 자세히 말씀해 주세요. 어떤 식으로 타인을 이해하게 되나요?

E: 다른 언어를 배움으로써 다른 사람과 교류할 수 있잖아요. 예를 들어서 선생님이 한국말로 하고 제가 영어로 얘기하고 선생님이 영어를 못하신다고 가정했을 때 우리는 아무리 긴 얘기를 하고 아무리 슬픈 얘기를 해도 서로의 언어를 이해하지 못하기 때문에 무슨 얘기 하는지 전혀 몰라요. 근데 그곳에서 아는 단어 한두 개씩 나오면 그때 행복했었구나, 아니면 슬펐구나, 이런 걸 좀 짐작할 수가 있잖아요.

●: 언어가 통하지 않으면 어떤 것도 알 수 없을 텐데, 조금이나마 알 때 서로를 이해할 수 있게 되는 거네요?

E: 네. 그리고 저는 누군가가 행복이라는 단어를 말하는 것을 들으면 꼭 내가 행복한 것 같은 느낌을 받아요. 그래서 언어를 이해하면 그 사람도 조금 더 알게 되는 것 같고요. 제가 사람을 좋아하거든요. 그리고 그 사람을 알게 됨으로써 나도 조금 더 알게 되고, 그러면 나도 더 즐거운 것 같아요.

●: 사람을 알게 되면 즐거워진다는 것이 인상적이네요. E씨는 사람이 왜 좋으세요?

E: 사람이요? 따뜻한 온기를 품고 있어서 좋아요.

●: 근데 세상에는 정말 별의별 사람들이 다 있잖아요? 되게 이상한 사람도 많고 위험한 사람도 있고요.

E: 맞아요. 세상이 넓은 만큼 못된 사람들도 많더라고요. 근데 옛날에는 그런 사람들 진짜 많이 본 몇 년이 있어 가지고, 당시에는 인간을 좀 불신했는데 지내보니까 이런 사람도 있고 이런 사람도 있구나, 이런 걸 알았어요.

●: E씨도 사람을 못 믿겠다고 생각하신 적이 있으시군요. 그런데 변화하셨고요. 어떤 계기가 있으셨어요?

E: 그때는 그냥 받아들이기로 했던 것 같아요. 사회에는 무조건 좋은 사람만 있는 게 아니고, 무조건 악한 사람만 있는 게 아니라는 것을요. 사람은 모순적인 면을 갖고 있는데, 어떻게 보면 그냥 모순덩어리가 인간이라는 것이라는 걸 생각하게 돼서 그냥 인정하기로 했어요. 세상에는 좋은 사람만 있을 수도 없고, 나쁜 사람만 있을 수도 없고 그냥 다 섞여서 살아가니까 세상이 이렇게 다양해졌구나 해서 인정하고요.

●: 나쁘든 좋든 다 어우러져서 살아가는 것이 세상이라고 생각하셨네요.

E: 네. 맞아요. 그렇다면 나는 나에게 맞는 사람을 찾아서 내가 좋아하는 사람을 찾아서 그냥 행복하면 되겠구나 해서 뭔가 내가 느끼기에 좋다 하는 사람들이랑 만나서 얘기하면서 했는데 그냥 따뜻한 온기 같은 게 그냥 좋은 것 같아요. 그 따뜻한 온기가 꼭, 힘이 된다고 해야 되나? 혼자가 아닌 것 같은 느낌을 받곤 해요.

●: 힘을 주는 사람들이 있군요. 주변에 그런 따뜻한 온기를 주는 사람들에는 누가 있어요?

E: 많죠. 부모님도 있고 가족도 있고 친구도 있고, 낯선 사람이지만 이야기를 나눠 보면 똑같은 사람이구나 느낄 때도 있고요. 정류장에서 어떤 아주머니도 만나고 저는 낯선 사람이랑 얘기를 좀 잘해요. 그냥 보다가 눈이 마주치면 아주머니에게 제가 웃으면서 이렇게 인사하고요. 그분도 보시다가 그냥 "학생이에요? 공부 많이 힘들죠?" 그러면 "좀 힘드네요." 이러면 "아이고, 고생했겠다." 이렇게 대화를 나누기도 해요. 나를 알지 못하는 사람이지만 학생이 공부하면서 힘들다는 것을 알아주고 그 건네는 한마디가 나에게는 위로가 되는 것 같아요. 그러면서 자그만 선물도 주고 열심히 하시고 파이팅하라고 주시는 거죠. 그렇게 받으면서 마음이 따뜻하다는 생각을 많이 하거든요.

E는 언어를 배우는 것을 좋아한다고 하였는데 이러한 보고를 통해 E는 자신이 좋아하는 것이 무엇인지 명확하게 알고 있음을

확인할 수 있다. 또한 언어를 배운다는 것은 타인을 이해할 수 있게 해주며, 타인에 대해 알아가는 것은 E가 좋아하는 행위이므로 언어를 배운다는 것은 E가 원하는 일을 가능하게 한다. 그러므로 E에게 언어를 배운다는 것은 자기돌봄의 일종일 것이다.

●: 뜻밖이네요. 왜냐하면 우리가 흔히 되게 세상이 각박해졌다고 느끼잖아요. 사람들이 다들 그런 온기를 잃고, 서로 되게 싸늘하고 그렇게 느낀 사람들이 분명히 많을 텐데 E씨는 다른 것을 느끼고 계시네요. E씨가 세상을 대하는 방식이 무척 흥미롭습니다. 어떤 과정을 거쳐서 지금의 결론에 도달하셨는지도 궁금하고 E씨가 북한에 계셨을 때의 모습도 궁금하네요. 물론 조금 어릴 때 계셨겠지만 기억나는 게 있으신가요?

E: 거기 있을 때 저는 10살 전까지 저는 되게 진짜 되게 순수했어요. 그냥 백지장이라고 해야 되나, 그래서 어른들이 하는 말이면 다 진짜인 줄 알았고, 어른들은 세상의 모든 비밀을 다 알고 있는 사람이라고 생각했어요. 왜냐하면 어른들이 항상 말하기를 "어른 말 들어라. 그러면 다 잘 된다. 어른 말 들으면 안 되는 건 없다." 그렇게 말하셨으니까요. 그래서 저는 어른이 되면 모든 걸 알고 있는 그런 전지전능한 신 같은 사람이 되는 건 줄 알았거든요. 그러다가 10살쯤엔 어른들도 실수하는 모습을 가졌다는 것을 알게 되고, 늘 같은 모습은 아니라는 것을 알게 됐어요.

●: E씨가 어른을 대하는 태도에 변화가 생겼네요?

E: 네. 엄마랑 떨어지고 나서 많이 들었던 말이 "그때는 네 엄마가 있어서 봐줬지만 지금은 아니야." 하는 말이었죠. 옛날에는 내가 뭘 해도 귀엽다고 하더니 지금은 뭘 하면 "엄마가 오냐오냐 키워 가지고 애가 철이 없어서 저런다"고 들으면서 이제 온갖 곳에서 저한테 가시를 꽂아요. 상처만 남았죠. 그래서 이제 사람이라는 게 이리도 악하구나 생각했어요. 제가 봤을 때 웃음만 가득할 것 같은 그 얼굴이 사실은 가면이었다고 생각하니까 소름이 돋더라고요. 그래서 그때는 인간을 안 좋아했었죠. 저도 가시를 물었어요.

●: 상처를 받으면서 나름의 대비책을 찾으려고 노력하셨네요.

E: 맞아요. 찔리지 않기 위해서 살 수 있는 하나의 방법은 방패를 세우는 것보다, 내가 가시를 세우는 거라고 생각했어요. 이제 그때부터 저는 이제 험한 말, 내가 들었던 말을 기억했어요. 이제 제가 가시를 가시에 찔리다 보니까 어떤 말이 아픈지 알아요. 다가오는 사람도 밀어내기도 하고 말도 심하게 했어요. 기본으로 욕설을 깔고 나갔죠.

●: 지금의 모습이랑은 굉장히 다르네요. 아무리 들어도 상상이 잘 되지 않아요. 변화하는 데는 어떤 계기가 있으셨던 거예요?

E: 제가 한국에 와서 어떤 선생님을 만났는데 제가 아무리 가시 세우고 욕하고 막 날카롭게 대하고 뻣뻣하게 대하고 해도 변함없이 저를 대하시더라고요. 제가 날카롭게 대하면 다른 사람들은 "얘가 진짜 그런 기본 것도 안 돼 있더라." 하면서 다 갔어요. 근데 그분은 아니더라고요. 계속 다정하게 물어도 주시고 제가 막 날카로운 말 하면 "기분 안 좋았어? 기분 안 좋은데 건드려서 미안해." 이런 말 하시더라고요.

●: 인내심 있게 기다려 주셨네요. E씨의 마음이 힘들다는 것을 알고 억지로 무언가를 하려고 하지 않으셨고요.

E: 저는 그런 말을 처음 들어봤어요. 제가 막 "뭐야 꺼져." 이런 말 하면 사람들 대부분이 다 "아우, 얘 이상해." 막 이러는데 그분은 저한테 "니 기분이 안 좋았을 때 내가 건드려서 네가 나한테 이렇게 반응하구나. 미안하다." 이런 말을 하시더라고요. 그때 세상에 이런 사람도 있었구나 싶었던 것 같아요. 남의 기분을 먼저 생각해 주고, 그래서 배려하지 못해서 네가 나한테 이런 반응을 했으므로 미안하다 하는 그런 사람이에요. 그때부터 좀 마음을 열게 된 것 같아요.

●: 대단한 분이네요. E씨가 그분과의 만남을 계기로 마음을 열었다니 저도 모르게 감동이 오는 것 같아요.

E: 맞아요. 몰랐는데 세상에 좋은 사람이 이렇게 많구나 싶었어요. 그때부터 이제 말도 예쁘게 하고, 사람도 믿기도 하고요. 원래부터 사람을 좋아했는데,

상처 받아서 밀어낸 거였으니까. 그냥 좋으면 마음껏 좋아해야겠다 하고 이제 상처 받으면 그냥 하나의 경험으로 치고 넘어가자고 다짐했어요. 세상이 넓은데 내가 어떻게 좋은 사람만 만날 수 있을까? 생각하고요. 안 좋은 사람을 만나기도 하지만 언젠가 다시 만나게 될 좋은 사람을 기대하면서요.

E는 사람을 좋아한다고 보고하고 있다. 이처럼 사람을 좋아하면서 그 동시에 수많은 사람 중 하나인 자신을 이해하려고 하는 것이 E가 갖고 있는 성격적 특성이다. 이처럼 타인을 알아가면서 더욱 좋아하게 되었던 경험은 자신을 변화시키고자 하는 다짐으로 연결됐고, 이는 다시 자신을 알아가고 자기를 돌보고자 하는 노력과도 연결될 수 있었다. 이를 통해 타인의 사랑이 스며든 경험은 자기돌봄에도 긍정적인 영향을 미친다는 것을 알 수 있다.

●: 그러면 북한에 있을 때는 방금 말씀하신 그런 선생님이나 길거리에서 따뜻한 말을 건네는 아주머니나 그런 분들이 잘 없었나요?

E: 그건 나였어요. 그런 볼펜 선물해 주고 따뜻한 말 해주는 사람은 저였어요. 근데 저한테 악하게 군 사람들한테는 별로 친절하게 베풀지 않았지만, 길에서 살면서 사람들한테 막 오고, 냄새난다 이런 말 듣는 할머니들한테 빵도 사다 드리고, 물건도 지어다 드리고 물도 길어다 드리고 "괜찮아요? 할머니? 할머니 저런 말 듣지 마세요. 저거 그냥 별로 쓸모없는 말이에요. 안 들으셔도 돼요. 할머니 못 들으셨다 생각하셔도 돼요." 그렇게 할머니들한테 말했어요. 할머니들이 저한테 "되게 착하다." "손녀 같다." 이런 말도 하시고 그때는 그런 따뜻한 사람이 그 시절에는 나였어요.

●: 타인을 감동시키는 것이 오히려 E씨였네요.

E: 맞아요. 그런데 사실 저에게도 그런 사람이 있기를 원했죠. 그런데 다들 먹고살기 바빠서 그런지 그런 사람은 별로 없었던 것 같아요. 다들 인간애도

있고 한데 그것보다 먼저가 자기 살길이라고 해야 될까요? 그걸 챙기는 게 먼저였죠. 여기는 좀 먹을 것도 풍족하고, 내일 뭐 먹을지 걱정하는 것보다 내일 메뉴를 고민하잖아요.

●: 먹고사는 문제가 시급해서 다른 사람을 돌볼 여유가 없었네요.

E: 그렇죠. 그곳에서 내일 어떻게 음식을 먹어야 내가 하루를 더 살 수 있을까, 이런 고민을 하잖아요. 그래서 조금 더 박해진 감이 없지 않아 있긴 한데, 제가 너무 좀 각박해진 사람들 중에서도 가장 급하고 걱정이 많은 사람을 만나서 그랬을 수도 있고요.

●: '어떻게 먹어야 하루를 더 살까' 하는 고민이라니, 마음에 계속 남는 말이네요. 남한에서 하는 고민과는 정말 다르고요. E씨가 고향에 계셨을 때 만난 사람들은 가시 돋친 말들을 하고 배려도 못 하고 그럴 수밖에 없었겠네요.

E: 그렇죠. 환경이 그들을 그렇게 만들었을 수도 있죠. 다들 보면 못사는 사람들은 대부분 거기서 돈 많은 사람들 집 밭일을 같이 해주면서 살죠. 그러다가 일이 한번 있었는데, 소작하시는 분이 거기에서 저녁을 먹고 갔는데 다음 날 그 집에 물건이 몇 개 없어졌어요. 그때 어떤 애가 그 돈 없는 사람네 집에서 없어진 물건 봤다고 말하니까, 이제 "역시 가난한 사람들한테 뭐 주는 게 아니다. 은혜도 모르고 막 우리 집 거 가져갔다." 이런 식으로 흘러가더라고요. 막 이런 것도 있고 도둑질도 많아요. 군인들도 와서 개도 훔쳐 가고 빨래도 훔쳐 가고 먹을 거 지붕 위에 널어놓으면 다 훔쳐 가고 해요. 환경이 너무 박해요. 밖에 뭘 내놓을 수가 없어요. 그래 가지고 박한 환경의 영향이 있었던 것 같아요. 예전에 환경이 영향이 제일 큰가 싶었는데 정리해 보니까 크긴 할 것 같아요.

●: 와, 정말 마음 놓고 살기가 어려웠겠어요. 계속해서 주변을 경계하면서 누가 내 것을 가져가지는 않는지 살펴야 하는 상황이네요. 그런 환경이 E씨에게도 영향을 많이 미쳤던 것 같아요. 물론 E씨뿐만 아니라 다른 사람들에게도 마찬가지고요. 환경이 사람들의 삶에 어떤 영향을 줬을까요?

E: 대부분 보면 자기 살기에 급급하고 바쁜 환경이라는 게 영향을 많이 줬던 것

같아요. 진짜 악한 사람도 있더라고요. 저희 엄마가 제가 그곳에 있을 때 돈을 조금 보내줘서 제가 고모네 집에서 살게 됐는데, 고모들이 말하자면 양육비로 받은 돈을 막 쓴 거예요. 양육비로서도 되게 큰돈이었어요. 그 돈으로 저한테 해준 거는 딱 그냥 옷 두 벌, 신발 하나, 장갑 하나. 얼마 안 해요. 진짜 얼마 안 해요. 근데 딱 그만큼 해주고 그 나머지로는 이제 흥청망청 썼죠. 먹을 거 맛있는 거 먹는 데 쓰고. 저는 그래서 고기를 별로 안 좋아했어요.

●: 어머니가 주신 돈을 너무 함부로 쓴다는 생각에 거부감이 들었던 건가요?

E: 억지로 먹였거든요. 그때 당시에 고기 사다 구워 먹고, 순대 사다 구워 먹고 했는데 정말 저는 싫다고 했는데도 억지로 먹였거든요. "니가 살도 안 찌고 이러면 너 굶기는 줄 안다." 하면서요. 결국 다 토해 내고 배탈 나고 그랬어요. 그리고 이제 남은 돈으로 자기 핸드폰도 사고 치장하는 데 쓰고요.

●: 정말 안 좋은 기억으로 남았겠어요. E씨를 돌보는 게 아니라 거의 보여주기 식이었네요.

E: 그래서 제가 핏줄 얘기하면 별로 안 좋아하는 게, 제 고모였지만 그런 사람도 있고 하니까 가족, 남 이런 거는 그냥 말뿐이 아닌가? 가족이라고 해놓고 하는 짓거리 보면 진짜 남보다도 못하잖아요. 그러고서는 제가 뭐 조금만 어쩌 거면, 심지어 아무것도 없어도 자기 기분 안 좋으면 때리고 구박하고 그랬죠.

E는 북한의 어려운 경제 상황으로 인해 타인의 것을 훔치거나 빼앗는 행동이 빈번하게 일어났던 상황을 보고하고 있다. 본인의 생계를 유지하는 것이 가장 시급한 과제이다 보니 남을 위해 베푸는 행동을 거의 볼 수 없었던 것은 물론, 자기의 것을 뺏기지 않으려고 늘 경계하고 자신의 것을 지켜야 했던 것이다. 이처럼 주변에 대해 경계하고 있는 상황에서는 여유를 가지고 자기의 내면에 접촉하며 위해 주는 것이 어려웠을 것이다.

●: 정말 남보다 못한 가족이네요. 상처가 크셨겠어요. 당시에 고모네 경제 상황이나 가족 분위기는 어땠나요? 고모도 당시의 상황에 많은 영향을 받았다고 생각하세요?

E: 대부분 환경적인 영향이 제일 크다고 생각을 하고요. 그리고 진짜로 그냥 악한 사람이 있기도 한 것 같아요. 마음이 악한 사람에게 환경적인 영향까지 더해지면 그 시너지가 큰 것 같기도 하고요.

●: 그렇죠. 누구에게나 악한 부분은 존재하는데 그게 환경적으로도 자극 돼서 밖으로 분출이 되느냐 그런 차이겠죠. 여러 일들을 계기로 '어른도 다 잘못 될 수 있는 거구나' 하는 깨달음이 있으셨던 것 같아요. 그때 어른들한테 지금처럼 E씨의 의견을 말씀을 못 드렸나요?

E: 저 말하면 맞았어요. "저 이거 싫어요." 하면 맞았고, "저 놀고 싶어요." 하면 맞았고 일 안 하고 자도 맞았고, 전 그냥 툭하면 맞았어요. 제가 생각하기에는 저는 그냥 툭하면 맞고, 밟히고, 머리채 뜯기고, 더럽다는 말 많이 듣고 그랬어요. "나가서 죽어 버려라. 왜 사냐?" 이런 말 어른들한테 많이 듣고 그랬던 것 같아요.

●: 심각하게 들려요. 그때 E씨의 어머니가 같이 안 계셔서 좀 더 심했다고 생각하세요?

E: 좀 보호자가 한 명이 없으니까, 그리고 저희 아버지 직장이 계속 출장 가는 형태여서 아버지도 곁에 없었고 고모네 집에서 살 때니까요. 제 고모들이 저를 다 때리고 막 그랬거든요. 보호자가 곁에 없는 아이는 약자잖아요. 그래서 다들 마음 놓고 괴롭혔던 것 같아요.

●: 북한에서 그런 일들이 좀 많이 있는 편인 것 같아요? 아이를 때리거나 하는 일이요.

E: 제가 생각하기에는 많이 있는 것 같아요. 분명히 저희 앞집에도 의붓엄마랑 같이 사는 애가 있었는데 걔는 맨날 발에 멍들어 있었거든요.

●: 그러면 남한에서 주변에 다른 친구들 보면 나이가 이제 사춘기고 이러니까 부모님이랑 다투고 그러는 모습 보면 어때요? 저도 사실 이런 말 하면 되게

부끄럽긴 한데 부모님한테 엄청 반항 많이 했거든요. 싸우기도 많이 싸우고 대들기도 하고요.

E: 저는 사실 부모님이랑 다투는 애들 보면 "나는 부모님이 없어서 저것도 못 하는데 쟤네는 왜 저럴까. 자기가 얼마나 좋은지도 모르고 투정하는구나." 이랬거든요. 근데 저도 지금 부모님이랑 살면서 자주 다투고 막 싸우고 그래요. 그거는 그냥 사람이 다른 걸 생각하지 않고 그 당시 상황만 생각하고 그런 것 같아요. 그냥 좀 이성보다는 감정이 앞선다고 해야 되나? 저도 가끔씩 보면 이성보다는 감정이 앞설 때가 있고, 감정이 상하면 이성은 날아가 버리더라고요.

●: 근데 그렇게도 생각할 수 있잖아요. 그래도 남한에서는 아이들이 좀 더 자기 의견을 곧잘 말하고 자기를 좀 더 표현하고요.

E: 거기서 제가 의붓엄마랑 같이 살았는데 의붓엄마 동생은 그냥, 의붓엄마랑 의붓엄마 남편이랑 해서 낳은 아이예요. 저희 아빠 아이가 아니고요. 그냥 걔는 그냥 어렸을 때부터 말도 잘 안 들었고 어렸을 때부터 손버릇도 나빴고 그렇대요. 그래서 걔가 뭘 하면 혼내긴 하시는데, 강도가 제가 했을 때보다는 약하다고 해야 되나? 걔는 그냥 자기가 하고 싶으면 했고, 안 하고 싶으면 안 했어요. 나는 그런 걸 해보고 싶었어요. 나도 한 번쯤 누군가가 말하면 "나 싫어." 이런 거 해보고 싶었어요. 지금 와서 많이 하니까 엄마가 되게 싫어하시긴 하지만요.

●: 북한에서도 아이들이 다 그런 건 아니고, 자기표현 잘하거나 어른 말 잘 안 듣는 아이가 있네요.

E: 보면 남한에서도 아이들이 그런 걸 표현하긴 하는데, 저는 옛날에는 여기 애들이 그럴 때마다 "쟤네는 나처럼 힘든 것도 안 겪었고 그냥 공부하라는 공부만 하면 되는데 왜 저렇게 저럴까?" 생각을 했거든요. 근데 이제 지내보니까 공부에 대한 스트레스가 진짜로 어마어마하더라고요. 그래서 그냥 환경적인 차이만 있을 뿐이지 그냥 아이들이 괴롭고 힘들고 이런 거는 비슷비슷하구나 생각했어요. 처음에는 이해가 안 됐어요. 그냥 하라는 공부만 하면 되는데 뭐가 이렇게 문제일까 했는데 보니까 그 하라는 공부량이 너무 과하

더라고요. 힘들 만해요.

●: E씨는 어때요? 좀 부모님이 "공부 잘해라. 공부 열심히 해라." 좀 이렇게 하시는 편인가요?

E: 많이 하시죠. 저랑 얘기하는 게 대부분이 공부에 관한 것이니까요. 솔직히 나에 대해서 궁금한 게 있긴 한가 싶어요. 가끔씩은 진짜 모르겠어요. 부모님이 왜 저렇게 공부에 대해서만 계속 얘기하시는지, 어떤 때는 '나를 사랑해서 공부하라는 거야, 아니면 부모님의 노후를 마련하기 위해서 공부를 하라는 거야?' 하는 생각이 들었어요. 진짜 이해가 안 되긴 한데 그냥 포기했어요. 아무리 말해도 한 귀로 듣고 한 귀로 흘리시더라고요.

E는 북한에서 겪었던 가정 내 폭력적인 분위기에 대해 회고하고 있다. 그러나 이를 북한의 가족 문화 등과 같은 특수한 요인과 연결하여 구조적인 현상으로 이해하기보다는 개인의 특성에 따른 것으로 이해하고 있다. 또한 남한의 사회적 분위기에서는 공부에 대한 압박이 심하다고 지각하며 본인 역시 이로 인해 고통받고 있음을 보고하고 있다.

●: 공부와 관련해서 어머니랑 갈등이 있으시네요. 그런데 E씨도 공부가 즐거울 때가 있다고 하셨는데, 어떨 때 즐거움을 느끼세요?

E: 저는 뭔가 새로운 걸 알아가는 즐거움 자체가 좋아요. 그로 인해서 더 내가 성장하는 것 같을 땐 진짜 즐거워요. 그렇게 보면 공부하는 거 좋아해요. 재밌기도 하고요. 근데 이제 그걸 시험 문제라 하면 이제 그때부터 하기 싫어지는 거죠. 왜냐하면 내가 하고 싶고 즐거움을 느끼는 게 아니라 남이 하라고 해서 하는 거니까요.

●: 그러니까 내가 좋아하는 공부만 할 수 있으면 좋을 텐데요. 때로는 내가 하기 싫은 것도 해야 되잖아요. 특히 한국 학교에서는 그런 상황이 많이 있을

것 같은데요.

E: 그렇죠. 세상 살다 보니까 하기 싫은 것도 해야 되고 원하지 않는 것도 해야 되고, 이러더라고요. 그게 약간 모순적인 거죠.

●: 그러면 그렇게 내가 하기 싫은 공부를 해야 될 때가 있잖아요. 어쨌든 학생이니까 해야 되잖아요. 그럴 때 스트레스는 얼마나 받는 것 같아요? 그럼에도 불구하고 남들 하는 만큼 잘 따라가는 편이에요? 아니면 그것보다는 더 힘들다고 느껴지세요?

E: 수학은 좀 진짜 거의, 거의가 아니라 그냥 포기했어요. 그래도 나머지는 그것보단 나아요. 영어도 지금 포기했다가 '아니야 할 수 있어. 나 원래 늦게 시작한 거니까 지금 알파벳부터 다시 하면 되지. 나 한다면 하는 사람이야. 내가 어떻게 여기까지 왔는데.' 이러고 지금 조금 조금씩 하고 있긴 하거든요.

●: 스스로에게 필요한 응원의 말을 항상 해주고 있네요. 그럼 좀 더 구체적으로 보면 어때요? 영어 공부하는 법이라든지, 영어에 대한 마음도 같이 바뀌었을까요?

E: 맞아요. 그래서 이제는 학교 성적보다는 그냥 내가 원하는 영어에 더 집중하고 있어요. 영어가 학교 성적만 있는 건 아니니까요. 친구들이랑 이제 대화하면서 영어로 공부해야지 이러고 생각하니까, 조금 더 영어에 대한 장벽이 낮아지는 느낌이 들었어요. 조금 더 즐겁고 재밌으니까 지금은 어떤 때는 혼자서 영어로 말해 보기도 해요. 조금 더 나를 위한 방향으로 생각하면서. 근데 수학은 아무리 봐도 쓸데가 없는 것 같아요.

●: 수학은 여전히 걸리는 구석이 있네요.

E: 그래서 진짜 수학은 아무리 하려고 해도 잘 안 되고 마음도 안 생기는 것 같아서 그냥 "인생에 과감한 포기도 있어야 하는 법" 하고 과감하게 포기하고, 나머지를 좀 끌고 가보려고 하고 있긴 해요.

●: 그렇군요. 그런데 이제 영어도 물론 시험을 위해서 영어를 공부하지 않더라도 내가 재밌어서 하면 잘할 수 있는데, 현실적인 문제도 있잖아요? 예를 들어 대학도 가고 이러면 성적도 중요할 테고요. 내가 하기 싫지만 그래도

앞으로의 미래를 위해서 준비하고 그런 게 있나요?

E: 필요한 부분에 대해서는 거의 대부분 노력하고 있는 것 같아요. 학교 성적이나 생활기록부에 적어야 된다고 선생님들이 시키시는 내용이나 하는 것들 중에서는 원하지 않는 봉사활동도 있고요. 솔직히 봉사활동은 자기가 원해서 하는 건데요.

●: 생활기록부에 봉사활동 적어야 돼서 하는 거네요? 어떤 봉사활동인가요?

E: 봉사활동 시간이라 하면 학교 대청소 같은 거 해요. 솔직히 그런 건 봉사활동이 아닌 것 같아요. 제가 생각하기에는 '자기가 그냥 공부했던 책상 치우고 정리했는데 왜 봉사활동 시간을 주지?' 싶은 거죠. 그냥 내가 공부했던 자리 치우고 일하는 건 당연한 거잖아요. 내가 깔끔한 환경에서 공부하면 더 좋은 거고요. 제가 생각하기에는 그게 봉사활동으로 들어가지 않을 것 같기는 한데 들어가서 너무 신기했어요.

●: 봉사활동 기록을 위해서 청소를 하는 거네요. 입시를 위해서나 아니면 개인적인 목적으로 학원 같은 것도 다녀요?

E: 네. 중국어 학원 다녀요.

●: 그건 대학 가기 위해서 가는 거예요? 아니면 E씨가 좋아해서 하는 건가요?

E: 제가 재밌고 즐거워서 가는 겁니다. 그래서 부모님은 제가 시키는 일 잘 안하려고 하면 중국어 학원 끊겠다고 협박을 자주 하세요. "이번 달까지만 중국어 학원 다니고 다음 달부터는 못 다니게 할 줄 알아." 이러시죠.

E는 자신이 재미를 느끼거나 필요하다고 생각해서 하는 공부에는 큰 즐거움을 느낀다. '새로운 것을 알아가는 즐거움' 혹은 '성장'은 E가 계속해서 배우도록 하는 것에 큰 원동력으로 작용하는 셈이다. 이처럼 자신을 즐겁게 하는 것과 자신에게 중요한 가치가 무엇인지 명확히 인식하는 E의 능력은 그가 자기돌봄을 실현하는 것

에 크게 기여할 것이다.

●: 속상하셨겠어요. E씨가 그만큼 중국어 공부 하는 것을 즐기시는 것 같아요. 그렇게 자발적으로 배우고 하는 것을 흔히 자기계발 이런 식으로 부르잖아요. E씨가 생각하기에 자기계발이 무엇을 의미하는 것 같아요?

E: 제가 생각하기에는 자기 안에 있는 가능성, 능력, 재능 이런 걸 다 밖으로 꺼내고 키우고 분출하는 것 같아요. 저 알바 해서 클래스 ○○○이라는 그림 강좌도 듣고 있거든요. 원래 그림 강좌 들으려면 한 달에 얼마씩 돈 내야 되거든요. 근데 생각해 보니까 제 용돈 가지고는 좀 어림없더라고요. 엄마한테 미안하기도 했고요. 그래서 과감하게 두 달 알바 하고 클래스 듣고요. 그리고 제가 귀 안 좋아서 이어폰을 못 끼거든요. 그러면 '귓구멍이 안 좋은 거니까 귀 밖으로 끼면 되지.' 그래서 헤드셋을 샀어요. 이렇게 알바 한 돈을 제가 필요한 곳에 써요. 클래스 ○○○ 과감하게 1년 회원권 끊어 가지고 내년까지 쓸 수 있게 결제도 하고, 이제 저한테 필요한 거 조금씩 사기도 하고요. 저한테 언니가 있다 말씀드렸잖아요. 제가 언니 집에 가면 맨날 언니가 돈 쓰니까 언니한테 돈도 조금 주기도 하고요.

●: 알바를 해서 나한테 필요한 것들을 스스로 채워주고 있네요? 학생이라 바쁘고 알바가 힘들기도 할 텐데 대단하네요.

E: 이렇게 해서 저를 위해서 일하고 쓰는데 이렇게 얘기하면 다 자기계발 잘한다 이러시더라고요. 근데 저는 그게 행복한 것 같아요. 내 이력서에 한두 줄 더 올리려고 하는 게 아니라, 내가 정말 행복하고, 내가 심장이 뛰어서 하는 거여서 행복하더라고요.

●: E씨가 느끼는 행복이 저한테도 전해지는 것 같습니다. 그러면 그런 건 어떻게 생각해요? 물론 이제 E씨처럼 내가 정말 좋고 행복해서 하는 자기계발도 있겠지만, 반대로 그 이력서 한두 줄 더 넣기 위해서 하기 싫은 공부가 필요할 때도 있잖아요. 자격증 공부 같은 거요.

E: 근데 그런 것도 해야 한다고 생각하긴 해요. 왜냐하면 자신이 희망하는 직업

이 있을 거고 그 직업에서 요구하는 기준이라는 게 있잖아요. 그 직업을 하려면 그 자격이 필요한 거고 그렇기 때문에 하기 싫은 그 자격증 공부를 해야 되잖아요. 자기가 그 직업을 희망한다면 하기 싫어도 해야겠죠.

●: 하기 싫어도 꼭 해야만 하는 게 있죠. E씨의 경우에는 어때요?

E: 제가 원하는 일에 필요하다면 해야겠죠. 예를 들어서 제가 원하는 거에 수학은 없으니까 수학 안 해도 될 것 같기는 해요. 근데 제가 하고 싶은 게 생겼는데 거기에 수학이 있다고 하면, 저는 수학을 그렇게 싫어하고 어려워하지만 내가 원하는 거니까 그래도 할 것 같아요. 저는 그때라도 시작을 할 것 같아요. 다시 내가 더하기 빼기로 시작한다고 해도 할 것 같아요. 내가 원하니까요.

●: 그렇군요. 그런 부분에 스트레스를 받지는 않으세요? 필요하다고 생각은 해도 힘들 수는 있잖아요. 내가 이건 하기 싫은데 이 직업을 갖기 위해서 혹은 내가 원하는 대학에 가기 위해서 해야 되는 것에 대해 부담감이나 스트레스가 있으세요?

E: 저는 제가 원하는 일에 포토샵이 필수라고 하더라고요.

●: 포토샵이요?

E: 포토샵 사용할 줄 아는 게 좋다고 해요. 그림 그릴 때도 그거 필요하고 직장 가서도 필요하고, 대학교 가서도 필요하고. 그렇대요. 그래서 무슨 경기 꿈의 대학 그런 거 포토샵 수업도 들었거든요. 처음엔 어려웠어요. 용어도 어려워서 잘 이해가 안 되고 기능도 엄청나게 많아요. 처음에는 부담감이 엄청났어요. '여기에도 필요하고, 저기에도 필요하고 중요한 것이니까 어렵겠지? 어떡하지.' 싶었죠. 하다가 잘못하면 큰일 났다 싶었고요. 그렇게 부들부들 떨면서 시작했는데 내가 너무 크게 부담감을 가져서 그렇지, 막상 해보니까 별로 어렵지 않더라고요.

●: 막상 배워보니까 달랐구나.

E: 맞아요. 그냥 내가 막연하게 두려운 마음에 앞서 더 큰 그림자를 봤던 거죠. 근데 이런 게 좋은 점이 뭐냐 하면 저는 좀 뭔가를 할 때 항상 극단적으로 생

각하고 하거든요. 이게 좋은 쪽이든 나쁜 쪽이든요. 근데 이게 장점도 있고 단점도 있는데, 장점은 극단적으로 생각하면 아무리 어렵고 힘들고 막 하늘이 무너지는 것 같은 경험을 해도 덤덤해요. 왜냐하면 내가 이미 극단적으로 생각해서, 그 상황을 가정해 봤고 거기에 저를 대입해 봤잖아요. 그러니까 저는 그 상황까지 미리 다 생각을 해본 거죠. 그 하늘이 무너진 것 같은 상황에 대입하고 나서 실제로 그보다는 약한 일이 닥쳐오면 그 상황을 좀 타개해 갈 능력이 조금 더 올라가는 것 같아요.

●: 마음의 준비가 충분하게 되어 있다는 거네요.

E: 그런 게 조금 더 느는 것 같아요. 단점은 시작하기가 어렵다는 거죠. 너무 부담감이 크니까 시작하는 것이 두려워지는 게 있죠. 그래도 이제 극단적으로 생각하는 태도에서 도전할 마음만 충분히 갖춰지면 무적이 아닐까 싶습니다.

E에게 자기계발은 "사람의 내부에 있는 가능성, 능력, 재능을 밖으로 꺼내서 키우고 분출하는 것"을 뜻하며, 자기돌봄과 유사한 의미를 가진다. E에게 자기돌봄은 자신을 아끼고 보살피는 것으로, 내가 좋아하는 것을 수행하는 것 역시 자기돌봄에 포함되기 때문이다. 이를 통해서 E가 자신을 더 알아가고자 스스로에게 집중하는 것을 가치롭게 여기고 이를 실현할 수 있는 능력을 갖추고 있는 것은 자기돌봄과 자기계발의 의미를 유사하게 만들었음을 이해할 수 있다.

●: E씨에게 그런 것이 모두 갖춰지는 때가 오는 것이 저도 정말 기대되네요. 마지막으로 오늘 대화 주제가 자기돌봄이었는데, E씨가 생각하기에 나에게 있어서 자기돌봄은 드라마나 소설 보면서 낯선 곳에 대한 꿈을 꾸고 여행을 가고 이런 거라고 말씀을 해주셨는데요.

E: 지금 당장은 그래요. 지금 당장은 제가 할 수 있는 게 그거밖에 없거든요.

●: 그렇죠. 지금 당장 갈 수가 없으니까. 그러면 북한에 있을 때는 어땠어요? 북한에서도 '여행 가보고 싶다'는 희망이 있었나요?

E: 아니요. 거의 어딜 가도 볼 수 있는 것들이 주로 있으니까요. 가고 싶은 곳은 딱히 없어요. 대신 평양은 한번 가보고 싶었어요. 근데 비싸다고 하니까요. 북한에 있을 때 제가 했던 자기돌봄은 그냥 가만히 누워서 상상하는 거예요.

●: 상상이요? 어떤 상상을 말하는 건가요?

E: 미래의 나를 상상하고요. 이렇게 가난한 집이 아니라 조금 더 잘사는 집에서 있다라든가 아니면 뭔가 내가 뭔가를 되게 잘하게 돼서, 능력이 올랐다든가. 상상이니까 내 마음대로 뭐든 할 수 있단 말이에요. 나 때리던 사람들이 다 미안하다고 나한테 와서 빌고 있는 것도 있고요. 그런 거 생각하면서 조금 더 위안을 얻기도 했고, 저는 그래서 자는 시간이 점점 즐거웠어요. 자기 전에 이렇게 상상하면서 그러면서 꿈도 꾸고 그랬는데 그 시간이 저한테는 좀 자기돌봄이었던 것 같아요. 그 시간이 되게 행복했었거든요.

●: 원하는 것을 이룬 모습을 상상하셨네요. 그게 실제로 상상대로 이루어지면 좋겠지만, 어떻게 보면 내가 어느 날 갑자기 부잣집에 가 있을 수도 있는 것도 아니고 어느 날 갑자기 괴롭히던 사람들이 하루아침에 변해서 잘해 줄 수 있는 것도 아니니까 더 괴로울 것 같아요. 어떻게 보면 희망 고문처럼 느껴지기도 하는데요.

E: 이게 희망 고문 같겠지만 그 희망 고문이 진짜 원하고 간절한 사람한테는 고문이 아니라 희망이더라고요. 그걸 믿고 나아갈 수 있는 거죠. 제가 어느 날 부잣집에는 가지 않았지만 여기에 왔고, 제가 옛날에 상상하던 것처럼 그들이 저한테 와서 빌지는 않았지만, 제가 이젠 그들을 이겨낼 수 있는 마음 상태가 됐고요.

●: 고문이 아니라 희망이었네요. 희망이 있어서 미래를 바라보고 견뎌낼 수 있었고요.

E: 그렇죠. 어떻게 보면 희망 고문이고 그렇지만 어떻게 보면 현실 도피이기도 하죠. 현실은 이렇게 막막한데 머릿속에서 꽃밭이나 꿈꾸고 있고. 근데 그

꽃밭을 진짜라고 생각하고 내가 노력하면 이룰 수 있을 것 같았어요. 희망을 불가능하다고 생각해 본 적은 없거든요. 뭔가를 맹신하는 광신도처럼 나는 그게 가능할 거라고 믿었던 거죠. 지금이라고 해서 행복하고 평안한 삶인 것만은 아니지만, 적어도 그때 그런 것에서 벗어났으니까요.

북한에 있을 당시 E는 상상을 통해 자기돌봄을 했다. 자신이 더 부유해지거나 더 능력을 갖춘 사람이 되거나 혹은 자신에게 상처를 준 이들이 사과하는 것을 상상했다. 이는 현실에서는 일어날 일이 희박하여 자칫하면 희망 고문이 되어 E를 더욱 큰 고통에 빠뜨릴 우려가 있다. 그러나 E는 이것이 단지 희망에 그치리라고 생각한 적은 한번도 없었고, 오히려 미래를 향해 나아갈 수 있게 도와주었던 등불이라고 인식하고 있다. 그리고 실제로 E는 상상하던 것을 유사한 형태로나마 실현할 수 있었다. 이처럼 현재의 상황이 개선되리라고 기대하기 어려운 폐쇄적 사회 구조를 가진 북한에서는 '상상'이 자신의 몸과 마음을 지키고 돌보는 수단이 될 수 있고, 특히 E처럼 강인한 성격을 가진 이들에게는 의지하며 나아갈 수 있는 버팀목이 될 수 있었던 것이다.

●: 마지막으로 하나만 더 물어도 될까요? 이렇게 상상하고 희망하는 건 물론 중요한 것이지만 실질적으로 지금 괴롭힘을 당한 나에게 나를 위해서 실질적으로 해줄 수 있는 게 다른 게 없었을 것 같은데요. E씨는 그런 게 버겁지는 않았나요?

E: 그때는요. 뭔가 괴롭히고 나쁜 말 할 때는 그 말을 그냥 한쪽 귀로 듣고 흘리는 거예요. 지금도 제가 그러고 있긴 한데 '쟤들이 나한테 뭐 해준 게 있어? 내가 이만큼 잘하는 것에 무언가를 보태준 게 있어서 저런 말을 하는 거지?'

이렇게 생각하면 그 상처가 조금 작아지기도 해요. 맞을 때는 아파요. 엄청 나게 아파요. 막 피도 나오고 그런데 맞고만 있으면 안 되더라고요. 같이 때리면 돼요. 그러면 아프지만, 나도 상대를 같이 때렸다는 이 느낌으로 인해서 마음이 풀리는 것 같아요.

●: 그런 말을 듣는 상황 자체는 바꿀 수 없더라도, 그 말을 듣는 내 마음가짐은 마음대로 할 수 있으니까, 그걸 바꾸는 것만으로도 많은 도움이 된다는 뜻이네요. 또 맞을 때도 최소한 내가 방어나 그 사람을 공격하기라도 하면 마음이 풀린다는 뜻이고요.

E: 맞아요. 처음에는 몇 년 동안은 계속 맞기만 했어요. 왜냐하면 난 아이고 그게 어른이니까. 그래서 저는 때리면 맞았어요. 근데 어느 순간 '제가 이렇게 살 바에는 그냥 죽자.' 해서 죽으려고 강에 들어갔어요. 어렸을 때는 엄청 무서웠고 강이 깊고 물살도 세다고 생각했거든요. 근데 강이 실제로 들어와 보니까 무릎 위까지밖에 안 오는 거예요. 근데 멀리서 보기만 하고 가까이 가보지를 않으니까 그렇게 깊어 보였던 거죠. 갑자기 머릿속에 어떤 생각이 파밧 떠오르면서 '내가 왜 죽어야 되지? 나 여태껏 태어나서 불법 저지른 적도 없지, 남한테 해 끼친 적도 없지, 왜 죽어야 되지?' 싶었어요. 이러다 보니까 갑자기 이렇게 머릿속에 또다시 휙 돌면서, '그럼 내가 왜 맞고 있어야만 돼? 상대가 어른이라는 이유로? 그럼 아이는 맞아야만 돼?' 이러다 보니까, 그때부터는 때리면 같이 때렸어요.

●: 강을 보면서 생각이 180도 변했네요.

E: 제가 어른만큼 때리지도 못했고 악력도 약했지만, 그래도 저 때리고 이럴 때마다 그래도 머리끄덩이 하나는 잡았고 주먹 하나는 나갔어요. 반항을 계속했어요. 말로도 하기도 했고. 반항할수록 더 맞긴 했지만 내 마음은 조금 풀리고 좀 더 편안해졌어요. 맞은 양은 더 많지만, 내 마음은 편안했어요.

●: 내 마음만은 편안하다? 어떻게 보면 싸우느라 더 지치고 힘들었을 수도 있겠다 싶은데요.

E: 누군가는 애가 어떻게 어른을 때리냐 막 이러는데, 그럼 반대로 어른이 어떻

게 애를 때려요? 아직 정신적으로도 덜 성숙하고 육체적으로도 불완전한 그런 애를. 어른이 나쁘지. 때로는 생각만 하는 게 아니라 행동하고 실천하는 것도 필요하다고 생각해요.

●: 어떻게 보면 맞서서 싸우는 게 E씨한테 위로가 됐던 거네요. 나 잘못한 거 없고, 아이를 때리는 당신들이 나쁜 거야, 이렇게요.

E: 그렇게 정리할 수 있죠.

●: 좋습니다. 오늘 E씨와 나눈 대화 덕분에 여러 가지를 생각하게 됐던 것 같아요. 감사합니다.

E는 자기돌봄에 대해 대화하면서 자신이 좋아하는 것을 명확하게 인지하고 실천하는 것이 자기돌봄임을 명확히 하고 있다. 이와 더불어 북한의 억압적이고 폭력적인 사회 분위기에서 살아남기 위해 수행했던 다양한 대항 행위 역시 자기돌봄에 포함된다는 것을 보고하고 있다.

E가 자기돌봄에 대해 가지고 있는 생각과 경험한 바를 정리하면 다음과 같다. 첫째, E가 생각하는 자기돌봄의 정의란 "스스로가 자신을 아끼고, 사랑하고, 보살피는 것이자 나를 인정하는 것"을 의미한다. 이를 달리 표현하면 '자기애'와 유사하다고 언급하고 있다. 또한 E가 실제로 수행한 자기돌봄 행위는 이러한 정의에 따라 자신 내면의 목소리에 따른다는 특성을 지니고 있다. E는 자기돌봄 근간에 자리 잡은 '내면에 충실하고자 하는' 욕구에 따라 자신이 좋아하는 것이 무엇인지 끊임없이 고민하고, 타인과의 '교류'와 같은 키워드로 구체화하여 이를 가능하게 하는 것은 모두 자기돌봄으로 인식하고 있다. 그렇기 때문에 E에게 언어를 배우는 것은

강제성이나 필요에 의해 의미를 가지지 않고, 자신이 좋아하는 '교류'를 가능하게 하는 징검다리로서 인식된다. 또한 여행 역시 생경한 경험과 넓은 세상에 압도되는 경험을 선사함과 동시에 타인과의 만남을 이끄는 등 '교류'를 원활하게 하는 장으로서 기능한다. 요약하자면 E에게는 자신이 좋아하는 행위를 하는 것은 자신을 사랑하고 아끼는 것을 뜻하므로 모두 자기돌봄에 포함된다.

둘째, E의 북한에서 자기돌봄 경험 역시 자신을 지키는 것과 밀접하게 관련되어 있다는 특징을 지닌다. E가 북한에서 수행한 자기돌봄은 부모님에게 자기표현을 하는 것, 타인이 나를 공격할 때 반격하는 것이었다. 그리고 수동적인 방식으로, 불운한 환경에서 벗어나는 상상을 하는 것도 포함된다. 이러한 행위의 수행을 방해하는 것은 어른의 말을 어기면 나쁜 아이라는 관념과, 이것이 내면화되어 부모님을 힘들게 하면 안 된다는 사고였다. 이로 인하여 E가 자신만의 경계를 짓고 보호할 수 있는 범위가 협소해져서 자기돌봄을 실천하는 것을 방해했다. 이와 더불어 먹고살기에 급급하여 각박해진 북한의 사회적 분위기도 한몫 하였는데, 늘 자신의 것을 지키기 위해 경계를 세워야만 하는 상황에서 나에게 집중하고 나를 위한 무언가를 수행하기는 어려웠을 것이다. 특히 인간적인 교류를 중요하게 여기는 E에게는 이로 인한 부정적인 영향이 더욱 컸으리라고 예상해 볼 수 있다. 그럼에도 불구하고 E에게 희망이 되고 E가 변화하도록 도와준 요인은 어른의 말을 어겼음에도 불구하고 친구들과 재미있게 놀 수 있었던 어릴 적의 경험으로, 이것이 오래 기억에 남아 E에게 순종적인 아이가 아닌 다른 대안을 탐색하도록 동기부여 하였다.

마지막으로, E에게는 자기계발과 자기돌봄의 의미가 대동소이하다. 이는 E에게 자기계발이란 "자기 안에 있는 가능성을 꺼내고 키우고 분출하는 것"으로, 이것 역시 자기를 위해 주는 것에 포함되기 때문이다. 이처럼 E가 자기돌봄을 의미화한 것은 자기계발과 자기돌봄을 유사하게 지각하도록 하였고, 자신의 발전이 곧 자기돌봄으로서 작용하는 결과를 낳았다고 이해할 수 있다.

6. 종합

청년 여성 5인의 자기돌봄에 대한 생각과 경험을 정리해 보면 다음과 같다.

A	자기돌봄의 정의와 특징	−노화 방지, 건강 챙기기 −주로 신체적인 자기돌봄이 두드러지나, 신체적인 것과 정신적인 것 사이의 밀접한 연관성을 인식하고 있음
	북한에서의 자기돌봄	−실천: 좋은 음식을 잘 챙겨 먹는 것 −특성: 정보의 제한으로 인해, 사회계층 요인이 자기돌봄에 큰 영향을 미침을 인식함
	남한에서의 자기돌봄	−실천: 걷기, 달리기 −장벽 요인: 시간 및 돈의 부족. 다만, 절대적인 것보다 북에 두고 온 가족에 대한 미안함 등 심정적인 제약이 더 크게 작용함 −자기돌봄에서 중요한 것: 자족하는 것이 성공적인 자기돌봄의 비결
	자기계발	−

B	자기돌봄의 정의와 특징	-나를 더 사랑하는 것 -개인주의처럼 느껴짐
	북한에서의 자기돌봄	-특성: 경제적인 부유함과 너를 위해 살라는 부모님의 말이 큰 영향을 미침. 자유로운 이동의 제약과 경제적 제약으로 인해 자기돌봄이 제약된다고 인식함
	남한에서의 자기돌봄	-실천: 필라테스, 체력을 기반으로 한 여유 있는 사고, 우울한 생각에 빠지지 않도록 알바 등으로 바쁜 시간을 보내기 -장벽 요인: 시간 부족, 또래 비교에서 오는 스트레스 -남북 비교: 북한과 선택의 폭이 다르고, 원한다면 뭐든지 할 수 있음 -자기돌봄에서 중요한 것: 스스로 만족할 만한 성취 이후 엄격한 자기 통제 기준이 완화됨
	자기계발	-정의: 나중의 나를 위해 무언가를 찾아가는 것 -자기돌봄과 비교: 시점의 차이. 자기돌봄은 현재, 자기계발은 미래. 그러므로 자기돌봄을 위해 자기계발 하나, 현재를 즐기자는 생각도 동시에 갖고 있음
C	자기돌봄의 정의와 특징	-살아가기 위해서 정신적으로 그리고 체력적으로 필요한 것들을 스스로 케어하는 것
	북한에서의 자기돌봄	-특성: 서로 나누고 챙겨주어 따뜻한 분위기
	남한에서의 자기돌봄	-실천: 밥 잘 챙겨 먹는 것, 운동하는 것, 억지로라도 웃고 생각 내려놓기, 주변과 싸우지 않게 의사소통 방식 바꾸기 -보호 요인: 학교 수업과 직업 유지 동기, 상담에서의 지지 -장벽 요인: 억지로 웃고 잘 지내는 것이 가면을 쓰고 있다고 느껴짐. 출신지에 대한 폭언과 예기치 못한 폭로, 열악한 근무 환경, 비용 및 정보 부족, 이방인으로서의 정체성 -남북 비교: 남한은 차갑고 알아서 챙겨야 하는 느낌 -자기돌봄에서 중요한 것: 정부에서 다방면에서 신경 써주어, 교류하며 관계자원을 구축해나갈 수 있도록 지원하는 것
	자기계발	-정의: 하고 싶은 일에 도달하기 위해서 노력하는 것 -자기돌봄과 비교: 자기계발과 자기돌봄이 서로 상충함

D	자기돌봄의 정의와 특징	-책임질 수 있는 범위 안에서 신중하게 선택해 나가는 것. 나를 버리지 않는 것
	북한에서의 자기돌봄	-특성: 어릴 때 부모와 이별하고 친구도 없었던 탓에 관계를 통한 자기돌봄의 경험이 거의 없음
	남한에서의 자기돌봄	-실천: 혼자만의 시간을 갖고 나만의 경계를 지키는 것 -보호 요인: 자신과 비슷한 배경의 친구가 보내는 연대와 지지 -장벽 요인: 타인의 시선에 대한 과도한 인식, 혹독한 다이어트 등 외모에 대한 강박관념, 미충족된 관계 욕구, 스트레스 및 정서 자각 능력의 부족
	자기계발	-정의: 한순간이라도 즐거운 시간을 보낼 수 있는 것이며, 즐거움은 성취감과 자유로부터 옴
E	자기돌봄의 정의와 특징	-내가 내 자신을 아끼고 사랑하고, 보살피는 느낌. 자기애, 나를 인정하는 것
	북한에서의 자기돌봄	-실천: 부모님에게 자기 표현하기. 괴로움에서 벗어난 자신의 모습 상상하기 -특성: 부모님을 힘들게 하면 안 된다는 생각에 자기 희생. 각박하고 다른 사람에게 베풀 여유가 없는 탓에 늘 경계하고 살아야 하는 북한의 상황이 자기돌봄에 제약이라고 느낌
	남한에서의 자기돌봄	-실천: 언어 공부 -보호 요인: 타인과 연결되고자 하는 욕구, 사람에게 감동 받고 타인을 사랑하게 되었던 경험, 드라마 등 매체를 통한 정보 획득 및 동기 고양 -장벽 요인: 금전적 제약 -남북 비교: 각 개인이 누릴 수 있는 여유에서의 차이 -자기돌봄에서 중요한 것: 자신에게 중요한 가치가 무엇인지 명확히 인식하는 능력
	자기계발	-정의: 자기 안에 있는 가능성, 능력, 재능을 다 밖으로 꺼내고 키우고 분출하는 것 -자기돌봄과 비교: 자기돌봄이 스스로를 더 알아가고 집중하는 것이라는 점에서, 자기돌봄과 자기계발은 유사한 의미를 가짐

5인의 인터뷰를 통해 각자의 자기돌봄의 정의가 다르다는 것을 확인할 수 있다. 자기돌봄이 무엇인지에 대해 자신만의 아주 구체

적이고 확고한 정의를 지닌 경우부터 시작하여, 정신적인 것과 신체적인 것을 아우르는 정의를 내린 경우, 언어로 표현하는 것을 어려워하는 경우 등 다양하게 나타났다. 이를 통해 자기돌봄의 발달 단계가 모두 상이하다는 것을 확인할 수 있고, 이를 촉진하거나 저해하는 요인에 대해 더욱 깊게 살펴볼 필요가 있겠다.

남북한의 사회 분위기가 자기돌봄에 어떠한 영향을 주었는지에 따라서는 각자 긍정적인 요소와 부정적인 요소를 다르게 인식하고 있다. 북한에서는 서로 챙겨주고 돌보아주는 집단주의적 분위기이기 때문에, 관계 속에서 자기돌봄을 실천할 수 있었다는 보고가 있었다. 반면 이러한 집단주의가 오히려 스스로에게 집중하는 것을 방해하고, 자유가 부재한 상황에서 진정으로 자기를 위하는 것이 무엇인지 생각할 수 있는 시간이 적었다는 점에서 자기돌봄에 부정적인 영향을 주었다고 인식한 이들도 있었다. 그러나 남한의 개인주의적 문화와 많은 선택이 존재한다는 것이 이들에게 다소 차갑게 느껴지고 있음을 주목해 볼 필요가 있겠다.

이들 사이의 또 다른 공통점은 자기돌봄을 저해하는 요인으로 시간과 돈의 제약이 유사하게 드러났다는 점이다. 또한 이들의 직업이 간호사, 미용사 등으로 한정된다는 점을 동시에 고려한다면, 남한에서 정규 교육을 받을 기회가 부족하여 직업 획득에도 제약이 생겨 이것이 차례로 시간과 돈, 그리고 자기돌봄에도 영향을 주었을 가능성을 고려해 볼 수 있다. 북한이주민들의 자기돌봄 양상에 영향을 미치는 직업적 다양성의 부조에 대해 더욱 깊이 있게 살펴볼 필요가 있겠다.

또한 관계에 대한 욕구가 자기돌봄에 많은 영향을 미치고 있다는 것도 공통적으로 드러난다. 관계에 대한 강한 욕구로 인하여 타인에게 헌신하고 자신을 돌보지 못하는 경우가 있었고, 타인과 연결되는 것이 곧 자기돌봄의 실천이라고 보고한 이도 있었다. 또한 늦게 남한으로 이주한 탓에 관계망이 부족한 것이 자신의 약점이라고 인식하여 스트레스를 받기도 하였고, 정부에서 북한이주민을 위해 이들이 보다 긍정적으로 인식될 수 있는 장을 마련하고 관계망을 구축할 수 있게 지원해야 한다고 요구하였다. 관계는 북한이주민뿐만 아니라 전 인류에게 있어서 자기돌봄을 지원하거나 때로는 방해하기도 하는 요인이라는 점은 분명하다. 다만 이들이 완전히 새로운 곳에 정착하여 0에서 관계망을 만들어 나가야 한다는 어려움과 더불어, 어릴 적 부모와 헤어지거나 몇몇 가족을 남겨두고 남한으로 이주하여 관계 욕구에 더욱 취약할 수 있다는 점이 반드시 고려될 필요가 있다.

　마지막으로 자기돌봄과 자기계발의 정의와 둘 사이의 관계에 대해서도 상이한 답변이 나타났다. 어떤 이는 서로가 상충한다고 인식한 반면, 어떤 이는 자기돌봄이 곧 자기계발이라고 생각한다고 답변하였다. 이는 자기계발의 이면에 있는 욕구가 상이하다는 점을 연관 지어서 보다 자세히 살펴볼 수 있겠다. 자기계발이 단지 자신을 위한 것이라고 생각한 경우는 주로 직업적인 성취뿐만 아니라 자신이 더욱 행복해지는 것 역시 자기계발의 범위 내에 속한다고 보았고 이들의 구분이 모호했다. 그러나 자기계발이 무언가를 향한 수단이라고 인식한 경우에는 자기계발과 자기돌봄이 서로의 영역을 빼앗는 관계이며 이들의 균형을 유지하는 것이 중요하다고 인식하였다.

본 연구는 북한이주민 중에서도 청년 여성들이 경험한 자기돌봄을 다면적으로 살펴봤다는 의의를 가지나, 이것이 동시에 북한이주민들의 자기돌봄 양상을 폭넓게 살펴보는 것에는 한계점으로 작용했을 수 있겠다. 또한 자기돌봄에 대한 지각과 자기돌봄의 경험, 자기돌봄을 더욱 잘 실천할 수 있는 문화에 대한 인식 등이 참여자 간에도 상이하게 나타났는데 이러한 경험 및 인식의 차이에 영향을 준 요인이 무엇인지 밝히지 못했다는 한계가 있다. 보다 구체화·구조화 된 질문을 통한 질적 연구와 더불어, 직업 및 사회·경제적 지위 등과 자기돌봄 사이의 관계를 밝혀낼 수 있는 다양한 양적 연구의 필요성이 시사된다.

제2장 중장년세대의 자기돌봄

2021년 봄, 전주람은 서울 소재 한 복지관으로부터 북한이주여성들이 자기돌봄을 잘 수행할 수 있도록 프로그램을 기획하고 운영해 달라는 제안을 받고, 탈북여성을 대상으로 2021년 6월 4일-7월 2일까지 총 4회 "다시, 봄"이라는 제목으로 포토보이스 연구방법론을 활용하여 북한이주여성들을 위한 자기돌봄 프로그램을 진행하였다.

본 연구에서는 질적연구방법론 중에서도 캐롤라인왕이라는 연구자가 1994년부터 시작한 포토보이스 연구방법론[1]을 택하였다. 참여자들은 포토보이스를 활용하는 과정에서 스스로 그 주제에 대

---

1   포토보이스(photovoice)는 참여적 행동연구(Participatory Action Research)라고 일컬어지는 연구방법으로 공동체 기반의 참여 연구(community-based participatory research)로써, 연구 참여자가 주제를 정하여 일상생활 속에서 사진을 찍어 생각을 표출하는 대표적인 시각적 질적연구방법론이라 정의할 수 있다. 특히, 참여자들은 개인의 경험을 기반으로 연구자들과 함께 연구목표의 설정, 자료수집과 분석 및 연구결과를 공유하는 책임을 가진 공동 연구자로서 역할을 맡게 된다는 점에서 참여자의 주도적 참여 성격이 강하다.

한 문제의식을 공유함은 물론 사진을 통해 생각과 가치관을 표현함으로써 인식의 확장과 더불어 타인과 의견을 나누며 비판적으로 생각할 수 있는 기회를 가질 수 있었다. 프로그램에 참여했던 여성은 모두 12명이었으며 간략한 정보는 다음과 같다.

	연령	성별	탈북시기	고향	가족 수
연구참여자 1	50세	여	2006년	강원도 신포	1
연구참여자 2	53세	여	2017년	양강도 혜산	3
연구참여자 3	38세	여	2020년	함경북도 청진	1
연구참여자 4	60세	여	2006년	평안남도 안주	1
연구참여자 5	38세	여	2019년	양강도 혜산	3
연구참여자 6	31세	여	2015년	함경북도 청진	1
연구참여자 7	45세	여	2014년	양강도 혜산	3
연구참여자 8	43세	여	2006년	양강도 혜산	2
연구참여자 9	58세	여	2018년	함경도 김책	2
연구참여자 10	52세	여	2006년	함경도 무산	3
연구참여자 11	54세	여	2004년	평양직할시	1
연구참여자 12	65세	여	2004년	함경북도 온성	1

이 장에서는 위 탈북여성들 중에서 총 4명을 선별하여 보다 구체적으로 자기돌봄의 내용과 회복 과정을 소개하고자 한다.

1. '자기'가 충만한 삶으로 나아가는 60대 A씨

본 장에서는 북한에서는 '자기'를 인지하고 돌보기 어려웠던 60대(2014년 탈북, 함경북도 온성) A가 남한에 온 뒤로 점차 변화한 경험에 대해 다루고자 한다. A가 생각하는 자기돌봄이 무엇인지 정의를 확인한 후, 과거와 현재의 삶을 함께 살펴볼 것이다.

●: A씨, 반갑습니다. 오늘 저희 '자기돌봄'에 대해 얘기해 보려 해요. 먼저 '자기돌봄'이라는 단어를 들으면 어떤 게 떠오르세요?

A: 글쎄, 잘 모르겠네요.

●: 그죠. 생소하실 수 있을 것 같아요. 남에서 태어났건, 북에서 태어났건 이 주제 자체를 이야기해 볼 기회는 많지 않은 것 같아요. 그런데 자기돌봄이 어려운 개념은 아니에요. 그냥 자기를 돌본다는 것. 자신의 건강한 생활을 유지할 수 있도록 하는 것. 별거 없죠? 그리고 단어 두 개가 합쳐진 개념이 잖아요. '자기'랑 '돌봄.' 그럼 먼저 '자기'가 뭘까요?

A: '나'겠죠? 잘 모르겠네요.

●: 네. 한 어머니가 그러시더라고요. 이전 북에서는 '나'는 없고 무조건 남편, 국가만 있었다고. 그런 일만 했지 언제 나를 돌보냐고. 그런 생각을 전혀 못 하셨다고 하더라고요. 그럼 '돌봄'은 뭘까요?

A: 글쎄, 뭘 다 큰 걸 돌보나요. 아직은 조금 잘 와닿지 않네요.

●: 그럼 좀 더 구체적으로 살펴볼게요. 북한에서 사실 때, 기억나세요? 너무 오래되긴 했네요.

A: 그죠. 남한 온 지 10년이 넘었으니. 중국에서도 있었으니까, 북한에서 나온 지는 20년 됐네요.

●: 정말 오래되셨네요. 그래도 성인이 되시고 나서도 북한에서 사셨으니, 거기서는 무엇을 돌봤는지 궁금해요.

A: 거기선 '나'를 돌본 건 없었어요. 말하셨던 대로 신랑 돌보는 거. 새끼 돌보는 거. 나라를 위해 바치는 거. 정말 충성했어요. 결국 나라를 돌보는 거죠.

●: 나를 돌보는 게 아니라.

A: 그죠. 나를 돌본다는 생각도 못 했고. 저는 무대에 나가서 선전하는 일을 했

어서, 내가 화장할 때는 무대에 나갈 때만 했어요. 어차피 조명을 받아야 하니까. 근데 그건 일반 화장이 아니고, 진짜 무슨 뺑끼칠[2]하듯 했어요. 거의 분장.

●: 내가 예뻐지려고 하는 건 아니었네요.

A: 그런 생각은 하지도 않았어요. 맹물에 세수를 하니까 빤질빤질하게나 다녔죠. 북에서는 나를 위해서는 크림 한 통도 안 썼어요.

●: 그럼 거기선 내가 어떤 사람이라고 생각했어요?

A: 여자는 의무적으로 자식을 낳고 살아야 하는구나를 법칙으로 생각했죠. 결혼해서 애 낳고, 그런 거에만 신경 썼지… 뭐 나 하나에 대해서는 생각하지도 않죠. 먹는 것은 물론이고.

●: 어떻게 보면 '나'는 없었네요.

A: 그래. 내가 없었죠.

●: 그런 와중에도 혹시 목욕도 하고, 장마당 가서 예쁜 것도 사고. 그런 게 있진 않았어요?

A: 그런 건 없었어요. 나는 북에서 그나마 시내 생활을 했으니 목욕탕에서 목욕은 했긴 했어요. 아마 시골 사람들은 상상도 못 했을걸요. 그리고 나를 위해 사는 거 그런 건 전혀 없죠. 배급처럼 내주는 것으로 치장하고, 사계절 옷을 내주면 입고. 신발까지 받았어요. 여름옷은 치마랑 바지 두 벌씩 내줬었는데, 그거 받으면 그것만 입었죠.

●: 나의 존재감 같은 것은 생각할 겨를도 없네요. 깊이 생각할 수도 없고. 국가에서 생활총화 한다고 과제 주어지면 하고. 수동적이네요.

A: 네. 부르면 뛰쳐나가고. 자유가 없죠. 자유가.

---

2 페인트칠을 뜻한다.

A에게는 '자기돌봄'이라는 개념 자체가 아직은 어색하고 생소하다. 물론 아래의 여러 증언을 통해 A가 남한에 온 후 자기돌봄을 자연스럽게 행하고 있고, 그 개념을 체화했음을 알 수 있다. 그러나 과거 북한의 삶에서는 자신을 돌보는 것이 생소했기에, '자기돌봄'이라는 개념을 인지적으로 정립하는 것이 아직 생소한 것으로 나타난다.

자기돌봄을 '자기'와 '돌봄'으로 분리해서 보았을 때, '자기'는 단순히 '나' 정도로 정의되었으며, 그 이상의 개념으로 확장하는 것에 어려움을 보였다. 또한 '돌봄'의 경우에도 다 큰 자신을 무엇을 돌보냐며 반문하는 모습에서 자기돌봄이 잘 와닿지 않는다는 것을 발견할 수 있다. A는 과거 북한에서는 자녀, 신랑, 나라를 위해 바치고 나라를 돌보는 것만이 존재하였다고 증언하는데, 이는 북한이 체제 유지를 위해 나라를 위한 희생을 최우선적 가치고 있기 때문이다(한나, 이승연, 2015). 특히 현재 노년기로 접어든 A의 경우, 현재의 청년 세대보다 북한의 가부장적 가족주의와 남존여비 사상에 영향을 받아왔다. 이에 여성인 A는 의무적으로 자식을 낳고 살아가는 것이 가장 중요한 가치로 여겨 왔을 것이다.

또한 북한은 배급제로 개개인의 물품을 제공하고 있으며, 개개인의 존재 가치와 특성을 고려하지 않는 문화이다(이현주, 2011). 따라서 과거 A는 자신을 위한 사소한 물품을 고르고 사는 경험 자체도 부재했기에 '자기'라는 존재를 위한 소비활동을 할 기회가 없었다.

●: 북에서는 정말 주체적으로 '나'에 대해 고민하기 어려우셨을 수 있겠어요. 내가 어떤 환경에 있는지가 참 중요한 것 같네요. 남한에 오시면서는 좀 다르셨겠어요. 텔레비전만 봐도 자아나 건강을 챙겨야 한다는 프로그램이 많고.

A: 그때 내가 정신 차렸어요. 어느 날 텔레비전을 봤는데, 거울 앞에 서서 '나는 나를 사랑한다'라고 표현하래요. 그때 '아!' 싶었죠. '나를 사랑한다'라고 말하며 얼굴, 표정 관리를 하라는 거예요. 그 이야기를 들으면서 '아, 그렇구나.' 싶으면서, 내가 진짜 인상만 쓰고 다녔지 펴본 적이 없는 거야. 그래서 그때부터 표정 관리를 시작했어요. 웃는 게 이쁘지, 아무래도.

●: 그런 말을 처음 들었을 땐 어땠어요?

A: 그때는 우리가 이제 어두운 생활을 했으니 표정들이 다 웃음기가 없었어요. 그래도 여기 남한에서는 그래도 나에 대한 여유가 조금은 있구나 그렇게 생각하고, 그다음부터는 솔직히 내가 없는 세상은 없다고 생각했어요. 내가 없는 세상 뭐가 필요하냐, 나를 위해서 투자하자고 생각했거든요.

　　A는 남한에 온 후 점차 자기돌봄에 대한 개념에 노출되기 시작하였다. A는 스스로 '정신을 차렸다'고 표현했는데, 매체 속에서 자연스럽게 주고받는 남한 사람들의 대화에서 '나를 사랑한다', '표정관리를 하라', '스스로에 투자하라'와 같은 개념을 깨닫기 시작한 것으로 나타난다. 이후 A의 표현을 빌리자면, '내가 없는 세상은 없다'라는 생각이 확고해지며 자신을 위해 투자하기 시작했음을 알 수 있다. 즉 서홍란 외(2013)가 제시한 '자기돌봄' 개념인 개인이 스스로 자신의 건강과 안녕을 유지하기 위해 수행하는 구체적인 행위를 행하기 시작한 것이다.

●: 그러면서 나에 대한 생각도 조금 바뀌나 봐요.

A: 바뀌고 말고요. 그래서 내가 없는 세상은 없다고 생각한다니까요? 내가 없는 세상, 뭐가 필요하겠어요. 내가 중요하다고 생각이 들어요.

●: 그러면 그 이후로 나를 위해 뭔가 해준 게 있어요?

A: 몸에 좋다는 약 챙겨 먹죠. 왜 유명 가수가 광고하는 관절 영양제. 그런 거 챙겨 먹어요. 예전엔 챙겨 먹을 생각조차도 못했죠. 집을 위해서, 가정을 위해서 소비했죠. 내가 아파도 그런 거 챙겨 먹을 생각조차 못 했는데. 이제는 좋은 세상에서 내 몸에 투자를 해보자는 마음이 생겨서 사서 먹었어요. 진짜 비싸요.

●: 그렇게 좋은 약도 드시고, 또 화장도 예전보다 많이 하시고?

A: 네. 화장도 남처럼 해요. 오늘 제가 처음으로 마스카라 해봤거든요? 눈이 잘 안 보여서 헛손질하긴 했는데. 안경을 끼고 마스카라를 할 수는 없으니까, 잘 안 보여도 그냥 해봤어요. 여기 끝에만 됐는데, 그냥 해보는 거예요. 자꾸 해보는 거고. 최근에 머리도 했어요. 원래 머리가 시커매서 사람들이 강하게 느껴진다고 하길래, 집에서 탈색을 했어요. 근데 돈 아낀다고 집에서 했더니 얼룩덜룩해졌더라고. 그래서 모자 쓰고 다니다가 염색을 했어요.

●: 여러 시도를 하셨네요. 영양제도 드시고, 마스카라도 해보시고, 머리도 하시고. 그렇게 하니까 어떤 기분이었어요?

A: 나도 이렇게 하니까 예쁘구나. 내가 이렇게 예뻤던가?

●: 그러게요. 달라지는 모습에 기분도 나아지고. 북한에서는 안 해봤던 일일 것 같아요.

A: 안 해봤죠. 그저 맹물 세수. 반짝반짝하게만 씻고 다니고.

자기돌봄이라는 개념을 점차 수용한 A는 실질적으로 자신을 위해 투자한다. 건강을 위한 보조제를 섭취하거나, 화장을 원하는 대로 해보거나, 머리 스타일을 변화해 보는 등 자신을 가꾸는 일을 기꺼이 한다. 그리고 그 과정에서 기분이 나아졌다고 표현한다.

자기돌봄은 자발적으로 행해지는 것으로, 노년기로 나아가는 과정에서는 자기돌봄이 더욱 적극적으로 필요할 수 있다. 특히 신체적 질환 발생 가능성이 높은 노년기에 자기돌봄의 행위 수준이 높을수록 우울할 가능성이 낮다(서홍란 외, 2013). 즉 A가 자기돌봄이라는 개념에 노출되며 실제 관절을 위한 약을 복용하고 신체적 노화에 대비하는 행위를 하였는데 이는 A의 심리적 안녕감에도 긍정적 영향을 준 것으로 보인다.

또한 A는 자신을 가꾸는 과정을 통해 '내가 이렇게 예뻤던가?'라는 생각을 하게 되었다고 보고한다. 이는 자신을 바라보고 아껴주는 과정에서 스스로를 긍정적으로 수용하게 된 변화라 볼 수 있다.

●: 북한에서 여행은 좀 다닐 수 있었나요?

A: 도와 도 사이를 다니려고 해도 증명서를 내야 하는데요? 거기다 증명서를 해주나? 절대 안 해줘요. 그저 누가 죽었다 해야 해주지. 그래서 그냥 길을 피해서 산으로 다녀요. 산길로. 그래서 멀리 돌아서 다니죠. 산길 타고 가서 일 보고 오고, 다시 산길로 돌아오고. 증명서 없으면 차표도 안 줘요. 걸어 다녀야 해요. 혹은 지나가는 화물차 세워서 돈 주고 얻어 타야 해요. 손 들고 차를 세우는 것도 아니고, 돈을 딱 들고 있어야 해요. 멀리 갈 사람은 큰돈 들고, 술하고 돈하고. 술 보고 세워주니까.

●: 여기서 살아보니 어떤 차이를 또 느끼세요?

A: 북한에서는 나밖에 몰랐어요. 말만 '하나는 전체를 위해, 전체는 하나를 위해서'라고 하지만, 그건 말뿐이고. 살아갈 때 남한테 피해 안 줄 정도로 진짜 그 정도로만 지냈는데, 남한에 와서는 내가 바뀌어야겠다는 걸 알았어요.

우선 배려할 줄 알아야겠다.

●: 그런 생각은 어떻게 하셨어요?

A: 거기서는 나밖에 모르고, 울타리 안에서만 살았잖아요. 나를 위해서 사는 게 곧 가정을 위한 것이었고. 특히 친정을 위해서, 우리 집 중심으로 살았어요. 따로 교육 받은 것은 아니지만, 사회 분위기가 그렇기 때문에 사람들이 다 그렇게 인식해요. 매일 생활총화에서 '하나는 전체를 위해, 전체는 하나를 위해'라는 말 아래에 내가 뭘 잘못했는지를 말해야 해요. 그래서 말은 다들 잘해요. 말 훈련을 했으니까. 아마 박수 치는 건 제일 잘할 걸요? 그리고 내가 잘못한 것을 어떻게 고칠 것인지 말하라고 하니까 "학습을 많이 하고, 어떻게 어떻게 하겠다!" 또 이런 말을 해요. 그리고 나서는 상대방 한 사람을 비판해야 해요. 비판을 안 하면 앉지도 못해요.

●: 좋은 점을 찾는 게 아니고요?

A: 네. 비판하는 거예요. 서로서로 못 믿고, 서로 색안경 끼고 보게 되고. 그래서 화합이 안 돼요. 결국 인신공격이죠. 잘못한 걸 지적하고. 그런데 남한에 와서 보니까 옆집에 누가 사는지도 모르더라고요. 한 몇 년 지나서야 누가 사는지 알지. 그 정도로 모르고 살더라고요.

북한에서의 삶을 다시 한번 살펴보면, 과거 A는 자신의 지역을 벗어나기도 어려운 삶이었다. 또한 일주일 주기로 국가의 지침을 잘 수행했는지 서로 평가하는 생활총화에서 지속적으로 서로의 과오를 지적하고 비판하는 문화가 팽배했으므로, 스스로를 반복적으로 검열하고, 감정, 생각, 소망, 욕구를 억제했을 것이다.

이에 실제 A도 북한에서는 '나밖에 몰랐다'고 표현하고 있는데, 이때의 '나'는 긍정적 나가 아닌 흠집과 과오를 고쳐야 하는 '나'인 것으로 파악된다. 남한에 와서는 자기 검열과 타인의 감시에서 비교적 자유로워졌기에, 과거보다 넉넉하고 여유로운 마음속에서 타인을 배려하는 욕구가 자연스럽게 생겨나게 됨을 알 수 있다.

A: 북한에서는 옆집 가서 노는 걸 '마을돌이'라고 하거든요? 옆집 가서 몇 시간씩 있다가 오니까. 마을 돌아가면서 노는 거. 북한에서는 부부가 되면 여자가 부양자로 들어가요. 남자가 세대주가 되어서 일 나가고, 여자는 부양자가 되어서 가정에서 집안일하고. 거기는 맞벌이가 거의 없고 드물어요. 50집에 2~3집 있을까? 그냥 그렇게 사는 거예요. 그래서 살림하고 노니까 국가에서 일 시킬 게 있으면 다 나오라고 해요. 국가 밥 먹고 밥숟가락 들 수 있는 사람이면 다 나가야 하죠. 만약 장마 때문에 도로가 끊어지면 호미 들고 길을 메꿔야 해요. 근데 그게 정부에서 담당 부서가 나오거나 전문 업체가 오는 게 아니고, 그냥 거기 많은 사람들이 다 가마니에 흙 담고 해요. 총동원을 무보수로. 남한에서는 그런 일을 하면 돈을 주잖아요. 근데 거기서는 다 나와서 그냥 해요. 모내기할 때는 농촌으로 가고. 그러니까 저는 나라에서 과제 주는 거 하고, 가라는 직장 가고, 나무 떼서 밥해 먹고. 한마디로 국가를 위해 충성하죠. 그리고 그게 곧 나를 위한 것이었고.

●: 그런데 남한 오니까 좀 다르던가요?

A: 조금이 아니죠. 많이 다르죠. 나를 우선 바꿔야겠단 생각이 들고. 그리고 거기선 어둡게 살았잖아요. 웃음 없이 항상 어둡게 살았는데, 여기서는 맨날 웃을 일이에요. 남한 와서도 허리도 아프고 우울해서 울기도 했지만, 이런 모임에 나와서 조금씩 나아지고 있고 살맛도 나요.

A에 증언에 따르면, 북한에서의 삶은 다양성은 없다. 특히 결혼 후의 삶을 살펴보면, 남성이 세대주가 되고 여성은 가정에서 집안일을 하는 것이 이미 결정되어 있다. 이는 북한 여성들이 결혼 이후의 삶에서 보편적으로 순종적인 역할을 요구받는다는 것으로(김

수경, 2018) 여성의 삶은 남성보다도 더욱 그 다양성을 존중받지 못하게 된다. 또한 국가의 부름에 따라 일을 수행하더라도 그에 대한 적절한 보상을 기대하기 어려운 경제체제 속에서, 국가를 위한 일이 곧 나를 위한 일이라 되새기며 삶을 이어온 것으로 보인다. 이와 같은 환경에서는 주체적인 '자기'를 자각하기란 불가능에 가까울 것이며, 자기돌봄을 행하기는 어려웠을 것이다.

A는 당시의 삶을 '웃음 없이 항상 어둡게 살았다'고 표현했다. 남한에서의 삶은 '매일 웃을 일이다'라고 덧붙였다. 즉 남한에서 자신의 삶의 다채로움을 느끼고, 여러 모임에 참여하며 사람들과 자유롭게 교류하는 과정 속에서 즐거움을 느끼고 있는 것으로 나타난다. 이는 자기돌봄을 통해 자신의 주체성과 자유로움을 자각하고 있기 때문일 것이다.

●: 어떻게 보면 배운 거네요?

A: 처음에 크게 느낀 거는 '돈이 없으면 안 되겠다. 여기서 돈이 없으면 큰일 나는구나. 누구든 뭘 도와줘도 돈만은 안 주는구나'를 배웠죠. 이전에는 사회주의라고 하면서 '하나는 전체를 위해서, 전체는 하나를 위해서'라고 구호를 외치곤 살았지만 생활이 없었어요. 뭐 벌어야겠다 이런 생각은 당연히 없었죠. 돈이 있어도 할 게 없으니까.

●: 그렇죠. 돈에 대한 개념 자체가 다르죠.

A: 돈이 진짜 내 주머니에서 부스러진 적도 있어요. 주머니에 넣고 다니다가 돈이 다 부스러졌어요. 쓰지 않고 거기서 부비적거려서. 그런데 여기 오니까 자본주의 사회가 이렇게 다르구나 싶었죠. 배울 것도 많고. 이전에는 배급으로 주는 것만 받고 살았잖아요. 애들 교복도 주니까 받아서 입히고, 학교에서 교과서를 주니까 그걸로 배우고, 애들 키울 걱정 하나 없이 단체복

도 다 주니까요. 그러니 인식 자체가 다르죠. 여기는 아니니까, 경쟁이 심하죠. 그래서 정신을 바짝 차리고 살아야겠다고 생각했어요. 그리고 남한 와서 느낀 게, 일하면 돈을 주잖아요. 일을 하면. 근데 북한에서는 대가가 없이 일을 했거든요. 남한은 노력한 만큼 돈을 주더라고요.

●: 그건 좋게 느껴지셨어요?

A: 정말 좋았죠. 느낀 게 많아요. 사람들이 그래서 열심히 일하고 버티는구나 싶었어요. 그리고 번 돈으로 원하는 걸 하고. 북한에서는 다들 비슷하게 살았어요. 사람 사는 게 다 똑같아요. 상점에 가면 옆에 카드가 쭉 깔려 있어요. 이름에 맞게 몇 번 카드를 딱 보면, 그 카드에 이 사람의 식구는 몇 명이고, 신발은 몇 사이즈 신고 그런 게 다 나와 있어요. 간장 몇 개, 기름 몇 개 다 써져 있어요. 배급제니까.

●: 상점에 그런 카드가 있는 거예요?

A: 네. 딱 있어요.

●: 개인정보가 없네요.

A: 칫솔, 치약까지도 다 그렇게 줘요. 그런데 칫솔은 한두 번 쓰면 솔이 다 빠지기도 하고. 그리고 신발도 가족 전부한테 줄 수가 없어서, 만약 한 집에 신발 한 켤레가 배급되면, 그 차트에서 이 집에는 이 사이즈랑 맞는 애가 있는지 보는 거예요. 그렇다 보니 사람들 생활하는 게 비슷해요. 남한은 안 그렇죠. 아주 잘사는 사람도 있고, 길에서 자는 사람도 있고.

●: 한 만큼 버니까.

A: 그러니까, 그런 거 보면 내가 잘 살고 있구나 싶어요. 그래서 저는 기부를 해요. 후원 조금씩 해요. 어려운 사람들도 많으니까 남도 돕고 싶. 친구들 중에서도 진짜 어렵게 사는 친구들이 있어요. 아이들을 키우거나, 일을 못 하고 있는 친구들. 그래서 저는 시집에서 시동생들이 옷을 주기도 해서, 받은 옷 중에 작으면 모아서 주변에 주기도 해요. 그게 3박스가 나온 적도 있어요. 무거워서 구루마 끌고 보내주기도 했죠. 내가 입다가 입기 싫은 것도 나눠주기도 하고.

A는 북한과 남한의 경제체제에 대해서도 언급한다. 자본주의 사회와 사회주의 사회에서의 '돈'이란 그 개념이 다를 수밖에 없다. 북한에서는 '주머니에서 돈이 부스러지기도' 했다며, 돈이 전혀 쓰이지 않았다고 한다. 반면, A는 남한으로 와서 느낀 돈의 가치를 곧 자유로 인식하고 있다. 일한 만큼 버는 체제에 대해 '정말 좋았다'라고 언급하며, 번 돈으로 원하는 것을 하기 위해 버티며 살고 있다고 느낀다고 보고하였다.

즉 A는 돈을 통해 자신이 원하는 것을 구매하거나, 원하는 것을 배우는 등 자기돌봄의 행위를 할 수 있다고 자각하는 것으로 보인다. 또한 A는 나눔을 통해 보람을 느끼고 있다. 노년기 삶에서 주체적으로 자기돌봄을 하는 것은 삶의 만족도에 긍정적으로 영향을 미친다(김도연, 2023). A의 삶에서는 이와 같은 만족도가 드러나고 있다.

●: (빈 화분 사진을 함께 보며) 이 사진은 어떤 거예요?

A: 제가 참 정성스럽게 키우던 화분이에요. 여기 와서 정말 제 마음 담아 하는 것이었는데, 제가 병원 다니면서 관리를 못 했더니 두 포기가 죽었어요. 그래서 빈 화분인데, 그저께 아파트 사람들 중에 필요한 사람 가져가라고 내놓았는데 괜히 쓸쓸하더라고요. 몇 년을 내가 키우고, 꽃도 피우고 한 건데 저거를 못 키운다고 하니까. 내가 늙었구나 생각도 들고 조금 서글픈 마음에 찍었어요.

●: 그렇군요. 속상하셨겠어요. (흰민들레밭 사진을 함께 보며) 여기 활짝 핀 사진은요?

A: 저 민들레는 시골에 집이 있는데, 흰민들레가 약이라고 해서 씨를 뿌렸더니

저렇게 활짝 폈어요. 5월에 내려가 봤더니 천지 풀숲에 저렇게 하얗게 폈더라고요.

●: 민들레가 몸에 좋아요?

A: 귀한 거예요. 그래서 지금 내 마음을 너무 알아주는 것 같더라고요. 저 씨를 뿌리기까지 참 많은 생각을 하면서 뿌렸는데, 저렇게 잔뜩 폈더라고요. 겉절이 해 먹으면 맛있는데, 저번엔 약초 엑기스를 만들어 먹었어요. 그게 참 귀중하게 생각이 나더라고요.

●: 너무 예뻐요.

A: 그리고 다음 사진은 (케이블카 사진을 함께 보며) 송도, 부산 놀러 가서 케이블카에서 폼 좀 잡은 사진이에요. 친구들이 자꾸 집에만 박혀 있다고 놀러 가자고 해서. 멋지게 폼을 내봤네요.

●: 민들레 사진이랑 케이블카 사진은 보면서 저도 마음이 좋아지네요. 그런데 빈 화분 사진은 약간 슬픈 것 같아요.

A: 네. 조금 그래요. 근데 안 찍을 수가 없었던 게, 저 화분에 식물을 제가 참 오래 전에 심었거든요? 너무 우거져서 가위로 다듬기도 하고, 열심히 보살펴서 키운 건데 결국 죽더라고요. 그래서 내가 정성을 못 주니까 죽는구나 싶었어요.

●: 그게 좀 마음에 남으셨나 봐요.

A: 그럼요. 6년을 키웠으니까요.

●: 동물이나, 식물이나 내가 애정을 담아서 닦아주고 물 주고 마음 담아 키운 건 같으니까요. 찍으면서는 무슨 생각 하셨어요?

A: 그냥 내가 우선 건강해야겠구나. 건강만 했으면 얘네들이 내 곁을 떠났겠나. 그 생각에 좀 애잔한 마음으로 찍었어요.

A는 마음을 담아 식물을 관리하는 것을 취미로 가지고 있다. 남한에서 갖게 된 취미생활로 큰 정성을 기울이며 화분을 가꿔왔다.

그 과정에서 자신의 스트레스를 관리하고, 마음의 안정을 얻는 등 자기돌봄 행위를 해왔다. 또한 시골집 부근에 있는 민들레를 캐와서 건강관리를 위해 약초 엑기스를 만들고, 겉절이를 해 먹는 등 적극적으로 건강을 챙기는 행위도 나타난다. 더불어 친구들과 원하는 곳을 편히 다니며 여행하는 일상도 공유하였다.

이처럼 A씨는 '자기'라는 것을 자각하기도 어려웠던 삶에서, 점차 자신의 주체성을 느끼고 자기를 돌보는 삶으로 나아가고 있었다.

2. 이제는 후회 없이 자신의 일상을 만끽하고 싶은 60대 B씨

본 장에서는 남은 생은 후회 없이 자신의 일상을 만끽하고 싶은 60대 B의 경험을 다루고자 한다. B는 젊은 20대, 30대 시절을 북한에서 보내며 스스로를 챙기지 못한 것에 대한 아쉬움을 느끼고 있었다. 그러나 이제는 정말 나를 위해 건강하게 살아가고 싶어 했던 B의 삶을 살펴보도록 하겠다.

●: '자기돌봄'은 뭘까요? 몸이든 마음이든 내가 어떻게 돌아보는지 궁금하고, 이게 왜 필요한가? 이런 것들도 듣고 싶어요. 듣기론 조금 우울했던 시기에 수양도 하시고, 여러모로 노력하신 걸로 아는데 이야기를 나눠주시면 좋을 것 같아요.

B: 저는 그래요. 돌봄이라는 게, 내 자체가 행복하게 살자고 내 자신을 돌보는 거죠. 우리가 북한에 와서 반생을 북한에서 보냈는데, 젊은 시절은 다 보낸 거잖아요. 좋은 시절을 다 거기서 보냈는데, 남한에서 20대, 30대를 보내는

사람들은 얼마나 재밌게 살까 싶고요. 조금 부럽죠. 20대, 30대엔 막 즐겁게 놀고, 원하는 거 하고 그런 모습이 부러워요. 우리는 그렇게 하고 싶어도 나이가 있어서 못 하니까.

●: 나이가 좀 있으셔서.

B: 네. 그게 좀 부럽죠. 일단 나 자신을 위해 살아야 한다고 생각해요, 저는. 그리고 물론 자식도 성인이 될 때까지는 부모가 잘 돌봐야겠지만, 성인이 된 후에는 그 애의 인생이고 저는 저를 위해서 살아야 한다고 봐요.

●: 나를 위해서 내가 중요하다?

B: 네. 우리가 일을 하고 무슨 몸을 가꾸는 것도 내가 행복하기 위해서니까. 내가 재밌게 살고, 내가 건강하게, 행복하게.

●: 행복이 뭐라고 생각하세요? 사람마다 다르겠지만요.

B: 그죠. 다 다르겠죠. 그래도 저는 제가 건강해서 내 마음대로 다닐 수 있고 하고 싶은 걸 하는 게 행복이라 생각해요. 첫째가 건강. 그리곤 내가 건강해야 어디든 갈 수 있으니. 직장 다니는 건 돈 때문이죠. 돈이 있어야 또 어디든 갈 수 있으니. 버스를 타든, 배를 타든.

●: 그렇구나. 돈을 벌어서 어디든 가고, 먹고 싶은 거 먹고.

B: 저는 그래요. 그리고 예를 들어 100만 원을 받는다고 하면, 10만 원이라도 내 옷 사 입고 싶어요. 그렇게 사는 거죠. 첫째도, 둘째도 나 자신. 나 자신을 위해서.

●: 그럼 ○○ 님은 내가 100만 원 번다고 하면, 몇 프로 정도 나에게 투자하세요?

B: 지금은 나가는 게 많으니까, 모았다가 사요. 겨울에 한번 사든지. 어쨌든 그 정해진 한도 내에서 내 만족을 위해서 살아요. 첫째도 둘째도 나를 위해 사는 것.

●: 아, 나를 위해서.

B: 내가 있어야 우리 아들도 있고, 다 있는 거죠. 내가 없으면 내 아들도 필요 없는 거예요.

　B는 '자기돌봄'이라는 개념에 대해 명확히 자각하고 있음이 드러난다. 그리고 나아가 그렇지 못했던 과거 20대, 30대에 대해 안타까움도 묻어나고 있다. 북한에서의 삶은 자기를 돌보기 어려웠던 삶임을 회고하며, 하고 싶은 일을 하고 즐겁게 사는 삶을 갈망하고 있다.

　이에 현재 B는 나 자신을 위해 사는 것이 중요하다고 느끼고 있으며, 내가 건강하고 하고 싶은 것을 자유롭게 하는 것을 우선순위로 삼고 있다. 또한 '100만 원을 받는다면, 10만 원이라도 꼭 자신을 위한 옷을 사고 싶다'며 어떤 상황에서든 자신에 대한 영역이 존중받고 유지되어야 한다고 자각하고 있다. 실제로 돈을 잘 모아 스스로를 위한 선물을 기꺼이 하고 있는 것으로 나타난다.

　자녀 양육의 측면에서도 B는 자녀가 성인이 된 이후에는 부모와 분리가 잘 이루어져야 한다고 바라보고 있으며, 현재 자신은 아들이 아닌 자기가 1순위임을 밝히고 있다.

　Skovholt(2001)에 따르면, 자기돌봄 능력은 자신의 욕구를 잘 자각하고 수용하여 균형 있는 생활을 할 수 있게 돕는다고 한다. B는 자신의 욕구에 대해 꾸밈없이 솔직하게 수용하고 있으며, 그 욕구를 실현할 수 있는 한 자유롭게 실현하고 싶은 마음을 드러내고 있다.

●: 북에 있을 땐 그렇진 않았을 텐데요.

B: 그렇죠. 거기 있을 땐 뭐 자식, 남편. 그저 뭐 주머니에 있는 건 다 자식 먹였죠.

●: 하나 있는 것도 못 드시고?

B: 네. 못 먹고 다 주머니에 넣어서 자식들 나눠주고. 그런데 지금 생각해 보면 지금은 무슨 굶는 사람 있는 것도 아니고, 그냥 자기가 벌어서 잘 먹든 잘 입든 자기 운명이고 나는 나예요. 다 제 각자. 며느리도 좋아하더라고요. 걔네들 이사 간 집도 한 번도 못 가봤어요.

●: 너무 쿨하시네요.

B: 우리 며느리도 그러더라고요. 어련히 젊은 사람들끼리 알아서 잘 살까. 나는 누가 나를 돌봐줄 사람이 없으니 나 자신이 그저 건강해서 너네들한테 병원비 내달라는 소리 안 하는 것만으로도 충분하다.

●: 그죠. 아파서 우울하고 그러면 자식들 마음이 안 편할 텐데.

B: 첫째도, 둘째도 그렇기 때문에 나 자신. 엄마들 다 그랬음 해요. 나 자신을 위해 살 것. 자식들은 다 잘 살아요. 살 날도 많고.

자신의 욕구에 솔직한 B의 모습은 남한에서부터 실현 가능했다. 북한에 거주할 당시, B는 철저히 가족에게 헌신적이었다. 북한의 전통적이고 가부장적 가족주의, 남존여비 사상(한나, 이승연, 2015)을 고려해 보면, 여성이 가족을 위해 희생하는 것은 자연스러웠을 것이다. 실제 B의 보고에서 음식을 먹을 때도 자신은 먹지 못하더라도 남편과 자식에게 양보했음을 알 수 있다.

현재 B는 과거와 달리 자신 하나를 챙기면 되는 삶 자체가 생소하면서도 만족스러울 것이다. 실제 B는 현재 자신의 건강을 잘 챙기며 살아가는 것이 가장 중요하며, 지금까지 못 해 왔던 자신을 돌보는 행위를 마음껏 하고 싶은 것으로 나타난다. 자녀들보다는 얼마 남지 않았다고 느껴지는 이 삶을 원 없이 자기돌봄을 행하며 하루하루를 보내고 싶은 욕구와 소망이 드러난다.

●: 캐나다랑 미국도 다녀오셨다면서요.

B: 네. 미국하고 캐나다하고 땅덩어리가 강을 사이에 두고 딱 나눠졌잖아요. 미국에서 캐나다로 차로 넘어갔는데, 나이아가라폭포 가는 길이 정말 넓은 옥수수밭이더라고요. 끝이 안 보여. 계~속 차를 달려도 옥수수밭. 정말 길다, 높다, 끝도 없다 하면서 봤어요.

●: 저도 여행 가고 싶네요.

B: 어렸을 때, 미국 놈들이라고 얼마나 욕했다고요. 그런데 거기 다녀와서는 신사라고 인정했어요. 영어만 했으면 미국 사람 만났을 것 같아요. 매너 좋고, 나라 경치, 공기도 좋고. 정말 나이 좀 더 어렸으면 미국에서 결혼해서 살고 싶단 생각도 해요.

●: 정말 좋으셨나 봐요. 또 뭐 하셨어요?

B: 가서 나무도 심었어요. 한 백 그루 심은 것 같은데. 어떤 조직, 단체에서 나무 심는 게 있더라고요. 그래서 자발적으로 심는 활동을 했어요. 한 10명 정도 같이 심었는데. 사람들이 운동하다가도 갑자기 가서 심기도 하고. 저도 운동하러 갔다가 심었어요. 근데 나무를 심다 보니, 내가 죽기 전에 여기 한번 와봤으면 좋겠다. 내가 나무를 심었으니까.

B는 남한으로 온 이후 캐나다, 미국 여행도 다녀왔다. 광활한 자연을 만끽하고, 부정적으로만 인식하던 미국인에 대한 시선도 긍정적으로 변화하였다. '나이가 좀 더 어렸으면 미국에서 결혼해서

살고 싶단 생각도 했다'고 보고하며, 미국 여행이 꽤 만족스러웠음을 표현했다. B는 여행 중 자발적으로 나무 심기 활동에도 참여했는데, 나무를 심고 오니 '죽기 전에 여기 한번 다시 왔으면 좋겠다'고 회고했다.

B는 여행을 통해 자기돌봄 행위를 수행하였다. 그 과정에서 충족감을 느꼈으며, 자유로운 욕구 실현을 행한 것으로 보인다. 그 경험은 B에게 여행이 자신의 스트레스를 해소하고, 즐거움을 얻기에 괜찮은 활동으로 여겨져 추후 다시 한번 해보고 싶은 것으로 의미화되었다. B의 이와 같은 여행 경험은 자기돌봄을 수행하는 것이 왜 중요하고, 스스로에게 어떤 이점이 있는지를 확실히 자각할 수 있는 기회가 된 것이다.

●: 외롭고 힘들 땐 어떻게 나를 돌보세요?

B: 나를 돌보는 건 저는 집에 있으면 먹는 걸 잘 챙겨 먹어요.

●: 좋은 음식 많이 드신다고 했었는데.

B: 네. 잘 챙겨 먹고, 푹 자고. 또 싹 청소하고. 짐 옮길 거 옮기고.

●: 자기를 돌본다는 게 스스로를 알아야 가능한 것 같아요. 어떻게 하면 자기 자신을 좀 잘 알 수 있을까요?

B: 제가 경험에서 보니, 나를 돌보자면 내가 마음속으로 사람들과 빗대지 말아야 하는 것 같아요. 자존감을 챙겨야 하고. 그러니까 이전에 같이 직장 다니던 사람들이 있는데, 그 사람 한 명이 잘됐다고 하니까 축하해 주다가도 화가 나기도 하고 그랬어요. 순간적으로 제 자존감이 너무 떨어지는 걸 느꼈었는데.

●: 비교를 하셨나 봐요.

B: 맞아요. 비교를 하니까 그랬던 것 같아요. 그래서 그때 한편으로는 '그래. 그 사람은 그 사람이고 나는 나다.' 싶으면서, 내 운명은 또 정해져 있다는 생각을 하니 마음이 편해지더라고요.

●: 좋은 방법이네요. 남과 비교하는 거에서 조금 벗어나서.

B: 네. 벗어나서. 초점을 나한테로 두고. 그리고 일단은 내가 건강해야 모든 걸 할 수 있단 생각으로. 어떤 때는 무기력해지잖아요. 집에 있어도 꼼짝하기도 싫고. 그래도 억지로 일어나서 뭔가를 하고. 또 아침에 일어나서 뭘 해 먹을까, 갈비를 사 먹을까, 생선을 지져 먹을까 또 머릿속을 그 생각으로 채우죠. 예전에 코로나 백신 맞고 아플 때도 힘없이 축 늘어져 있다가도 갑작스럽게 오징어 먹어야겠다. 그리고 부추 넣고 감자가루 넣고 지져 먹어야겠다. 그래서 더 아프기 전에 마트 가야겠다 싶더라고요. 일어나서 옷도 막 걸쳐 입고 모자 쓰고 갔죠. 가면서도 내가 오징어를 못 썰 것 같으니 마트 아저씨한테 천 원 더 드리겠으니 썰어달라고 해야지 생각하면서 갔어요.

●: 엄청 적극적이시네요.

B: 네. 가서 부추 사고 빨리 집 가서 썰어서 볶아서 한 상 차려 먹었어요.

그 외 B는 집에서도 자기돌봄 행위를 적극적으로 하고 있었다. 먹는 것을 잘 챙겨 먹거나, 자신이 거주하는 공간을 가꾸는 행위를 하여 스스로를 위하는 구체적 행동을 실행하고 있었다. 더불어 B는 자기를 돌보기 위해서는 다른 사람들과 빗대어서 안 된다고 언급했다. B는 비교할 때는 마음이 불편하고, 자존감이 떨어지는 경험을 했으나 자기 자신에게 초점을 두니 마음이 편해졌다고 보고했다.

자기돌봄에 있어 자신의 욕구를 솔직하게 자각하고 수용하는 과정은 중요하다. B는 자신에게 초점을 둠으로써 타인의 기준에 영향 받는 것이 아닌, 자신이 원하는 바를 알아챌 수 있는 상태가 된 것이다. 이를 통해 B는 진정한 자기돌봄을 행할 수 있는 상태로 거듭난 것으로 보인다.

이에 B는 무기력하거나 몸이 아플 때도 적극적으로 자신을 챙기려 한다. 특히 든든한 식사를 직접 준비해 자기 자신에게 대접하는 과정을 통해 자기돌봄을 행하고 있었다. 그리고 자신이 건강하게 살아가는 것이 가장 중요하다고 느끼고 있다.

● : 윌리엄 글라서(William Glasser)가 5가지 욕구를 제시했거든요. 인간은 5가지 욕구에 의해 동기화되고, 이를 기본적으로 지니고 태어났다고 봐요. 5가지 중 첫 번째가 '생존의 욕구'. 너무나 본능적인 욕구인데, 생명을 유지하고 생존하려는 욕구죠. 두 번째는 '사랑과 소속의 욕구'. 이 또한 인간에게 굉장히 중요한 심리적 욕구인데, 사람들과 친밀히 지내고 싶어 하고 사랑을 주고받는 것이죠. 생존 욕구처럼 절박한 욕구는 아니어도 인간에게 큰 원동력이 되는 욕구겠죠? 세 번째는 '힘의 욕구'. 이건 뭔가 성취하고 경쟁해서 자기가 어떤 존재인지 잘 드러내는 욕구예요. 네 번째 욕구는 '자유의 욕구'. 삶의 전반에서 스스로 의사결정을 하고, 표현하는 욕구죠. 독립, 자율성의 의미를 지녔어요. 마지막은 '즐거움의 욕구'. 잘 웃고 긍정적으로 지내고, 즐거움을 느끼는 것이죠. 혹시 이것 중 어떤 게 가장 중요하게 느껴지세요?

B: 저는 첫째도 자유. 둘째도 자유. 남편이고 뭐고 자유요.

● : ○○ 님이 생각하시는 '자유'의 의미는 뭐예요?

B: 내가 먹고 싶을 때 먹고, 내가 가고 싶을 때 가고. 누군가의 구속을 안 받는 거죠. 직장에서도 일할 때 어디 갈 때 여러 명이서 가면 다들 비슷비슷한 걸 하잖아요. 근데 저는 그게 싫더라고요. 내가 놀러 가서 오이를 먹든 신경 쓰지 마라. 너는 너 생각대로 하고, 나는 내 생각대로 한다. 이런 생각? 내가 하는 건 아예 상관 말아라. 실제로 놀러 가서도 나는 내가 하고 싶은 거 하겠다고

딱 말했어요. 어쨌든 이런저런 사람이 있겠지만 저한텐 그런 게 중요해요.

남한에 온 후 갖게 된 주체성이 B에게는 무척 소중한 것으로 드러나는 증언이었다. B는 자유가 너무나 중요하다며 거듭 강조한다. 주어진 자유 속에서 자신의 욕구를 적절히 실현하는 것이 그에게는 행복하고 소중한 일로 보인다.

●: (화분 사진을 함께 보며) '자기돌봄'에 화분 사진을 찍으셨어요.

B: 코로나 때문에 집에 있을 때, 할 게 없더라고요. 그래서 요만한 화분을 사서 하나씩 뒀어요. 겨울인데도 고맙게 잘 자라더라고요. 그래서 지극정성으로 키워서 둔 거예요.

●: 자기돌봄과는 어떤 관련이 있을까요?

B: 자기돌봄에 많이 도움이 됐죠. 그러니까 코로나 때문에 밖에 못 나갔고, 친구들도 못 만나고, 그런데 저게 외로움을 달래줬달까? 화분을 기르면서 꽃이 주는 위안. 아침에 눈뜨면 물 주고, 더 자란 것 같기도 하고, 내 마음이 저 화분 덕에 힐링이 되었죠. 외로움도 많이 해소됐고요.

●: 나에게 굉장한 큰 선물을 줬네요. 저 작은 게 다음 날에 눈뜨면 큰 것 같고. 쳐다만 봐도 예쁘고. 코로나 때문에 밖에 못 나가서 답답한데, 너네가 나한테 선물을 주는구나 싶으셨나 봐요. 또 생각나는 게 있으실까요?

B: 키우면서 생각이 많이 줄었죠. 잡생각이 없어졌어요. 화분에만 집중하고.

●: 식물이 굉장히 좋은 것을 많이 주네요. 신기해요. 다들 식물을 많이 키우시더라고요.

B: 식물이란 게 정성이더라고요. 아침에 일어나서 "조금 더 자랐네~" 혼자서 중얼중얼하면서 키웠는데. 어쨌든 잘 자라더라고요. 요즘에는 일하면서 그때만큼 돌보지는 못하니까 이전보다는 조금 덜 자라요.

자유를 중시하는 B가 바깥 활동을 자유롭게 할 수 없던 코로나 시기에는 화분 가꾸는 취미를 가졌다. B는 상황적 제약이 있음에도 자신만의 스트레스 해소법을 잘 찾아내어 적극적인 자기돌봄을 행한 것이다. 실제 화분을 가꾸는 취미를 통해 외로움을 많이 달랠 수 있었다고 보고하였고, 화분에 집중할 수 있어서 잡생각이 많이 줄었고, 식물이 성장하는 모습을 보며 힐링하였다고 보고했다. 자기돌봄을 통해 얻을 수 있는 이점까지 명확히 자각하고 있었다.

●: 구체적으로 또 어떤 거 하세요? 나를 위해.

B: 첫째는 좋다는 거 다 먹어요. 효소도 먹고. 가꾸는 것도 많이 노력해요. 충족이 잘 안 되지만.

●: 좋은 거 있으면 저도 알려주세요.

B: 좋은 거 다 하고 싶어도 옷 같은 건 다 사 입진 못하죠. 내 체질에 맞는 것들도 찾아 먹고. 오미자, 감자가루 등. 어쨌든 날 위해 살아요. 저는 아들도 있지만 아들한테도 그래요. "넌 내가 여기까지 데려온 것이 끝이다. 알아서 대학을 가든, 결혼을 하든 해라." 그래서 대학 갈 때도 안 간다고 하더라고요. 한 1년은 자기 의견대로 안 가다가, 친구들이 가니까 갔어요. 그리고 간 거 잘한 것 같다고. 결혼할 때도 그래요. "어머니, 결혼하니까 여기로 오세요." 뭐 오라 그러니까 갔죠. 지금 저는 할머니고 손자도 있어요. 근데 첫째고 둘째고 자식은 자식 운명이고, 오직 나는 나뿐이야. 제가 지금 직장 다니는 것도 돈이 없으니 돈을 좀 모아서 다니고 싶은 데 다니려고 그래요. 나는 다닐 수 있는 데까지 다니고 그다음엔 또 뭐 없으면 없는 대로 살고.

●: 대단하셔요.

B: 어쨌든 그래요, 저는. 우리가 이 땅에 와서 살잖아요. 그러니 결국 나. 아들한테 말한 게 엄마가 니들 해줄 것도 없지만, 너 마음속에 너무 서운해하지

말라고. 엄마가 살아 있는 것도 감지덕지라고. 내가 있음으로써 남편도 있고, 자식도 있다고 생각한다고. 그리고 너도 너 마누라가 있어도 첫째는 너 자신이다. 니가 없어 봐라, 니가 아파서 누워 있어 봐라. 너 마누라도 떠날 거고 애도 잃을 거다. 그러니까 첫째고 누고 뭘 하든 관계없이 너 자신을 돌봐라. 저는 그런 사람이거든요.

B는 다양한 건강 보조식품과 자신의 체질에 맞는 음식을 골라 먹으며 자기돌봄을 하고 있었다. 그리고 성인이 된 아들과는 분리를 하여 각자의 행복을 추구할 것을 강조했다. B는 거듭 '나를 위해 산다'고 언급했는데, 남한 땅으로 와 살아가는 이 삶을 이제는 더 즐겁고 충만하게 살아가고 싶은 마음이 느껴졌다.

자기 자신을 위한 B의 적극적인 노력은 자기돌봄의 아름다움을 충분히 자각할 수 있는 경험으로 이어졌고, 이는 또 다른 자기돌봄을 촉진하는 계기로 작용하고 있었다. Robinson-Smith와 동료들 (2000)이 주장한 바와 같이 자기돌봄 행위에 대한 기대와 성취 경험은 자기돌봄 행위를 유지하게 하고, 또 다른 자기돌봄을 촉진하기도 한다. B는 자기돌봄이 또 다른 자기돌봄을 낳는 건강한 주기를 갖고 있는 것이다.

3. 자신의 삶을 살기 위한 첫걸음을 시작한 50대 C씨

본 장에서는 자기돌봄이 아직은 어색하고 생소한 50대 C의 삶을 살펴보려 한다. C는 30대와 40대 육아를 하며 가족을 위한 시간을 보내다가, 비로소 자신을 위한 삶을 살기 위해 한 걸음 나아가고 있다. 그 과정에서 자기돌봄이 무엇인지 조금씩 알고자 하고 있으며, 나를 위한 것, 내가 원하는 것이 무엇인지를 알아가려 한다.

●: '자기돌봄'을 얘기해 보려면, '나'를 가장 먼저 알아야 하는 것 같아요. 나는 누굴까요?

C: 누구의 엄마… 신랑의 아내… 잘 모르겠어요.

●: 먼저 그럼 한번 적어보시겠어요? 조금 고민해 보신다면요?

C: 좋은 사람인 척 노력하는 것? 나도 모르겠어요. 제가 때론 마음이 약해요. 나도 나를 잘 모르겠는데… 거절을 잘 못 해요. 아무튼 내가 좋은 사람이라서 그런가, 아니면 거절을 잘 못 해서 그런가, 남에게서 싫은 소리 듣기 싫어서 그런가… 잘 모르겠어요. 그래서 보면 어떤 사람들은 "언니는 참 괜찮은 것 같아." 이런 사람도 있다가도. 또 이상하게 막 이유 없이 짜증 나는 그런 사람도 있잖아요. 그 사람한테는 잘 못하고 그래요. 그런 거 보면 내가 왜 그러지 싶을 때가 있어요.

●: 그래서 답은 좀 찾으셨어요?

C: 답이 없겠죠. 제가 겉보기와 다르게 엄청 소심해요. 보기보다 소심한데, 사람들은 활발하다고.

●: 응. 활발해 보여요.

C: 되게 상처를 잘 받아요. 상처를 받는데 그걸 표현을 안 해요.

●: 상처를 받고 표현을 안 하시는군요.

C: 표현을 안 하면 또 관계에 큰 갈등 없이 그냥 좋은 사람처럼 지낼 수 있으니까. 근데 집에 와서 생각이 많아요. 나도 모르게 상처 받았는데, 그게 안 사라져요. 그래서 집에서 생각해 보면 그런 것 때문에 지금 내가 상처 받았나 보다 이럴 때가 있어요. 웬만해서는 그런 걸 안 새기려고 하는데, 그래서 되게 혼자 상처를 많이 받아요. 자괴감도 많고.

C는 '나'라는 존재를 누군가의 엄마 혹은 누군가의 아내로 정체화하고 있다. 그 외의 C 자체로의 정체감은 아직은 부족한 것으로 나타난다. C는 나를 잘 모르는 현 상황이 편하진 않은 것으로 보인다.

또한 '나도 나를 잘 모르겠는데…'라고 말하며 스스로에 대해 잘 모르겠다는 말을 거듭한다. '누군가에게는 좋은 사람이다가, 또 누군가에게는 짜증 나기도 한다. 그럴 땐 내가 왜 그러지 싶다'는 증언에서 사람에게 느낄 수 있는 다양한 감정에 대해 있는 그대로 수용하진 않는 것으로 드러난다. 이어 '상처를 받는 것을 표현하지 않는다', '자괴감도 많다'는 증언에서도 관계에서 느끼는 부정적 감정과 상처에 대해 스스로 삭이려 하는 모습이 드러난다.

자기돌봄은 생활환경에서 자신의 욕구를 수용하게 하고, 균형 있는 생활이 가능하도록 돕는다(Skovholt, 2001). 나아가 이를 통해 일상생활의 스트레스를 완화하고 균형 잡힌 삶을 살 수 있도록 돕는다(최연희, 변상해, 2021). 이와 같은 관점에서 C는 자기돌봄이 필요한 상황이라 할 수 있겠다.

●: 어떤 자괴감일까요? 이야기해 주실 수 있는 만큼만 해주실래요?

C: 신세랑 관련해서… 내가 조금이라도 어느 정도 능력이 있다면 누군가를 도와줄 수 있고, 그리고 능력이 안 되면 남의 도움을 받을 수도 있잖아요. 그냥 그럴 수 있는데. 일상생활에서는 내가 특별한 상황이 아니면 누군가를 도와주겠다, 도와달라 이런 얘기는 안 하잖아요. 보통 자원봉사 이런 차원에선 얘기하더라도. 근데 6년을 애만 키우다가 이제 사회생활을 좀 하려고 하는데, 제가 너무 할 수 있는 게 없더라고요. 나중에 잘할 수 있는 게 없을 것 같아요.

●: 도움을 주고 싶은 마음도 있으신가 봐요.

C: 내가 지금 50을 넘어서고 있는데, 어떻게 살았지 싶어요. 어떻게 살았기에
   이렇게 살지? 물론 그래, 내가 여기 한국 와서 애 키우느라고 뭔가를 할 수
   있는 시간이 없었으니까 그렇다 싶다가도… 가끔 턱턱 막히는 거죠. 근데
   그게 어떨 때는 막 뭐랄까….

●: 엄마 역할을 너무 열심히 하셔서 그런가 봐요.

C: 엄마 역할, 아내 역할 너무 힘들게 했죠. 한국 와서는 또 적응하느라고. 이
   모든 것이 아마 나를 너무 힘들게 하지 않았을까.

C는 지금까지 엄마로서, 아내로서 역할을 하는 것이 가장 중요
한 일로 생각하고 삶을 살아왔다. 그 과정이 힘겨웠고, 너무나 열심
히 해왔다. 그리고 이제 두 역할을 내려놓고 다시 C의 삶으로 돌아
오려 하니, 현실이 녹록지만은 않다고 느낀다. 내가 할 수 있는 것
은 무엇인지, 잘하는 것은 무엇인지에 대해 떠오르는 게 없어 막막
하고 무력하게 다가온다. 이 또한 역할 수행을 하는 과정에서 자기
돌봄이 부재했고, 시간이 지난 지금 돌이켜보니 스스로를 너무 돌
보지 못한 것에 대한 후회가 묻어난다.

●: 어렸을 때 꿈이 뭐였어요?

C: 꿈은 말 못 하죠. 나 말하면 더 자괴감 들 것 같고.

●: 그러시구나. 천천히 말해 주셔도 됩니다.

C: 사람의 기본적인 생활… 그러니까 여기 남한에서는 굶어 죽을 사람도 없고,
   무슨 뭐 아파서 병원 못 가는 사람도 별로 없으니 기본적인 생활은 되는데.
   여기는 그 기본적인 생활만 가지고는 살 수 있는 곳은 아니니까. 사람이라는

게 나의 지금 상태에서 그래도 조금 더 높은 곳을 올려다봐야 하잖아요. 원래는 그렇게 살았던 것 같아요. 제가 올해 목표를 올해 세워요. 그러니까 연초에 세워요. 연초 아니면 연말? 12월 말쯤에. 나는 내년에 뭘 할 것이다, 올해는 뭘 할 것이다 이렇게요. 그런데 이 한국에 와서 그 목표를 세워본 적이 있는 것 같지 않아요. 좀 뭐랄까, 하다못해 정 안 되면 최소한의 목표로 나 올해 천만 원 모을 거야, 이런 거라도 있어야 하는데, 그거 자체도 못 했어요. 천만 원이 아니더라도 백만 원이라도 모을 거야 하면 되는데, 그런 게 없어요. 목표할 게 없어서 없이 살았던 것 같아요.

●: 그렇구나. 왜 그랬을까요. 너무 경황없이, 애들 키우고 적응하고 참느라고.

C: 애 키우는 게 아마⋯ 애한테 잘해야만 무슨 내 생활 목표라도 생기는 것이니까. 생각하다 보면 내가 왜 이렇게 됐지? 항상 해마다 목표를 세우고 살던 사람이 왜 이렇게 됐지? 지금은 왜 목표가 없지. 마음대로 되는 게 없어요. 사회생활도 잘 안 풀리고. 내가 할 수 있었던 게 이젠 없구나. 그런 생각 때문에 자괴감이 드는 것 같아요.

북한에서 유년기를 보낸 C는 북한에서의 생활을 '기본적인 삶'도 영위하기 어려웠던 시절로 회고한다. 그랬기에 입남 당시엔 기본적 삶을 영위하는 것이 가장 큰 목표였을 것이다.

그러나 C는 한국에 와서는 목표를 세워본 적이 없었다고 증언했다. 육아로 인해 자신의 목표를 못 가진 이유도 있겠지만, 남한에 온 후 자신에 대해 숙고할 기회가 부재했던 것으로 보인다. 북한이주여성 정착을 돕기 위한 다양한 프로그램과 지원이 있으나, 사회경제적 자립을 지원하는 것에 비해 정서적 안정에 대한 도움은 아직 미흡하며 스스로의 정체성을 수립할 수 있는 기회도 매우 부족하다(남지연, 2021). 따라서 C에게는 무엇보다 입남 후 자신의 정체성에 대한 고민, 그리고 어떤 삶을 남한에서 살아갈 수 있을지에 대한 현실적 지지와 개입이 필요했을 것으로 나타난다.

●: 만약 지니가 와서 소원을 들어준다고 하면 뭘 말하고 싶으세요?

C: 생각해 봐야지. 지니야… 지니야….

●: 생각해 보세요.

C: 버킷리스트라고 생각하면 될까. 저는 버킷리스트가 고향에 가고 싶은 거거든요.

●: 고향에 보내줘라 그래 봐요.

C: 나 고향에 가게 해줘라….

●: 두 번째는?

C: 진짜 해줄 것도 아니면서 왜 자꾸 내 마음을 이렇게 만들어. 고문이야. 희망 고문.

●: 그래도 상상해 볼 수 있으니까요.

C: 이랬으면 좋겠다는 생각은 많이 하는데, 너무 현실적이지 않으니까.

●: 상상이니까 다 말해 볼 수 있어요.

C: 해준다고요? 진짜 해줄 수 있는 사람이면 말할게요.

●: 현실적이셔요.

C: 맞아요. 현실적이에요. 어찌 되었든, 최소한 사람이 그래도 살면서 목표는 이루면서 살아야 하잖아요. 1년에 하나는 만들며 살아야 하는데, 그런 게 안 되면 다 내려놓는 거죠, 뭐.

●: 지금 뭔가를 할 수 없어서 자괴감이 드신다고 하셔서. 그 아래에 무엇이 하고 싶으신 걸까, 그런 게 궁금해지네요.

C: 언젠가 누가 그러더라고요. 돈이 많은 게 최고라고. 건강이 만능이라곤 하지

만, 건강과 돈은 50 : 50이라고. 돈이 만능이죠. 돈이 안 되는 게 있어요? 사실 뭐 안 되는 것도 있겠지만, 그래도 덜 힘들게 해주는 게 돈이죠.

●: 일단 조금 안정적인 생활, 그게 되면 좋겠다.

C는 자신의 욕구를 바라보는 것에도 어려움을 느끼고 있다. 이는 자신의 욕구가 잘 수용되기 어려웠던 경험이 쌓였기 때문일 수도 있겠고, 역할 수행에만 몰두해 스스로의 욕구와 감정을 바라볼 여력이 없어 그 행위가 어색하기 때문일 수도 있겠다. 자기돌봄의 출발점이 될 수 있는 욕구 수용이 C에게는 아직은 수월하지 않다는 것이 드러났다.

뭔가를 하고 싶을 때 마음껏 할 수 없다는 현실적 제약도 C에게는 욕구 수용이 어려운 이유로 나타났다. 하고 싶은 것이 있더라도 넉넉하지 않은 경제적 상황으로 인해 마음껏 할 수 없는 것이다.

●: 힘든 순간을 버틸 수 있었던 원동력은 뭐예요? 내가 버틸 수 있는 이유.

C: 신랑하고 그런 이야기를 한 적이 있어요. "몇 살까지 살 것 같아?" 이런 얘기를 부부끼리 한 적이 있는데⋯ 뭐 꼭 부부간의 대화가 아니더라도 "야, 지금 100세 시대인데, 한 80, 90까지는 살아야지!" 이런 얘기 하잖아요. 제가 그럴 때마다 최소한 80은 살아야 한다고 말해요. 신랑은 "왜?"라고 하더라고요. 내가 80이면 우리 딸이 40인데, 우리 딸 40까지는 살아줘야 하지 않을까.

●: 딸이네요. 딸이 보석 같은 존재네요. 그럼 아주 유치한 질문이지만, 딸과 나를 이렇게 저울질하면 누가 더 중요할 것 같아요?

C: 당연히 나지. 예전에는 아기가 너무 어렸을 때는 막 어디 떨어질 것 같고, 다칠 것 같고. 내가 없으면 못 살 것 같은데. 제가 애를 키우면서 너무너무 아팠어요. 그러니까 몸이 좀 정상이 아니었어요. 너무 아팠고, 요즘에 와서 조

금씩 회복되고 있거든요? 그러니까 이 생각이 드는 거죠. 딸도 엄마가 있어야 자기도 행복하다. 엄마가 없으면, 엄마든 아빠든 부모가 있어야 행복한 거죠.

●: 그러니까 몸이 아프면서 내 몸의 소중함이나 나의 소중함을 또 깨닫게 되신 거네요.

C: 예전에는 아프면 뭐 열이 펄펄펄 나도 이튿날에 할 거 다 하고 그랬는데. 이제는 몸이 확실히 처지는 것도 느껴져요. 40이 넘어가니까. 아, 그래서 대한민국 40대가 건강식품을 제일 찾는 거구나 싶기도 하고. 아무튼 이제는 몸을 챙겨야겠다는 것을 알겠더라고요.

C에게 딸은 원동력이다. 하지만 C는 딸과 자기 중에 더 중요한 사람은 단연 자기 자신이라 표현한다. C에게는 크게 아팠던 경험이 역설적으로 자신의 몸이 소중하다는 것을 깨닫는 경험으로 작용하였다. 그리고 나이가 들며 조금씩 몸을 챙겨야 할 필요성을 체감하고 있었다. 건강식품을 찾는 주변 동년배의 모습 속에서 스스로 몸을 챙겨야 할 필요성을 느끼고 있었고, 조금씩 자기돌봄의 영역이 중요하다는 것을 느낀 것이다.

C: 대한민국에서는 사람들이 일단 모이면 자기소개를 해야 하잖아요. 복지관뿐만 아니라 어딜 놀러 가도 일단 자기소개를 하죠. 어떤 회의, 모임 다. 이게 이제는 조금 습관이 됐어요.

●: 북한과 다른가 봐요?

C: 북한에는 자기소개가 없어요.

●: 그럼 어떻게 나를 표현해요?

C: 단체로, 대표가 말해요.

●: 내 성격, 내가 어떤 사람인지 이런 걸 말할 기회가 없겠네요?

C: 그런 말을 할 필요도 없죠. 없고. 일주일에 한 번씩 생활총화에 가죠. 네. 그
때는 대표가 나와서 말해요. 학교 반에서도 그렇고 직장에서도 그렇고 다 대
표. 개인이 없어요.

●: 그럼 자기소개가 습관화되기 전에 자기소개 하라고 하면 어떠셨어요?

C: 못 했죠. 뭐 하긴 할 텐데, 이걸 왜 해야 하지? 왜 이 말을 해야 하나? 이런
생각이 들죠. 그리고 그다음에 좀 익숙해지고 나니까 '아~ 저렇게 하는구
나.' 싶었고, 저도 조금씩 하는 거죠. 여기는 남 다 하는데 나만 안 하면 바보
잖아요. 그래서 처음에는 "나 빠져요. 안 해요." 하고 쑥 빠지다가, 그런데 이
제는 아, 안 되겠어요. 나도 해야 할 것 같아서 하기 시작했어요. 근데 그게
잘 안 되는 거죠. 안 돼 가지고 하다가 안 되면 앉는 거예요. 뭐 나이 정도만
말하고 앉아버려요. 그다음에 조금씩 이렇게 스펙이 쌓이는 거죠.

C는 입남 후 남한의 문화에서 생소했던 것 중 하나가 '자기소
개'였다고 보고했다. 다양한 모임, 회의 등에 참여해도 모두 사람들
이 자기소개를 하는데, 북한에서는 그 기회가 부재했기 때문이다.
즉 북한에서는 '나'라는 사람을 정체화하고 누군가에게 설명할 이
유가 없었다.

특히 북한의 생활총화에서는 국가의 지침에 따라 한 개인을 분
석하는 행위가 이루어지기에, 한 개인의 고유한 특성을 바라보고
알아가는 과정이 아닌 집단을 유지하기 위한 일원으로 취급할 뿐
이다(김성경, 2016). 따라서 C의 증언에 따르면, 북한에서는 생활총
화에서도 개개인이 나를 표현하는 게 아닌 대표가 국가의 기준에
따라 발언한다고 표현했다.

C는 처음 자기소개를 했던 경험을 회고하며, 당시에는 '이걸 왜

해야 하지?'라는 생각을 가졌다고 보고했다. 그러나 점차 익숙해지며, 처음에는 이름, 그다음에는 나이까지, 그리고 조금씩 스펙을 쌓아가며 스스로를 표현했다.

●: 돈과 건강. 뭔가 꿈꾸는 라이프스타일이 있으신 것 같은데요.

C: 꿈꿨던 라이프스타일이라기보다도 안정적인 생활을 원했어요. 안정적인 생활을 못 해봐서. 지금에 와서 보면 나의 연구를 하면 거기에 대한 한이 아닐까? 이렇게 보게 되면 사실 내가 언제부터 그렇게 안정적인 것을 요구했는지 저도 잘 모르겠거든요. 그런데 확실한 건 지금은 엄청 강하게 느끼고 있어요. 제가 원래 어디 가서 사업가 기질이 있어서 막 사업을 하거나, 장사를 하거나 이런 기질이 있는 건 아니에요. 솔직히 사람들은 그런 사업을 하면서 큰돈을 바라기도 하는데, 저는 그렇지 않아요. 사무실에 앉아서 겨울에는 춥지 않게 여름에는 덥지 않게. 사무실에 앉아서 일하는 게 좋아요. 생각해 보면 옛날부터 그랬어요. 그러니까 안정적인 일. 높이 올라가는 일을 택하는 게 아니라, 높낮이가 없는 그런 일을 택해 왔던 게 생각나요. 요즘에 또 강하게 느끼는 게 나한테는 일확천금이 목표가 될 수가 없구나. 나는 노력으로 살아야 하는구나를 더 느껴요.

●: 안정적인 것

C: 물론 어렸을 때, 10대 때는 꿈이 있었어요. 의사나 교사가 되고 싶었거든요? 그런데 그건 실현을 못 했어요. 못 했고, 그건 여기 오는 이상 완전 파괴되는 거고. 10대도 그렇고 20대도 그렇고 그걸 포기하다 보니 그냥 살았겠죠? 30대 때 여기로 와서, 40대 때는 애를 키우다가 지금 와서 그렇게 막 뭘 해야 한다는 게 어떤 의미일까. 그냥 지금 현재는 제가 살고 있는 게 임대 아파트인데, 그냥 거기서 벗어나고 싶은 욕망. 그런 욕망은 있어요. 왜 그런가 하면 애 때문에. 아기가 어린이집 친구들이랑 놀고 싶다고 하면 저는 속으로 '우리 집에 초대하지 마, 데리고 오지 마.' 이러고 싶어요. 막 그런 마음이 들 정도로 여기서 벗어나고 싶은 것 같아요. 그래도 지금 아마 많이 내려놓은

것은, 아이 키우는 게 우선이라서. 왜냐면 내 나이. 제가 40에 애를 낳았으니까, 60이 돼야 애가 20살이 되는데.

●: 애기가 어려서.

C: 60대까지는, 최소한 60~70세까지는 일을 해야 하는 상황이잖아요. 일을 하면서 애를 키우면서 살아야 하니까. 아등바등 사는 거죠. 내가 이때까지 해놓은 게 없으니. 그래서 저한테는 라이프스타일이 제 욕구가 아니죠. 내가 해야 하는 역할. 20대랑 30대 때 가졌던 '이런 집에서 살아야지.' 이런 것보다도, 뭔가 좀 내려놨다 해야 할까.

●: 조금 속상하게 들리기도 해요.

C: 젊은 사람들이 자기를 위해 돈을 쓰는 것 보면 부럽기도 해요. 젊은 친구들이 돈 모아서 해외여행 가고 하는 거 보면, 애들이 역시 살 줄 안다 싶어요. 그런데 그런 생각을 하다가도 후회하면 어쩌려고? 이런 생각도 같이 들어요. 돈이라는 게 없다가도 생긴다고 하지만, 사람 일이라는 게 모르잖아요. 갑자기 평소처럼 지내다가도 가족이 아파서 돈이 많이 필요할 수도 있고, 운전하다가 차 사고가 나서 부딪혀도 아무리 보험으로 한다고 해도 돈 내야 하고. 어쨌든 돈 쓸 일은 갑자기 생겨요. 근데 갑자기 돈이 필요하다고 해서 돈을 빌리기도 어려워요. 그렇다 보니 '어떡하려고?' 이런 생각이 들어요. 저는 고비를 많이 넘겨서 그런지….

●: 어릴 때부터 현실적으로 이런저런 일들을 하셔서 미래에 대한 계획이나 안정감, 미래를 준비하는 것을 중요하게 여기시는 것 같아요.

C는 스스로 '안정적인 생활'을 못 해봤기에 이에 대한 한이 있는 것 같다고 표현했다. 그리고 일확천금을 원하는 것이 아닌, 안정적이고 평온한 일자리를 선호하는 듯했다. 하지만 어릴 때는 C도 꿈이 있었다. 교사, 의사가 되고 싶었다고 한다. 그러나 그 꿈을 실현하지 못했고, 나아가 입남을 한 이상 교사, 의사로 자리매김하는

것은 더욱 불가능해졌다고 자각하고 있었다.

자녀가 태어난 이후에는 자신에 대해 돌이켜 보지 못한 채 시간을 보내왔다. 그리고 자신의 욕망이 곧 자녀를 위한 욕망이 되기도 했다. C는 '저한테는 라이프스타일이 제 욕구가 아니죠'라고 직접적으로 표현했다. 각 나이대별로 해야만 하는 역할을 해내기 위해 아등바등 살아온 것이다.

그리고 지금, 아직도 안정적인 생활을 갈망함과 동시에 자기를 위해 돈을 쓰는 요즘의 젊은 세대에 대한 부러움을 내비치기도 했다.

> C: 이런 얘기를 해보니 좋아요. 갑자기 나에 대해서 이야기하라고 하니 생각도 안 났는데. 처음에는 어떻게 얘기를 해야 하지? 싶었거든요. 나에 대해서 생각을 해본 적이 크게 없었던 거죠. 크게 없었죠. '나는 왜 이렇지?' 이런 생각은 해도, '나는 누구지?' 이런 생각을 한 적이 없었던 것 같은데, 뭔가 좀 나에 대해서 그래도 알게 되었던 시간이었어요. 조금이라도.

C는 이렇게 자신의 얘기를 해보는 시간이 좋았다고 표현했다. 스스로를 돌아보며 얘기할 기회가 많지 않았고, '나는 누구지'에 대해 생각한 경험이 없었다고 했다. 이처럼 자기돌봄을 위해서는 북한이주민이 자신에 대해 표현하고 말하고 고민해볼 기회가 많이 필요한 것으로 보인다.

> ●: (선인장 사진을 보며) 예쁘네요.

C: 게발선인장이에요. 누가 키운 걸 봤는데 너무 예뻐서, 내가 키워야지 하고
작년 늦가을에 하나 샀어요. 사서 꽃 피기 전, 망울 작은 거 가져다가 딱 화
분에 옮겨놨어요. 그랬더니 며칠 지나더니 저렇게 꽃 한 송이 피더라고요.
원래 하나가 이렇게 계속 피려고 망울이 있었거든요? 하도 내가 너무 예뻐
하다 보니 정성을 많이 줬는지 금방 폈어요.

●: 더 크면 화분을 옮겨줘야겠어요.

C: 겨울에는 물을 많이 주면 안 되는데, 물을 너무 많이 줘서 조금 물러지더라
고요. 그래서 옆에다 옮겨 심었어요. 옮겨 심고 나니 끄트머리에 보면 새순
이 나오고 있어요. 그거 보면, 쟤를 보면 때론 내가 참 뭐랄까… 쟤를 보러
가끔 이렇게 나가보곤 해요. 새순이 나오면 그렇게 예쁘더라고.

●: 애정을 주시네요.

C: 예쁘고 귀여워요. 무를 때는 아쉬웠고 그랬는데, 새순 나온 다음부터 내가
나가서 더 관리도 하고. 여름 되니까 물 자주 줘도 괜찮더라고요. 한 3~4일
에 한 번씩? 또 싹 저렇게 피니까. 올가을에는 꽃 더 잘 피라고 하면서 키우
고 있어요.

●: 좋은 말도 해주면서. 에너지가 너무 좋으세요.

C: 너무 열성을 부리면 또 화분이 잘 안 커요.

C는 취미생활로 게발선인장을 키우고 있었다. 정성과 애정을 담아 게발선인장을 키우며, 그 과정에서 스트레스를 해소하고 마음을 정화하는 것을 발견할 수 있다. C는 이와 같은 행위를 '자기돌봄'이라 명확히 자각하지는 못했으나, C의 삶 속에서 자기돌봄이 조금씩 이루어지고 있음을 확인할 수 있었다.

●: (어플을 사용해 찍은 셀카 사진을 같이 보며) 이 사진 아까 보여주셨는데, 되게 달라 보여요.

C: (웃으며) 달라 보이죠. 핸드폰은 제 아이폰인데. 집에 들어갔더니 애가 TV 보고 있길래 제가 할 게 없는 거예요. 그래서 누워 있다가, 요즘은 어깨가 아파서 어깨 운동을 많이 하거든요? 좀 풀고 싶어서 운동을 하는데, 하다가 하기가 싫더라고. 그래서 핸드폰을 쥐어봤는데 또 핸드폰에서 맨날 보는 카카오톡이랑 네이버는 보기가 싫은 거예요. 그래서 그래 할 일도 없는데 사진 찍어보자 했죠.

●: 평소에는 잘 안 찍으시나 봐요.

C: 우린 보통 우리 사진 안 찍어요. 애들 사진 많이 찍는데. 안 찍는 이유가 옛날에 내 모습이 다 없어진 것 같고… 이렇게 주름이 생기고 모습이 변하는 게 싫은 거예요. 그래서 사진을 잘 안 찍는데, 어제 한번 찍는 김에 뽀샵한 사진 찍어보자 싶었죠. 그래서 찍었는데 기분이 너무 좋은 거야… 와, 이렇게 예쁘구나 이러면서.

●: 옛날 모습도 생각나면서?

C: 그런 것도 있고, 옛날 모습도 있고… 어휴 아무개는 매일 앉아서 스노우로 사진 찍던데, 그래서 나도 이거 찍자 싶어서 한 3장 정도 찍었어요. 몇 장 찍다가… (사진을 같이 보며) 사실 이게 생각 없이 찍은 건데 포즈가 나온 것 같은? 느낌이 있게 나온 것 같은 거예요. 그래서 좀 안 어색해 보이고. 오늘 아침에 찍었어요.

●: 오늘 아침이에요? 화장하신 거예요?

C: 아냐. 화장은 안 했어요. 사실 화장 연하게 하기는 하는데, 지금도 한 거고. 이게 진한 게 싫어서 연하게 하다 보니… 연하게 하는데 이 사진은 효과가 들어가서 더 맑아 보이는 거죠.

●: 청순해 보이기도 하고.

C: 근데 내가 옛날보다는 피부가 좋아졌어요.

●: 피부가 엄청 좋으세요.

C: 애기 키울 때는 잠을 제대로 못 자 가지고, 잠을 못 자면 얼굴이 시커먼 거야. 근데 요즘은 또 여름이고 해서 제 옆에 잘 붙어서 자지도 않고. 그러니 나도 숙면을 하고.

●: 그렇구나. 카메라를 딱 나한테 돌렸을 땐 기분이 어떠셨어요?

C: 카메라? 카메라를 딱 나한테 돌렸을 때… 아, 또 옛날대로 살이 나오면 어쩌지 싶기도 했고, 그래서 스노우로 돌려봤어요. 나도 한번 예쁘게 찍어볼 거야 싶어서. 근데 사진도 참 신기한 게 잘 나올 때가 있고 못 나올 때가 있잖아요. 기분이 좋을 때는 사진이 참 예쁘게 나와. 그런데 기분이 막 안 좋거나 스트레스 받았거나 컨디션 안 좋고 그러면 사진이 싹 못생기게 나와요.

●: (사진을 보며) 이 사진은 어때요?

C: 저 사진은 생각지도 못했는데 예쁘게 나오더라고요. 다른 사람들도 예쁘다고 하고.

●: 참, 그런 말 들으면 기분 좋다. 그죠?(웃음)

　　C는 모처럼 찍은 사진에서도 소소한 즐거움을 느끼고 있었다. 오랜만에 카메라를 스스로에게 돌려 사진을 찍을 때, 예쁘게 찍어 보고 싶다는 마음이 들기도 했고, 예쁘게 나오니 기분이 좋아졌다고 언급했다.

C: 저는 사실 사진을 보면 다 여기 와서부터 사진이거든요. 그리고 제일 만족하는 사진이 하나원에 있을 때. 그때 사진을 보면 참 예뻐요. 나도 그렇게 예쁠 때가 있었네 싶죠.

●: 언제적 사진이 제일 예뻐 보여요?

C: 여기 금방 와서 센터에서 롯데월드 간 적이 있어요. 그 회전목마 너무 타보고 싶었거든요? 그게 천국의 계단이라는 드라마에 나왔어서. 그래서 그날이 처음 회전목마를 탔던 날이에요. 그때 내가 아마 기분이 너무 좋아서, 뒤에 탄 사람이 나보고 머리 돌려라고 해서 찍어준 사진이 있어요. 약간 사선을 바라보면서. 그 사진을 보면 진짜 뭐랄까… 행복해하고, 너무 행복해 보여서. 회전목마 처음 타보는 그 기분에 이쁘게 나와서 가끔 보면 히~ 하고 웃고 있어요.

●: 그때 느꼈던 감정이 뭐예요? 막 로망 꿈꿨을 거 아녜요.

C: 그때가 나이 좀 어렸을 때니까. 사실 그게 애기들이 타는 거잖아요. 근데 애기들 다 짝 타고 하는데. 아니면 부모들이 애기들 앉고 타는데… 나도 완전 천진난만한 애들인 거예요. 얼마나 좋아.

●: 그래서 사진 보고 어떤 기분이세요?

C: 힝 하고 웃는 거죠. 보기만 해도 좋고.

●: 내 감정. 기분이 좋았던 게 추억이 되는 거네요.

C: 그때 이후로 다른 놀이공원에서 회전목마를 탔는데 그때 그 감정은 안 나오더라고요. 그래서 예전에 회전목마 타면서는 '왜 그렇게 좋았을까?' 이런 생각도 들더라고요.

●: 얼마나 상상을 했겠어요. 드라마를 몰래 보면서 로망을 키웠을 텐 데…

C는 입남 했을 무렵 자신을 찍은 사진을 보면 행복해 보인다고 언급했다. 막연했지만 변화를 꿈꾸고, 미래를 기대하던 시절을 그

리워하는 듯했다. 그리고 지금의 시점에서도 스스로를 돌보며 미래에 대한 기대와 목표가 있길 바라는 C의 마음이 느껴졌다.

●: 어떻게 살까 이런 고민도 하세요?

C: 저는 옛날에 식당에서 일할 때 엄청 부지런하게 이것도 배우고, 저것도 배우고 하니까 한 50대 아줌마가 그러더라고요. "야, 천천히 해라. 괜찮다. 죽을 때까지 하는 게 일이다." 그때는 욕심이 많아서 이것저것 다 배워야 하니까 그게 무슨 말인가 하고 있었어요. 근데 어느 순간에 그게 기억나더라고요. 그래 죽을 때까지 하는 게 일인데, 진짜 내 마음이 있을 때까지는, 칠순까지는 계속 일하니까. 그런데 내가 오늘내일 죽을 사람도 아니고 좀 여유를 가져야겠다. 내가 너무 정신없이 살았구나 이런 생각이 들더라고요. 또 우리 한국 사람들이 특화된 게 모든 일이 빨리빨리잖아요.

●: 그죠. 다 빨리하려고 하죠.

C: 지하철 조금만 늦어도 욕하고. 1호선인가? 2호선인가? 도봉 쪽으로 가는데 막 사람들이 늦게 움직이고 하니까 아우씨 싶고. 성격이 급하니까 다들 내일 죽을 사람처럼 그러는 게. 그런 걸 보면서 예전에 천천히 하라고 말해 주셨던 아줌마 말이 생각나더라고요. 그래, 내가 오늘 살다가 내년에 죽을 것도 아니고. 오늘 할 일을 다 해야 내일 쉬는 것도 아닌데. 그다음부터 뭐랄까 내려놓으려고 했어요. 마음이 급한 것도 그래요. 자꾸 높은 것만 보니까 내가 하는 게 다 더딘 것 같고, 내가 무능하게 느껴지고. 아마 목표가 높으니까 그렇지 않을까. 아니면 보상 심리려나? 어쨌든 바라는 것이 있으니까 그랬지 싶더라고요. 그러다 제가 한번 되게 아파서 병원에 입원했어요. 다행히 큰 문제는 없었지만, 문제가 없다는 걸 알기까지 혈액검사, CT 찍고, 결과 기다리고… 결국은 칼륨 수치가 좀 떨어졌다고 해서 수액 맞고 그랬는데. 수액 맞다가도 쓰러졌어요. 정신적 스트레스를 받으니까 그렇게 되더라고요. 그때 의사 선생님들도 방법이 없다. 혈액도 정상이고 뇌도 정상이고. 심장도 잘 돌아가고. 그래서 의사들도 이 여자는 왜 이럴까 그러다가 그냥 나둬요. 응급실에 두고 갔는데, 그러니까 그 사람들도 제가 그냥 오늘내일 죽을 줄

알았나 봐요. 어쨌든 이게 죽다 살아난 경험 같았어요. 그런 걸 겪으면서 저도 변했나 봐요.

●: 그 이후로 신체적으로 변화가 있었어요?

C: 그걸 겪고 나서 건강이 참 중요하구나. 그때 젊어서 30대 초반이었는데, 엄청 젊었을 때라 물불 안 가리고 일했었는데 그걸 겪고 나면서 천천히 가자. 여기 남한 와서도 모두 나보다 수준이 좋은 거예요. 못 따라가잖아. 처음에는 그것부터 내려놓으려고 했는데 생각대로 되지 않더라고요. 이제는 많이 내려놓은 것 같아요. 욕심이 없어진 거겠죠? 사람이 욕심을 낸다고 뭐가 해결되는 것도 아니고.

●: 그죠. 억지로 되는 것도 아니죠.

C: 맞아요. 돈이 사람을 따라야지, 사람이 돈 따라가나. 그때 아플 때 의사 말이 너무 스트레스를 받았대요. 뭐 때문인지 몰라도 아주 강한 충격을 받았다는 거예요. 그래서 몸 보양했고, 또 다행히 회복하긴 했어요. 스트레스가 무섭더라고요.

치열하고 열심히 살아온 C는, 이제 조금 쉬어가며 자신을 돌보고 싶은 마음이 한편에 있다는 것을 확인했다. 자꾸 앞만 보고 달리고, 더 높은 곳만 보고 달릴 때 되려 스스로가 무능하게 느껴졌다고 보고했다. 스트레스로 인해 쓰러진 경험을 회상하기도 했는데, 당시 천천히 가자고 다짐했던 과거 자신을 떠올렸다.

실제 김희경과 전진용(2010)에 따르면, 절대적 복종과 희생을 강조 받던 북한이주민들은 자기돌봄 행위에 도달하지 못할뿐더러, 스스로의 감정을 억압할 가능성이 높고 이는 신체화 증상으로 이어질 수 있다고 한다. C 또한 자기돌봄 행위를 위해 필요한 감정 인식조차 이루어지지 않고 있었던 삶을 살아왔던 것이다.

C: 저는 지금까지 남을 위해 살았던 것 같아요. 그게 누구든지 간에

●: 나보다 남을 위해서.

C: 네. 타인을 위해서. 나랑 이렇게 가까운 사람? 친구 같은 사람? 나보다 가정
이 먼저였고, 나보다 누구였든 남을 위해 살았던 것 같아요. 지금껏 살면서
나를 돌볼 시간이 별로 없었던 것 같아. 그런데 한국에 오니까 사람들이 여
행도 가고, 맛집도 가고 그런 게 좀⋯ 맛집 가는 거까지는 그런데 여행을 그
렇게 잘 가는 거에 대해서는 이해를 못 하겠더라고. 멀리 맛집 가는 것도 막
서울에서 전라도 가고 그런 건 이해가 안 돼요.

●: 그런 걸 보면 무슨 생각이 드세요?

C: 저렇게까지 저거 먹으러 가야 하나? 그게 무슨 맛이길래, 그렇게까지 가야
하나? 이런 생각을 했어요. 해외여행도 왜 가지? 이런 생각을 했는데. 언제
부턴가는 그 사회에 적응이 되면서 '아, 여행이란 게 이런 것이구나.' 싶었
고, 언젠가부터는 '아, 나도 가고 싶다.' 이런 생각이 들더라고요.

●: 많이 바뀌셨네요. 그러면 가본 적 있으세요?

C: 혼자 가본 적은 없어요. 갈 시간도 없고, 갈 여유도 안 되어서. 그래도 어디
서 같이 가자 그러면 갔어요. 제일 처음이 센터에서 영월 갔는데, 다들 물 안
에 들어가서 놀고 하는데 나는 바위에 앉아서 발로 물장구만 치고 있었어요.

●: 즐기지를 못했네.

C: 즐기지를 못하더라고요. 그러니까 수영장 이런 데 가면 애처럼 놀고 싶어요.
애처럼. 그때 롯데월드 가서 놀았던 것처럼. 회전목마 탔던 것처럼. 어떤 순

간에는 막 4살짜리 애처럼 놀고 싶은 느낌이 들 때가 있고 그래요. 아, 이제
는 그래 뭐, 사람 사는 게 자기 느낌에 충실하게 사는 거지. 예전 기준으로는
좀 이기적일지라도, 그게 자기돌봄이지 싶었어요. (웃음)

●: 그러게요. 저도 오늘 이렇게 오랜 시간 대화를 나누면서 느낀 게, 표현도 잘
하시고 본인의 감정도 잘 인식하시는 것 같아요. 내가 어릴 때 이랬고, 그때
는 뭐 때문에 어땠고… 내가 지금은 어떤 고민이고, 내가 앞으로 뭘 할 예
정이지만 정확하지는 않고. 아주 그런 분명한 인식이 있으신 것 같았어요.
그리고 자기돌봄도 조금씩 알고 계신 것 같고.

C: 그럼요.

C는 지금까지의 삶은 자기보다는 남을 위해 살아왔다. 그리고
나를 돌볼 시간이 없었다고 직접적으로 표현했다. 그리고 입남 후
에도 사람들이 여행을 다니고, 맛집을 가는 것에 대해 이해하기 어
려웠다고 보고했다. 자신을 위해 투자하고 자기돌봄 행위를 하는
것에 생소했고, 자기돌봄이 줄 수 있는 이점에 대해 느껴본 적이
없는 C에게는 '굳이 그래야 하나?'와 같은 생각을 하게 만들었다.

그러나 점차 남한 사회에 적응하면서 자기돌봄이 주는 이점, 그
리고 그 순간에 느낄 수 있는 행복과 충만감 등에 자연스럽게 노출
되어 자신 또한 자기돌봄 행위를 하고 싶다는 욕구로 이어졌다고
보고했다.

그러나 아직은 자기돌봄이 익숙하진 않은 C였다. 센터에서 함
께 여행을 갔을 때, 모두가 즐기는 와중에도 혼자 소극적으로 즐기
는 모습을 발견했다고 언급한다. 그래도 자기돌봄에 대한 욕구가
있으며, 앞으로는 자기돌봄 행위를 하고 싶은 소망이 확실히 있음

을 표현했고, '예전 기준으로 좀 이기적일지라도, 자기 느낌에 충실하게 살고 싶다'고 전했다.

4. 삶을 향유하며 중년기를 시작하고 있는 40대 D씨

본 장에서는 청년기와 중년기 사이의 시기를 보내고 있는 D씨(2014년 탈북, 양강도 혜산)의 삶을 살펴보았다. D씨는 자기돌봄이라는 개념을 잘 이해하고 있었으며, 해당 주제로 고민하는 것 자체가 즐겁다고 증언했다. 삶 속에서 자기돌봄을 잘 실천하고 있는 D씨의 일상은 아래와 같다.

●: '자기돌봄'은 '자기'를 돌보는 거잖아요. 그러니까 '타인돌봄'이 아니잖아요. 그래서 자기돌봄에 대한 이해를 하려면, 나에 대해 알아야 되는 것 같아요. 스스로를 알아야 또 돌볼 수 있으니까요. 스스로는 어떤 특징이 있는 것 같아요?

D: 잘 움직인다?

●: 오, 어떤 의미일까요?

D: 움직이는 거 좋아하고, 앉아 있는 것보다 돌아다니고. 걷고, 산행하고 이런 거?

●: 또 있을까요?

D: 정리 정돈을 진짜 잘해요. 제가 좀 엄청 꼼꼼해요.

●: 예를 들면?

D: 예를 들요? 뭐 물건이 제자리에 딱 있어야 하고, 옷장 안에 옷도 개어서 줄이 딱 맞아야 해요. 남의 집 놀러 갔을 때도 정돈 안 되어 있는 거 보면 막 해주고 싶어요. 흐트러져 있으면 딱 정리해 두는 게 좋아요.

●: 정리 정돈 잘하는 거 좋네요.

D: 네. 청소 엄청 잘해요. 진짜 어지러운 거 다 놔둬도 그냥 빨리 착착 정리 정돈 할걸요?

●: 큰 장점이네요. 어떻게 보면 성격이기도 하죠.

D: 네. 어떻게 보면 성격이에요. 그리고 인내심도 강해요. 잘 참을 땐 진짜 잘 참아요. 웬만하면 다 참는 편이에요.

●: 참는 게 어떤 거예요? 뭘 참으세요?

D: 인간관계에서도 남자든 여자든 막 눈에 보이고, 막 거슬리고… 막 말하고 싶을 때도 있는데 꾹 잘 참아요.

●: 관계에 있어서, 참으면 스트레스가 되진 않으세요?

D: 참는다고 그게 스트레스가 되진 않더라고요. 알아주기를, 눈치채기를 그냥 기다리는 거죠. 그다음에 안 되면 말하고.

●: (웃음) 더 무섭네요. 웬만하면 좋게, 좋게. 그렇구나. ○○ 님의 특징이 조금 보이네요.

자기돌봄은 체중 유지, 수면, 운동, 취미와 같이 생활 양식과 관련된 측면, 주거 환경을 개조하고 새로운 물품을 사용하는 등 기능적 한계에 봉착했을 때 적절한 적응 행동을 행하는 측면, 건강 증진 및 부상으로부터 회복하기 위한 건강을 돌보는 측면 등 다양한 활동을 폭넓게 포함하고 있다(Stearns et al., 2002).

D는 적절히 돌아다니며 건강한 라이프 습관을 형성하고 있으며, 주거 환경을 다듬고 기능적으로 잘 작동할 수 있는 환경을 형성하고, 자신의 욕구와 감정을 잘 자각하는 등 자기돌봄이 잘 이루어지고 있음을 확인할 수 있다.

●: 요즘 어떠세요? 즐거운 일이 있다면?

D: 요즘 복지관 프로그램으로 필라테스를 해요. 그게 삶의 낙이에요.

●: 와, 어려운 운동 하시네요. 도움이 되나요?

D: 네. 눈에 띄게 효과가 있는 건 아닌데, 하는 것 자체가 효과가 있는 것 같아요.

●: 그렇구나. 대단하세요. 혹시 스트레스 받을 땐 뭘 하세요?

D: 저는 걸어요. 숲길을. 푸른 숲을 걸으면 되게 좋아요. 차분해지고 잡생각이 없어져요. 그냥 그게 제일 좋더라고요.

●: 운동도 되고, 되게 진짜 건전한 방법을 택하고 있으시네요. 그럼 얼마나 걸으세요, 보통?

D: 보통 최소 한 시간은 걷죠.

●: 혼자? 아니면 친구?

D: 혼자요. 저 혼자 걸어요.

●: 그럼 무슨 생각을 하면서 걸으세요?

D: 처음엔 생각을 하면서 걷죠. 여러 생각. 그런데 이제 계속 돌다 보면 그 속에서 숲에만 집중했을 때 좋더라고요. 숲 모든 게 다 좋아서.

●: 정말요. 딱 비 오고 나서 깨끗한 숲에 가면 풀 냄새도 너무 좋고.

D: 네. 맞아요. 계속 걸어요.

D는 필라테스를 삶의 낙이라 표현하고 있는데, 적절한 운동을 통한 건강관리뿐만 아니라 이를 통한 스트레스 관리도 이루어지고 있는 것을 알 수 있다. 또한 스트레스를 받을 때, 숲길을 걷는다고 보고하며 자신만의 스트레스 관리법에 대해서도 공유했다. 최소 한 시간은 걸으며 떠오르는 잡생각을 관리하고 있었다.

●: 좀 더 나아가서, 그럼 '자기돌봄' 차원에서 자신에게 투자하는 것은 있어요?

D: 그럴 여유가 많지는 않아요. 그러니까 '자기돌봄'이라는 것도 제 느낌에는 매 사람마다 상황이 다르고, 환경이 다르고. 저 같은 경우에는 여유가 없잖아요. 여유가 있어야 자기에 대해서, 자기를 위해서 뭔가를 하는데… 글쎄, 그 말은 인정은 해요. 자기 자신을 아끼지 않으면 남도 나를 아끼지 않는다는 거? 어떻게 자기가 자기를 안 아끼는데 남이 나를 아끼냐는 그런 말. 그 말은 알아요. 근데 아무리 내가 내 자신한테 스스로를 사랑하자고 해도, 내가 조금 더 편안해야 되고 마음에 여유를 가져야 되고, 내가 행동을 해야 하는데… 제가 휴식을 할 수 없단 말이죠? 그러니까 지금 나한테 나 자신을 돌본다는 게 안 와 닿아요. 저는 그렇게 생각이 들어요. 그런데 여기서 자기돌봄이라는 주제로 얘기를 나누고 조금씩 대화를 해보고 하니까, 앞으로 내가 어떻게 해야 하고, 생각은 어떤 방향으로 하고, 뭘 하면 좋을지 그런 걸 그려 나갈 수 있는 것 같아요. 그래서 이런 얘기 자체가 즐거워요.

●: 너무 다행이에요. 또 자기돌봄이 어려운 게 아니라는 걸 알고 계신 것 같아서 좋아요.

적절한 자기돌봄을 행하고 있는 D에게, 나아가 스스로를 위해 특별히 투자하는 것은 있는지 물었다. 이에 D가 요즘 스스로를 위해 추가적인 투자를 할 만큼의 여력은 없다고 응답했으나, '자기돌봄'에 대해 대화를 나누는 이 순간이 즐겁고 필요했다고 보고했다. D는 자기돌봄의 의미에 대해 정확히 체득하고 있는 듯하였다.

●: 아마 한 주 자기돌봄 관련해서 찍은 사진도 소소한 일상이랑 관련이 있는 것 같은데요? (꽃 사진을 함께 보며) 이 사진은 어떤 사진이에요?

D: 제가 걷기를 좋아하니까, 혼자 공원에도 자주 가요. 그래서 최근에 걷다가 찍은 꽃이에요.

●: 너무 이쁘게 찍으셨어요.

D: 꽃이 너무 예뻐서 찍고, (운동하는 사진을 함께 보며) 이건 필라테스 다녀온 거. (식탁 사진을 함께 보며) 이건 사과랑 차는 홍삼이에요. 사실 원래 홍삼도 사놓고 너무 써서 안 먹고 있었는데, 이 사진 찍는 숙제를 하느라 한 번 나를 위해 챙겨서 마셔봤어요. 앞으로 마시려고요. 9시 전에 마셔야 해서 사과를 먹고, 홍삼을 마셨어요. 그리고 그 밑에 쟁반도 제가 목공공방 가서 직접 손으로 만든 거예요.

●: 어머, 너무 예쁘네요.

D: 네. 만들 때 너무 좋았어요. 손으로 막 하는 게. 그래서 고이 모셔놓고 있다가, 이번에 써봤어요.

●: 예쁜 카페에 있는 쟁반 같아요.

D: 사진 찍는 숙제 겸해서 자기돌봄 해봤어요. 나를 돌보는 거. 운동도 나를 위해 하는 거고, 사과랑 홍삼도 나를 위해 먹는 거니까. 내가 나를 돌보는 의미로.

    D가 촬영한 사진을 보며, D의 삶 속에서 이루어지고 있는 자기돌봄을 구체적으로 확인할 수 있었다. 앞서 언급한 바와 같이 걷기를 취미로 둔 D는 산책을 하며 아름다운 자연을 만끽하고 그 과정에서 자신을 돌보고 있었다. 꾸준한 필라테스를 통해 육체적, 정신적 건강도 관리하고 있었다. 또한 자기돌봄에 대해 삶을 살펴보는 과정에서 홍삼과 같은 건강보조식품을 챙겨 먹게 되었다고 전하였다. D는 목공이라는 취미생활도 즐기고 있었는데, 손으로 하는 활동이 자신에게는 너무 즐거웠다고 보고했다. 그리고 목공 작업에서도 자신의 일상에서 활용할 수 있는 쟁반을 제작해, 자기돌봄의 순간에 적절히 쟁반을 활용하고 있다고 한다.

●: 이번 한 주는 또 어떤 돌봄을 하셨는지 궁금한데요?

D: (육개장 사진을 함께 보며) 육개장을 끓였어요. 제가 너무 해보고 싶었던 건
데. 근데 고기를 푹푹 끓여야 되는데 너무 퍼질까 봐, 또 퍼지면 맛이 없을
까 봐 슬쩍 끓였더니 좀… 네, 꼬들꼬들하더라고요.

●: 오, 맛있어 보여요. 처음 끓여보신 거고? 뭐가 들어갔어요?

D: 간단하게 그냥 숙주랑 버섯이랑 대파, 고기….

●: 뭐 보고 하셨어요? 유튜브?

D: 네. 간단하게 뭐 이렇게, 유튜브 보면서 했어요.

●: 해보시니까 어떠셨어요? 숙제처럼 하신 건데.

D: 끓이면서요? 사실 이 숙제 덕분에 한번 해봤죠. 평소에 해보고 싶었던 거기
도 하고. TV 보다가 육개장 먹는 게 나왔었거든요. 그래서 한번 해보고 싶다
고 생각했었어요.

●: 맛은 만족스러우셨어요?

D: 맛이 괜찮았어요. 처음 하는 거치고는 괜찮았다? 뭐 사 먹는 것처럼 막 맛있
지는 않는데 나름 괜찮았어요. 그래서 스스로 '오! 잘했다.' 싶었어요.

●: 뭔가 이렇게 안 해본 걸 하는 건 참 즐거운 일 같아요. 그죠?

D: 생각보다 어렵지 않더라고요.

●: '자기돌봄'을 3주가량 해보셨는데, 어떤 변화가 있으셨어요? 신체적인 변화뿐만 아니라 마음이나 정서적으로도요.

D: 저는 운동하고 나면 제일 좋아요.

●: 조금 더 구체적으로 얘기해 주시면요?

D: 요즘은 백수처럼 지내고 있긴 해요. 그런데 너무 움직이지 않으면 또 하루가 그냥 사라진 것 같고. 그래서 요즘 일어나서 운동하면서 땀 흘리려고 해요. 산을 갔다 오거나 공원을 갔다 오면 그래도 오늘 스스로 뭔가를 했다는 생각이 들어요. 그리고 이제 욕조에 딱 들어가 앉아 있으면 좋죠.

●: 몸의 변화뿐만 아니라 감정의 변화도 있으세요?

D: 음⋯ 개운하달까? (웃음)

D를 만났던 3주간의 시간 동안, D는 매주 적절한 자기돌봄 행위를 하고 있었다. 육개장을 먹고 싶을 때는 유튜브를 찾아보며 기꺼이 시간을 할애해 자신을 위한 요리를 만들었고, 그 과정에서 맛있는 육개장을 끓이게 되어 스스로에 대한 뿌듯함을 느꼈다고 보고했다. 또한 특별한 일거리가 없어 무기력하고 우울감을 느낄 수 있는 지금의 시기에도 적절한 운동을 통해 삶에 활기를 주입하고, 개운함을 느끼며 삶을 살아가고 있음을 알 수 있다.

5. 종합

지금까지 중장년층 4인의 증언을 살펴보았다. 4인의 증언은 구조화된 인터뷰가 아닌, 개방형 집단상담의 과정에서 이루어졌다.

따라서 구조화된 주제와 형식 내에서 이루어진 대화가 아니므로 각 증언을 공통된 주제로 유목화하긴 어려우나, 4인의 증언 속에서 공통된 경험과 변화를 발견할 수 있었다.

중장년층에게서는 '자기돌봄'이라는 개념이 생소한 것으로 나타났다. '나'로서 오롯이 존재한 시간이 길지 않았으며, 북한에서의 삶은 '아내' 혹은 '엄마'로서의 역할에 충실한 시간이었기에 '나'를 돌본다는 것은 다소 어색한 개념이었다. 또한 북한에서는 나라를 위해 충성하는 것이 가장 중요했고, 의무적으로 결혼을 하고 자식을 낳고 가정을 위해 사는 것이 전부였던 삶이었다. 생활총화도 여러 증언에서 공통적으로 등장하였는데, 북한에서는 주기적 생활총화로 인해 서로를 비판하고 검열하는 것이 익숙했다. 이는 한 개인의 고유한 특성을 바라보고 각자의 욕구와 소망을 탐색하기보다는, 국가적 기준에 따라 개인을 이해하고 개인을 집단의 일원으로만 바라보게 하였다. 따라서 '나', '자기'라는 인식을 할 기회가 현저히 부족했으며, 이는 '자기돌봄'이라는 개념에 대해 직간접적으로라도 경험할 기회가 부재했을 것으로 보인다.

그러나 중장년층은 남한에 온 후 점차 변화하였다. 이들은 다양한 매체를 통해 '나를 사랑한다', '나를 아낀다'라는 사고방식에 자연스럽게 노출되었으며, 자신이 번 돈으로 스스로를 위해 투자하는 삶의 방식에 익숙해지기 시작했다. 이를 통해 자연스럽게 '나'라는 존재를 바라보게 되었고, 이제는 자신을 위해 삶을 꾸려가고 싶다고 공통적으로 증언하였다. 특히 자녀보다도 자신이 우선된다는 증언을 공통적으로 하였는데, 이는 오로지 가족을 위해 살아온 그들의 과거로 인해 앞으로는 자신을 위해 살아가고 싶은 마음이 투영된 것으로 해석된다. 생생한 증언을 빌리자면, 자신이 아프지 않고 건강히 삶을 살아갈 때 자녀들과도 행복을 누릴 수 있고, 내가 없는 세상은 의미가 없다는 것을 알게 된 것이다.

현재 남한에서 실천하고 있는 자기돌봄으로는 '화분 키우기'가 공통적으로 등장하였다. 식물을 키우는 과정을 통해 특정 존재에 애정을 쏟고, 함께 커가는 기분이 중장년층에게는 즐거움으로 다가오는 듯하였다. 또한 건강 보조식품을 챙겨 먹는 것, 자신을 위한 식사를 알차게 준비하는 것도 공통적인 자기돌봄으로 나타났다. 마지막으로 주변을 청소하고 가꾸는 것도 공통적으로 나타났는데, 자신을 담고 있는 주변 환경을 관리함으로써 스스로를 위한 시간을 가지는 것으로 보였다.

중장년층은 청년층보다 상대적으로 공통적 증언이 많았다. 그리고 청년층에 비해 금전적 어려움이 적은 것으로 나타났다. 중장년층의 증언에서는 20대, 30대를 북한에서 보내며 억압된 삶을 살아온 것에 대한 아쉬움이 묻어났으며, 앞으로의 삶은 자신을 위해 투자하고 노력하는 등 자기돌봄을 충분히 실천하는 삶을 살기를 희망하는 마음이 드러났다. 또한 '엄마', '아내'와 같은 역할을 수행하기 위해 애쓰는 삶이 아닌, '나'로서 존재하며 나의 욕구와 소망을 충실히 실현하고 싶어 했다.

자기돌봄은 한 개인의 삶에 더 귀를 기울이는 작업이다. 따라서 중장년층의 자기돌봄과 회복의 경험은 다른 연령대와는 상이한 특징이 있을 것이다. 이에 추후 연구 및 인터뷰에서도 '중년층'과 '장년층' 각각의 목소리를 듣는 작업이 필요할 것으로 시사되며, 이들에게 어떤 자기돌봄이 적절할지 논의하는 과정이 필요할 것이다. 그리고 그 과정을 통해 중장년층에게 있어 자기돌봄은 무엇인지, 이들에게 필요한 사회적 지원과 지지체계는 무엇인지를 보다 구체적으로 살펴볼 필요가 있다.

참고문헌

김도연. 2023. 노년기 생산적 활동 유형과 삶의 만족도. 노인복지연구, 78(3), 135-165.

김성경. 2016. 북한 주민의 일상과 방법으로서의 마음: 생활총화와 검열의 상황에서의 공모하는 마음. 경제와 사회, 109, 153-190.

김수경. 2018. 결혼시장에서 북한이탈여성의 이미지 재현 연구. 여성연구, 97(2), 232-259.

김희경 · 전진용. 2010. 탈북 여성에서 MMPI-2의 진단적 유용성: 정신과 내원군과 정상 대조군의 비교. 한국심리학회지: 일반, 29(2), 335-353.

남지연. 2021. 북한이탈여성의 남한정착에 나타난 심리적응과정분석. 한국범죄심리연구, 17(4), 7-24.

서홍란 · 정윤경 · 김희년. 2013. 신체적 질환이 노인 우울에 미치는 영향과 자기돌봄행위의 조절효과. 노인복지연구, 61, 57-84.

이현주. 2011. 북한집단주의 정치사회화의 심리적 요인에 관한 연구. 북한연구학회보, 15(2), 291-325.

최연희 · 변상해. 2021. 자기돌봄, 마음챙김, 자기자비가 상담자의 소진에 미치는 영향. 인성교육연구, 6(1), 67-90.

한나 · 이승연. 2015. 통일 한국을 준비하는 심리학 연구의 방향성: 북한이탈주민에 대한 연구를 중심으로. 한국심리학회지: 일반, 34(2), 485-512.

Robinson-Smith, G., Johnston, M., & Allen, J. 2000. Self-care self-efficacy, quality of life, and depression after stroke. Archives of Physical Medicine and Rehabilitation 81(4), 460-464.

Skovholt, T. M. 2001. The resilient practitioner: Burnout prevention and self-care strategies for therapists, counselors, teachers, and health professionals. Allyn & Bacon.

Stearns, S. C., Bernard, S. L., Fasick, S. B., Schwartz, R., Konrad, T. R., Ory, M. G., & DeFriese, G. H. 2000. The economic implications of self-care: the effect of lifestyle, functional adaptations, and medical self-care among a national sample of Medicare beneficiaries. American journal of public health 90(10), 1608 - 1612.

제3부

북한이주민들의 보다 건강한 일상을 위한 제언 및 논의점

○

　자기돌봄(self-care)은 전문가의 도움이나 기관의 치료가 아닌 본인 스스로 신체적, 정신적 건강을 증진하고 자신의 삶을 잘 가꾸어 나가기 위한 예방 혹은 회복, 혹은 유지하는 활동을 통칭한다. 자기돌봄은 북한이주민들에게 대체로 낯선 단어였지만, 단어를 풀어서 이들이 자신만의 방식으로 이해해 나가는 과정을 살펴보면, 한국 사회에 새롭게 적응해 나가는 과정을 자기돌봄이라고 받아들이고 여러 다양한 '자기 돌봄'이라 명명 할 수 있는 일련의 활동들을 수행하고 있었다.

　본 장에서는 앞서 살펴본 북한이주민 청년과 중장년층들의 자기돌봄 경험과 본 연구진이 수행한 북한이주여성들을 위한 자기돌봄 프로그램 개발을 위한 전문가 인터뷰 연구를 토대로 탈북민들의 남한 사회 적응과 건강한 일상을 도울 수 있는 방안을 함께 논의해 보고자 한다.

제1장 자기돌봄의 개념 이해의 어려움

북한이주민들은 북한에서 나 자신을 돌본다는 개념을 잘 이해하지 못했다. 배급제와 같은 경제 자원 분배 방식, 공동체를 강조하는 문화, 노동의 대가의 불명확성과 같이 개인의 독특성을 존중하지 않는 환경은 나는 어떤 걸 좋아하고 잘하고 하고 싶어 하는지에 대한 욕구를 탐색하기 어렵다. 자기에 대해서 집중하는 방식은 다양할 수 있는데 북한에서 강조되고 강화된 방식은 비판을 받지 않기 위해 자신의 말이나 행동에 대해 검열하는 방식으로 자기 몰입(self-absorption)에 가깝다. 이러한 자기 몰입은 신체적인 긴장이 높아지지만 이에 대한 지각을 어렵게 하며, 이와 연계한 감정들을 세분화해서 살펴보거나, 상황에 대한 전반적인 조망을 어렵게 하는 등 자신이 무엇을 느끼는지를 인식하기 어렵게 만든다. 북한이주민들은 이러한 자기돌봄 자체가 인식조차 안 되는 환경 속에서 살다가, 외국에서 온 사람들과의 상호작용이나 중국이나 국경 근처에서의 일 경험 등을 통해서 다른 방식의 삶이 가능한 환경이 있다는 사실을 자각하면서 처한 환경을 바꿔보고 싶다는 생각을 하는 경우가 많은데, 이 지점부터가 자기돌봄의 시작이라고 볼 수 있다.

즉, 북한이주민들에게 자기돌봄이 낯설 수밖에 없는 이유는 자유라는 걸 갈망할 수 있는 기회가 부족했고 그런 경험이 없다는 점, 그리고 자기돌봄이 기본적으로 시장주의 혹은 자본주의 문화에서 나온 개념이라는 점이다.

서구문화에서 강조되어 오는 자기돌봄은 기본적으로 자본주의,

즉 시장중심 사회에서 인적자본과 자아존중감의 가치를 향상시키기 위해 우리에게 무한한 다양한 기회를 제공한다는 전제하에, 개인의 자유와 잠재력의 충분한 실현을 위해 필요한 내적 자원을 스스로 관리하며 '자신' 혹은 '나'의 안녕, 자유, 행동을 극대화하는 방식으로 구조화되어 왔다. 즉, 서구 사회에서 자기돌봄은 자본주의 사회 특유의 경쟁 문화는 유지하되, 그 안에서 정신건강 증진과 유지를 하는 책임은 개인에게 있다는 식의 암시를 한다는 비판을 피할 수가 없다. 즉, 자신의 내면을 들여다보고, 스스로 자신을 관리하는 것이 개개인의 삶을 풍요롭게 하는 방식이라고 이야기하나, 이는 다시 말해 개별화된 개인이 혼자서 행복과 정서적 안녕의 책임을 도맡고, 만약 실패한 경우 이것은 사회의 책임이 아니라 개인의 책임이 된다.

즉, 자본주의 사회 내의 자기돌봄의 맥락을 고려하지 않고 그대로 북한이주민들에게 적용하고 흡수하게 하면 이들은 자신도 제대로 돌보지 못하는 자신에 대해서 더 혐오적이거나 더 비관적일 수 있고 새로운 삶이 버겁다고 느낄 때, 사회적 지지 체계의 부족으로 인해 누구에게든 충분히 힘들 상황이라 생각하며 이를 확보할 수 있는 가능성을 고려하기보다 자기 하나 돌보지 못하는 개인, 즉 자신의 실패로 인식할 가능성이 높다.

이를 종합해 보면, 북한이주민들에게 우리가 기존에 가지고 있거나 익숙한 자기돌봄의 개념을 적용하기보다, 이들이 인식하고 이들의 언어로 설명하는 자기돌봄이 무엇인지를 이해할 필요가 있다. 즉, 특정 문화권의 특성을 반영한 개념이, 다른 문화권에서 자라난 사람에게 어떻게 받아들여지고 이해되는지를 함께 살펴보면서 접근해 나갈 필요가 있음을 시사한다.

실제로, 앞 장들에서 다룬 북한청년들이나 중장년층들의 자기돌봄 경험을 통해 공통적으로 알게 된 점은 모두 자신의 고유성을 인식하고 이를 표현하고 돌보기 위한 과정을 자기 돌봄이라고 인식하고 있다는 점이다. 모두 남한 사회에서 '자기돌봄'의 개념을 새롭게 익히면서 동시에 자신에게 맞는 방식으로 이를 실천하기 위해 다양한 시도를 하고 있다. 그들은 자신을 위한 투자와 표현을 통해 자기돌봄을 실천하려는 노력을 공통적으로 보여준다. 예를 들어, 북한에서는 여행이 매우 제한적이었기 때문에 남한에서 자유롭게 생활권 밖의 지역으로 타인의 간섭이나 허락 없이 돌아다녀보는 경험 자체가 새로운 경험이자 시도이며 자신을 돌보는 활동으로 여긴다. 이는 단순히 여행뿐만 아니라 식물 관리, 운동, 취미 생활 등 다양한 활동으로 확대된다. 자본주의 사회 혹은 경쟁이 익숙한 환경에서 자기돌봄이 강조되는 이유는 내 욕구를 몰랐던 건 아니나, 해야 하는 일에 치여서 스트레스로 지쳐가는 과정에서 자신의 삶을 제대로 돌보지 않은 상황에 대한 자각이 시작이라면, 북한이주민들에게는 이전엔 인식하거나 깨달을 기회가 없었던 나의 욕구나 특성 등을 발견하고 새로운 경험들을 해 나가면서 나를 찾아가는 자기 발견과 성장을 포괄하며 동시에 북한과 다른 사회 내 문화에 적응해 나가는 과정이라 볼 수 있다.

제2장 북한이주민들의 자기돌봄의 특성

　청년층이든 중장년층이든 북한에서는 '자기' 혹은 '나'라는 개인을 살필 수 없는 사회였다면, 남한은 너무 바빠서 자신을 돌보기 어려운 사회라고 지각했다. '자기돌봄'이라는 단어를 익숙해하지 않는 점도 공통적이었다. 하지만, 북한에서의 생활에서도 부모님이 키 크는 약을 구해다 먹여줬다든가, 너를 위해 살라는 이야기를 해주셨다 등의 방식으로 자신을 챙겨주고 돌봐줬던 경험이 있던 경우는 그러한 과거 경험에 빗대어 '자기돌봄' 개념을 쉽게 이해했다. 또한, 추상적이거나 지나치게 이상적이거나 현실에서 바로 실천할 수 없는 일로 받아들이기보다 구체적으로 스스로 매일 하고 있는 활동들을 자기 돌봄의 예로 쉽게 제시하고 그에 대한 만족감을 표현했다.

　다른 문화권에서 이주한 사람들과 비교하여 북한이주민들의 경우는, 북한이주민들은 스스로 일을 선택하고 그 일의 대가로 경제적 보상을 받으며 그 돈을 온전히 자신을 위해서 쓸 수 있다는 자체만으로도 자신을 스스로 돌보고 살피고 있다는 만족감과 충만함을 경험하는 것으로 보인다. 또한, 북한에서의 교육이나 사회적 활동이 주로 집단주의적 성향을 띠었기 때문에, 자신에 대해 성찰하거나 돌본다는 느낌이 덜했던 것에 반해, 남한에서는 흥미나 적성에 맞는 교육을 받거나 교육을 받기 위한 계획을 세워 나가는 일련의 과정들을 경험할 수 있었고, 자신의 꿈을 바꿀 수 있고 바꿔 나갈 수 있었는데, 이러한 진로탐색과정도 자기 돌봄의 방식이라고도 생각하는 점이 특징적이었다.

　북한이주민들 간에도 발달 단계에 따라서 자기 돌봄에 대한 이해와 실천이 좀 다른 점이 존재하였다. 청년층은 발달 단계상 자신의 다양한 일 경험을 위해서 정규 교육 과정을 밟을 수 있고 부양가족이 없다는 점에서 다른 관계들을 고려하기보다　자신의 욕구를 충분히 탐색하고, 미래 가능성과 필요에 집중하여 자신을 돌보는 방식에 대한 고민을 좀 더 적극적으로 실천하고 있었다.

　반면, 중장년층 북한이주민들은 북한 사회에서 성장기를 보내고 온 뒤이기도 하고, 실제 나이가 40대가 넘어가는 경우, 자신의 욕구를 바라보는 것조차 어려움을 느끼는 경우들이 눈에 띄었다. 즉, 청년층은 바라는 것을 떠올리고 이야기보게 하였을 때, 탈북 청년층들은 현실 가능성이 없다고 생각하여 희망 고문으로 받아들이기보다는 상상을 통해서 좀 더 구체화하며, 이러한 과정을 욕구 확인 혹은 타당화 경험으로 긍정적으로 받아들이는 경향이 있었다. 또한, 그러한 욕구가 주로 자신의 성취나 경력 등 자신에게 집중되어 있다는 특성을 가지고 있었다. 반면, 중장년층의 경우는 바라는 것이 실현 가능하지 않다면 입 밖으로도 꺼내고 싶어 하지 않았는데, 이는 말로 표현하고 실현이 되지 않을 경우에 더 절망하고 좌절할 것 같은 감정을 소화해 내지 못할 것 같은 두려움을 함께 느끼는 걸로 보인다. 하지만 한편으로는 기부 활동이나 나무 심는 활동 등 사회나 공동체에 자신이 기여할 수 있는 부분이 무엇인지를 고민하고 그런 활동을 통해서도 자기를 돌보고 챙기고 있다는 느낌을 받는다는 점에서 개인의 경력이나 성취에 골몰하기보다 에릭

슨의 중장년층의 발달 과업인 '나는 다음 세대에게 무엇을 해줄 수 있는가', 즉 생산성을 고민하는 모습들도 함께 보인다는 점에서 욕망하는 것의 방향성이 좀 더 자신이 속한 사회로 확장이 된다는 특성이 엿보였다. 즉, 욕망하는 것을 자유롭게 말하지 못하는 것이 부정적이고 역기능적인 것인가에 대해서는 조금 더 살펴봐야 할 필요가 있겠지만, 연령대에 따라 무한한 가능성을 꿈꾸거나 혹은 현실적인 경계 안에서 자신이 할 수 있는 것들에 집중을 하는 자기돌봄 방식은 범문화적으로 인간의 심리사회발달단계를 반영하는 것이라 생각된다.

특히 흥미로운 점은 중장년층의 경우, 남을 위해 베풀거나 배려하는 삶에 대해서는 남한에 와서 생각해 보았고 그것이 자신에게 보람과 충만감을 느끼게 하는 삶의 다채로움을 자기돌봄의 경험으로 보고한 점이다. 이들은 북한에서 '하나는 전체를 위해, 전체는 하나를 위해'라는 집단주의적 사고방식 중심으로 가족과 국가를 위해 헌신하는 삶을 살아야 했다. 그러나 그 헌신을 남을 위해 내가 베풀거나 배려한 경험으로 보고하지는 않았다. 즉, 그 헌신이 마음에서 우러나온 것이라기보다 남성은 가장으로서 여성은 부양자로서 역할이 정해져 있고 국가에 대한 헌신도 거부할 수 없는 구조였다 보니 오히려 내면적으로는 타인을 믿지 못하고 긴장한 상태가 지속되는 삶이어서 자기돌봄을 하지 못했다고 지각하는 것으로 보인다.

제3장 자본주의 사회 내 자기돌봄: 시간, 경제적 여유와 사회적 네트워크

우리가 자기돌봄의 개념을 북한이주민들에게 그대로 적용하기 어려운 점은 앞서 언급한 바와 같이 결국 경쟁사회, 자본주의 사회에서 자기돌봄을 개인의 영역으로 돌렸다는 점이다. 자본주의 사회에서는 여유 시간이 자기돌봄을 할 수 있는 시간을 의미하기에 여유시간 확보 여부가 중요하다. 대체로 근로자들은 하루의 대부분을 직장에서 일하며 시간을 보내고 직장 내 근무 시간 중에서도 여유 혹은 자유 시간이 있는 직업은 그만큼의 교육자본의 투자를 했어야 얻을 수 있다. 남한에 온 시기에 따라 다르겠으나, 대체로 남한 사회 내에서 교육자본을 새로 확보해야 하는 탈북 주민들은 현실적이고 가용한 교육자본을 회득하여 임금을 받을 수 있는 일을 하게 되는데, 이러한 일은 생계유지를 할 수 있는 경제적 자립에 도움이 되지만, 자기돌봄에 필요한 시간과 자금을 확보하는 데는 충분치 않다고 느낀다. 이에 더하여, 노동환경에 따라서는 노동을 하면서 오는 신체적, 정신적 건강 저하를 경험하는데 경제적 부담으로 인해 건강관리에 부담을 느끼고, 건강관리 등 자신을 돌보기 위해 더 좋은 조건의 직업을 갖고자 하더라도 이를 위해 필요한 재교육을 받을 시간과 비용이 부족하다. 즉, 이러한 심리적 부담, 그리고 건강관리를 하지 못하고 원하는 교육을 제때 받지 못하는 것들 모두 현재 자기돌봄을 하고 있지 못하고 있다는 예시이며, 앞으로도 자기돌봄을 할 기회나 가능성이 적은 악순환을 야기한다.

사실, 건강상 문제가 생겼을 경우, 건강보험 등 관련해서 도움을 받을 수 있는 제도나 정책을 제대로 알아보지 않은 채 막연히 돈이 많이 나가겠거니 하고, 그로 인한 불안감을 안고 제때 치료받지 않아 심리적뿐 아니라 신체적 건강이 함께 저하되는 경우도 있다는 점을 고려하면, 이들에게 자기돌봄은 개인이 스스로 해결해야 하는 영역이라기보다 무엇이 필요한지 물어봐 주고, 정확하고 필요한 정보를 제때 알려주는 사회적인 보호가 함께 필요한 영역일 수 있다.

남한 사회의 복지 체계나 사회 서비스는 고도화되어 있고 세분화되어 있기는 하나, 개인이 그런 정보가 있다는 걸 미리 알고, 수시로 정보를 접하고, 수많은 정보 속에서 원하는 정보를 정확히 찾는 사전 지식, 능동성, 정보 문해력 혹은 정보 리터러시가 모두 요구된다. 그러나, 북한이주민의 경우는 이러한 사전에 요구되는 개인적인 역량이나 경험이 부족하기 때문에, 이러한 현존하는 서비스 체계와 이들의 욕구를 잘 들어주고 상시 연결해 주는 매개체 역할을 지역사회에서 해줄 필요가 있다.

지역사회의 역할이 중요한 이유 중 하나는 북한이주민들에게는 주변 이웃이나 동료들과 함께 음식을 나눠 먹고 함께 여가 활동을 하는 공동체적 문화가 좀 더 익숙하다는 점이다. 남한 사회는 개인 위주의 사회이다 보니, 다수의 북한이주민들은 직장 동료들이나 이웃 등 남한 출신 사람들과 갖는 관계가 북한이주민들이 기대하고 생각하는 친밀도가 있는 관계나 교류가 아니며, 고립감과 외로움을 보고하곤 한다. 이들이 가지고 있는 자기돌봄 관련 욕구 중

하나가 관계에 대한 욕구임을 함께 고려해 볼 때, 남한 출신 사람들과 지역사회 내에서 친밀한 관계를 확보하고 경험 할 수 기회와 경험은 정보 부족, 경제적 여유 부족, 문화적 적응 어려움 등의 자기돌봄을 방해하는 요인들을 상호보완할 수 있다.

종합해 보면, 북한이주민의 자기돌봄을 증진하기 위해서는 이 노력이 북한이주민의 개인의 노력으로만 끝나서는 한계가 있다. 개인적 차원에서는 자기표현과 발견의 기회와 남한 문화의 특징 이해 및 남한 사회에서 살기 위해서 필요한 여러 사회 · 문화 · 경제 · 인적자본을 획득하는 과정이 필요하고, 사회적 차원에서는 북한이주민에 대한 편견과 혐오가 없는 사회적 분위기 조성과 지역사회 일원으로 함께 어우러지는 경험과 기회가 함께 제공될 필요가 있다.

구체적으로, 개인적 차원에서는 자기표현을 할 수 있는 기회가 좀 더 다양하게 제공될 필요가 있다. '자기'를 '돌보기' 위해서는 '나', 즉 '자기'가 누구인지 뭘 원하는지 스스로 잘 인식하고 이를 표현할 수 있어야 한다. 북한에서는 자기소개나 개인적인 이야기를 하는 것이 드물었기 때문에, 지역 주민들이나 여러 단체 활동 참여를 통해서 다양한 방식으로 자신을 소개하거나 자신의 경험이나 삶을 나누는 등 자기표현의 기회를 제공하는 것이 필요하다. 자신의 이야기를 나누고, 자신의 감정을 표현하는 과정에서 북한이탈주민들이 자신을 더 잘 이해하게 될수록 '무엇을', '어떤 방식으로', '누구와' 함께하면 나를 돌보고 있다는 느낌을 가질 수 있는지에 대해서 좀 더 명료해질 수 있을 것이다. 더불어 '왜' 이것이 나에게 중요한지에 대한 이해가 생긴다면, 남한 사회에서의 삶에 대한 방향성과 안정감까지 확보하는 데 도움이 될 수 있을 것이다.

이를 위해서는 자연스럽게 북한이주민들이 심리적 지원을 받을 수 있는 환경을 조성하는 것도 중요하다. 실제, 북한이주여성들의 자기돌봄 프로그램 설계를 위한 전문가 집단 FGI 연구(전주람, 신윤정, 배일현, 배지홍, 2023)에 따르면, 북한이주민들의 경우 과거의 경험을 다시 꺼내 이야기해야 하는 심리상담보다는 현재의 문제에 초점을 맞추고 현장에서 행동에 집중하여 접근하는 코칭을 통해 부모의 양육 방식이나, 자녀와의 의사소통 방식, 혹은 학교 적응 등의 문제를 먼저 다루어줄 필요가 있다. 이렇게 현재의 문제를 다룰 수 있도록 하는 전문적 도움에 대한 믿음이 생긴 이후, 심리상담을 함께 해 나간다면, 이들이 과거의 경험도 돌아보면서 이와 관련한 심리적 어려움도 다루고, 동시에 새로운 문화에 적응하면서 타인과의 적절하고도 안전한 심리적 거리를 가지고 관계를 형성해나가는 방식으로 자신을 잘 돌보는 힘을 강화시키는데 도움이 될 수 있다.

또한, 자기돌봄이 또 다른 경제적인 소비활동으로서 부담이 되지 않도록 경제적 자립을 위한 교육이나 혹은 이직을 위해 필요한 자원 등을 지속적으로 제공해 주는 것이 필요하다. 여전히 개인적인 차원의 적응을 전제로 한 조력이나, 경제적 자립을 위해서 하는 일로 인한 심리적, 체력적 소진에 대해서도 소진을 예방하거나 혹은 관리할 수 있는 방법에 대해서 안내가 필요하다. 이와 더불어, 근무 환경에서 부당한 대우를 받고 있다면, 이에 대한 적극적인 대처 전략이나 근무 환경 개선을 위한 제도적 차원에서의 점검도 필요하다. 실제 북한이주민의 취업 관련 현황은 북한이주민들의 채용현황 등 취업 자체에만 통계치가 있을 뿐, 실제 이들의 적응과 취업 후 적응을 위한 사내 문화 개선이나 제도에 대한 점검 등은 미흡한 상황이다. 북한이주민들의 자기돌봄을 개인 차원에 한정하지 않고 사회구조적인 차원에서의 문제임을 이해하고 조력하고자 할 때, 이는 이들에게만 한정되어서 적용되는 특혜나 배려가 아닌, 사회 구성원들 모두의 돌봄을 위한 사회구조적인 변화를 가져오는 전환점이 될 수 있다.

뿐만 아니라, 남한 사회 내에서 공유되는 자기돌봄과 관련된 사회적인 가치나 규범, 관념들을 받아들이는 과정에서 북한 이주민들의 어려움을 인식하고 이에 대해서 타당화를 해주는 과정이 필요하다. 일례로, 외모를 가꾸는 것도 자기돌봄의 일부인 남한 사회에서 여기서 통용되는 미적 기준에 맞춰 다이어트나 화장 등을 하면서 건강이 악화되거나, 타인의 시선을 지나치게 신경 쓰는 것이 부담되어서 사회적 관계에서 철수하는 등의 악순환이 있을 가능성이 존재한다. 즉, 자기돌봄이라는 것이 꼭 돈을 내고 운동을 하고 미디어에서 추앙하는 몸을 만들거나, 화장품을 사서 화장을 하고, 인스타에 자랑할 수 있을 만한 남과 비교했을 때 좋아 보이는 여가 생활이나 여행을 다니는 것이 아닐 수 있음에 대해서 성찰해 보고 나누는 시간이 필요하다. 이는 자본주의식, 혹은 보여주기식 자기돌봄 혹은 또 다른 방식의 자기돌봄의 경쟁이나 비교의 프레임의 위험성을 다룬다는 점에서 남한 출신 개인들도 예외는 아니다. 단, 북한이주민들에게는 남한 사회의 다양한 면모를 비판적으로 바라

볼 수 있을 만큼의 경험치나 생각할 기회가 확보되지 않았을 가능성이 높기에, 소소하게 자신을 챙기는 일상이 자기돌봄의 행위일 수 있으며 자기를 돌보는 방식은 스스로 만들어 나가는 과정임을 인식하게 도와줄 필요가 있다.

이에 더하여, 남한 출신 사람들과의 교류를 통해 새로운 관계를 형성하고, 이를 통해 자기돌봄의 중요성을 인식하게 되는 것이 필요하다. 이를 위해서는 남한 사람들의 북한이주민의 문화적 배경을 이해하고 수용하는 역량 강화가 필요하다. 자기돌봄은 결국 건강한 내가 다른 사람들과 의미 있는 관계를 맺고, 공동체의 일원으로서 속한 사회 내 다른 구성원들에게도 관심을 가지고 도움을 주는 상호 호혜적인 과정이다. 이에 서로 간의 자기돌봄을 위해서 문화 간 차이와 유사점에 대한 상호 이해를 증진시키고, 북한이주민들이 자신의 정체성을 숨겨야 하는지에 대해 고민하거나 자기 검열을 할 필요 없이 편안하게 자신의 이야기를 나누고, 자신의 욕구를 표현할 수 있는 공동체 문화 조성이 필요하다.

마지막으로 지속 가능한 자기돌봄을 할 수 있도록 자기돌봄 교육이 체계적이고 꾸준히 이루어질 필요가 있다. 가족과 함께 왔는지, 혹은 어느 연령대에 왔는지, 성별은 무엇인지, 자녀가 있는지 등 다양한 발달 단계와 가족 특성에 따라서 자기 돌봄의 내용과 방법은 달라질 수 있다. 따라서, 모두를 위한 그러나 맞춤형 자기돌봄 개념을 교육하고, 이를 실천할 수 있는 다양한 방법을 제공해야 한다. 이는 건강관리, 노화관리, 심리적 돌봄 등 다양한 측면을 포함할 수 있다. 즉 북한이주민 정착 관리 차원의 일부이자 이들을 위한 평생 교육을 제공한다는 차원에서 자기 돌봄에 대한 교육을 체계화하여 제공하는 방안을 고민해 볼 필요가 있겠다.

‖ 참고문헌

전주람, 신윤정, 배일현 배지홍. 2023. 북한이주여성들의 자기돌봄 프
　　로그램 설계를 우한 전문가집단 FGI 연구. 문화와 융합, 45(4),
　　737-749.

○ 부록

인터뷰 질문지 〈청년 대상〉

본 질문지는 제2부 1장에 등장하는 북한이주 청년들에게 질문
한 내용이다.

(1) 귀하께서 생각하시는 '자기돌봄'이란 무엇입니까?
아울러 "자기"와 "돌봄" 두 단어를 나눠봤을 때 각 단어는
어떻게 이해되실까요?

(2) 귀하께서는 남한에 오기 전 '자기돌봄'이란 말을 들어보신
적이 있으십니까? 만약 당을 위해 충성하거나, 가족을 위해
살았다면 어떤 이유 때문이었다고 생각하십니까?

(3) 귀하께서 실천하시는 자기돌봄에는 어떤 것이 있습니까? 어
떻게 시작하게 되었고, 얼마나 자주 실천하십니까? 만약 자
신을 돌본다면 어떤 계기를 통해 '나'를 챙기기 시작하셨을
까요? A의 자기돌봄 행위(예. 공부, 저축)가 있다면 그 행위 근
간에는 어떤 욕구가 있을까요?(예. 성장의 욕구, 성취의 욕구, 사랑
의 욕구, 자유, 행복 등)

(4) 귀하께서는 자기돌봄이 얼마나 중요하다고 생각하십니까? 그 이유는 무엇입니까? 0-10점으로 볼 때 (0은 중요하지 않다. 10은 중요하다) 몇 점 정도일까요? 또한 1점 정도 올리기 위해 무엇을 하면 점수가 상향될 수 있을까요?

(5) 북한 사회에서 사람들은 어떻게 자기돌봄을 한다고 보십니까? 귀하께서 실천했던 자기돌봄에는 어떤 것이 있었습니까? 또한 (북한에서 살 때)여성과 남성의 자기돌봄 수준이나 행위에 차이가 있다고 보십니까? 아니면 계층에 따라서 자기돌봄의 수준이 많이 다를까요?

(6) 남한 사회에서 사람들은 어떻게 자기돌봄을 한다고 보십니까? 이에 대한 귀하의 생각은 어떠합니까? 주로 젊은 여성들의 경우, 무엇을 하는 것을 볼 때 자신을 잘 돌본다고 여겨지십니까?

(7) 자기돌봄에 대한 정보는 주로 어떻게 접하십니까?(친구, 직장 동료, 학교 선생님, 뉴스, SNS 등)

(8) 자기돌봄을 실천하는 데 필요한 자원에는 무엇이 있습니까?(돈, 시간, 사람 등) 여러분은 해당 자원을 충분히 지녔다고 생각하십니까? 한 예로 자신의 신체적 건강을 챙기기 위해 운동을 한다고 가정해 봤을 때, 그 운동을 가능하게 하는 개인 내외적 요인들은 무엇입니까? 또한 어떤 자원들(심리 내적인 자원으로 끈기, 용기; 심리 외적인 자원으로 날씨, 돈 등 경제적 상황 등)이 그 행위를 가능하게 한다고 생각하십니까?

(9) 자기돌봄을 하는 데 어려움이 있다면 무엇입니까?
　(저해요인의 예: 인내심 부족, 정보량, 인지적 수준, 보다 더 즐거운 일, 경제적 상황, 잔여 가족에 대한 그리움, 우울, 불안 등 정서적 문제 등)

(10) 귀하께서 자기돌봄을 실천하는 데 있어서 한국 정부는 얼마만큼의 역할을 하고 있다고 생각하십니까? 한 예로, 지역사회복지관에서 여러 활동들이 있는데 참여하지 않는다면 그 이유는 무엇인가요? 또한 정부에서 보다 초점을 두어 예산을 기획한다면 젊은 북한이주여성들의 자기돌봄 활동을 위해 무엇에 보다 집중 투자해야 할까요?

(11) 귀하께서 생각하시는 '자기계발'이란 무엇입니까? 귀하께서 실천하시는 자기계발에는 어떤 것이 있습니까? 자기계발의 욕구는 무엇이며, 자기계발을 통해 무엇이 달라질 수 있다고 보십니까?

(12) 귀하께서는 자기계발이 얼마나 중요하다고 생각하십니까? 그 이유는 무엇입니까? 북한에서 자기계발을 위해 노력했던 경험이 있으시다면 어떠한 노력이 있었는지 궁금합니다.

(13) 자기돌봄과 자기계발은 어떻게 다르다고 생각하십니까? 자기계발은 자기돌봄을 하는 데 도움이 됩니까, 아니면 방해가 됩니까?

(14) 어떤 사람(성격적 특징, 기질, 가족 및 환경적 요인 등)이 자기돌봄을 잘 수행한다고 생각하십니까?

○ 저자소개

전주람 (ramidream01@uos.ac.kr)

1979년 서울에서 태어났으며, 성균관대학교 가족(가족관계 및 교육, 가족문화)으
로 박사학위를 최종 취득하였다. 서울시립대학교 교육대학원 교수학습 · 상담심
리 연구교수로 2017년 7월부터 2019년 6월까지 재직했으며, 현재는 서울시립대
학교 교직부 소속으로 〈심리검사를 활용한 심리치료〉, 〈심리학의 이해〉를 가르치
고 있다. 아울러 서울가정법원 상담위원으로 2014년부터 최근까지 활동 중이며,
2022년부터는 통일부 통일교육위원으로 활동하고 있다. 지속적인 연구 관심사로
는 가족관계, 일상생활, 문화갈등, 남북사회문화 등이 있다. 주요 논문으로는 「50
대 부부갈등을 겪는 중년 부부의 변화유발요인과 호르몬 변화에 관한 가족치료 사
례연구」(단독), 「북한이주민과 근무하는 남한사람들의 직장생활 경험에 관한 혼
합연구」(공저) 외 50여 편이 있으며, 저서로는 『절박한 삶』(공저, 2021년 서울대
학교 다양성위원회 선정도서), 『21세기 부모교육』(공저, 2023년 세종도서 학술부
문 선정도서), 『북한이주민과 정체성 내러티브』(공저, 2024), 『북쪽 언니들의 강
점 내러티브』(공저, 2024), 『북한이주민과 일세계』(공저, 2024) 외 10여 권이 있
다. 2016년 KBS 〈생로병사의 비밀: 뇌의 기적〉 600회 특집에 부부상담사로, 2021
년 KBS 〈통일열차: 일요초대석〉에 출연하였다. 최근에는 2024년 통일부 국립통일
교육원 〈통일책방 함께읽는 통일시즌2〉에 〈북한이탈여성들의 삶을 기록하다〉라
는 제목으로 출연하였고, 북한 내 한류문화와 관련하여 BBC News코리아 라디오
(2024년 6월 7일)에도 출연한 바 있다.

신윤정 (yj.shin@snu.ac.kr)

1978년 서울에서 태어났으며, 서울대학교에서 언어학 및 심리학 전공으로 학사
학위를 취득하고, 동 대학 심리학과 임상 및 상담심리 전공으로 석사학위를 취득
후, 미국 퍼듀대학교에서 상담심리 전공으로 박사학위를 취득하였다. 미국에서
Licensed Psychologist 면허를 취득하고, Arkansas State Univ에서 조교수로 재직하

였다. 한국으로 귀국 이후 서울시립대학교 교육대학원 교수학습 · 심리상담 전공 교수로 8년 반을 재직 후 2020년 이직하여 현재 서울대학교 교육학과 교육상담 전공 교수로 재직 중이다. 한국상담학회 및 한국상담심리학회 1급 자격증 소지자이자 수련감독자이며, 한국상담학회 서울경기인천상담학회 학회장을 역임하고 현재는 한국상담심리학회 학술위원장이자, 해외 저명학술지인 Asia Pacific Education Review의 Editor 역할을 담당하고 있다. 진로발달, 생애개발상담 개입 및 사회적 소수자를 위한 사회정의옹호철학 기반한 상담 및 심리교육에 관심이 있다. 주요 논문으로는 「Understanding career-desining experiences of North Korean immigrant youths in South Korea」, 「사회인지 관점에 기반한 통일에 대한 긍정정서가 통일지향행동에 미치는 영향: 한국 성인을 대상으로」, 「북한이주민과 근무하는 남한사람들의 직장생활 경험에 관한 혼합연구」, 「Perception and experience of sexual and gender minority Korean youth in school counseling」, 「북한배경 청소년 대상 온라인 생애진로설계 집단상담 프로그램 개발 및 효과」, 「북한배경 청소년들의 사회 · 문화 자본 관련 국내 진로상담연구 동향 및 사회정의옹호상담 적용방안」 등이 있다. 저서로는 『학교폭력 예방 및 학생의 이해』와 『청소년 진로특성 진단 및 활용』이 있고 번역서로는 『상담자 자기돌봄』, 『아동청소년 상담: 이론, 발달 및 다양성의 연계』 등이 있다.

배지홍 (jihong1997@snu.ac.kr)

1997년 부산에서 태어났으며, 고려대학교 교육학 학사 취득 후 서울대학교 교육학 상담 전공 석사학위를 취득하였다. 여성과 청소년을 비롯한 사회적 소수자를 위한 사회정의 옹호 상담, 아동학대 및 성폭력 등 트라우마 상담 등에 관심을 갖고 지속적으로 학업과 연구를 이어 나가고 있다. 주요 저서로는 『북한이주민과 일세계』(공저, 2024)가 있다.

배일현 (ilhyun.b@gmail.com)

1994년 대구에서 태어났으며, 성신여자대학교 국어국문학과 학사 취득 후 서울대학교 교육상담 전공으로 석사과정을 취득하였다. 2018년부터 2021년까지 소외계층 청소년을 지도하였고, 현재 청소년을 비롯한 사회적 소수자를 위한 사회정의 옹호 상담, 북한이주민의 심리적 안녕감 등에 관심을 갖고 지속적으로 학업과 연구를 이어 나가고 있다. 주요 저서로는 『북한이주민과 일세계』(공저, 2024)가 있다.

북한이주민과 자기, 돌봄과 회복

초판인쇄 2024년 07월 31일
초판발행 2024년 07월 31일

지은이 전주람 · 신윤정 · 배지홍 · 배일현
펴낸이 채종준
펴낸곳 한국학술정보(주)
주 소 경기도 파주시 회동길 230(문발동)
전 화 031-908-3181(대표)
팩 스 031-908-3189
홈페이지 http://ebook.kstudy.com
E-mail 출판사업부 publish@kstudy.com
등 록 제일산-115호(2000. 6. 19)

ISBN 979-11-7217-462-0 94330